GÊMEAS
NÃO SE SEPARA O QUE A VIDA JUNTOU

1ª edição - Dezembro de 2023

Coordenação editorial
Ronaldo A. Sperdutti

Preparação de originais
Marcelo Cezar

Capa
Juliana Mollinari

Imagem Capa
123RF

Projeto gráfico e diagramação
Juliana Mollinari

Revisão
Maria Clara Telles

Assistente editorial
Ana Maria Rael Gambarini

Impressão
Lis gráfica

Proibida a reprodução total ou parcial desta obra sem prévia autorização da editora.

© 2023 by Boa Nova Editora.

Av. Porto Ferreira, 1031 | Parque Iracema
CEP 15809-020 | Catanduva-SP
17 3531.4444

www.**lumeneditorial**.com.br
www.**boanova**.net

atendimento@lumeneditorial.com.br
boanova@boanova.net

Dados Internacionais de Catalogação na Publicação (CIP)
(Câmara Brasileira do Livro, SP, Brasil)

```
Leonel (Espírito)
   Gêmeas : não se separa o que a vida juntou /
romance pelo espírito Leonel ; [psicografado por]
Mônica de Castro. -- 1. ed. -- Catanduva, SP : Lúmen
Editorial, 2023.

   ISBN 978-65-5792-087-9

   1. Romance espírita I. Castro, Mônica de.
II. Título.

23-176868                                    CDD-133.9
```

Índices para catálogo sistemático:

1. Romance espírita : Espiritismo   133.9

Eliane de Freitas Leite - Bibliotecária - CRB 8/8415

Impresso no Brasil – Printed in Brazil
01-12-23-3.000

GÊMEAS
NÃO SE SEPARA O QUE A VIDA JUNTOU

MÔNICA DE CASTRO
ROMANCE PELO ESPÍRITO **LEONEL**

LÚMEN
EDITORIAL

PRÓLOGO

Aquela não seria uma noite convencional na pequena cidade de Barra do Bugres, em Mato Grosso, a 160 quilômetros de Cuiabá, onde apenas os uivos do vento acompanhavam a agonia de Severina, que se retorcia na cama com as dores do parto. Fazia já sete horas que praticamente agonizava, sentindo as contrações aumentarem a cada minuto, a barriga estufando como se, a qualquer momento, fosse estourar. A parteira enfiava, sem cerimônia, os dedos entre suas pernas, tentando localizar os gêmeos que lutavam entre si por uma chance de vida.

— Será que não é melhor chamar um doutor? — sugeriu Roberval timidamente, apertando nas mãos o chapeuzinho roto de lavrador.

— Não, não, não — objetou a parteira severamente. — Médico, nem pensar.

— Mas ela está sofrendo...

— Isso não é nada. Passa logo. Em breve os bebês nascem e tudo se acaba.

— Mas Dona Leocádia, a coisa parece feia. Minha Severina não vai resistir.

— Saia daqui, homem! — gritou ela, enxotando Roberval para fora do quarto.

Roberval saiu cabisbaixo. Não entendia o que dera em Severina para contratar os serviços daquela mulher esquisita, que aparecera na roça de repente, intitulando-se parteira, justo quando ela estava para ganhar criança. Ainda se lembrava do dia em que conhecera Dona Leocádia. Ela chegara com ares de figura importante, perambulando entre as ruas com olhos ávidos. Andou para cima e para baixo, sempre observando tudo, até que bateu com os olhos em Severina e seu ventre ainda pouco intumescido de quase quatro meses de gravidez.

Com muito jeito, aproximou-se de Severina e fez amizade com ela, dizendo-se parteira interessada no seu bem-estar. Roberval achou aquilo muito estranho, mas Leocádia começou a fazer-lhes visitas diárias e a dar-lhes conselhos sobre a saúde da mulher e do bebê. Trazia coisas gostosas para Severina comer, dava-lhe remédios e vitaminas, tudo para garantir que a criança viesse ao mundo saudável e forte.

Em pouco tempo, virou amiga íntima, conselheira e confidente. Não havia lugar a que Severina fosse que Leocádia não a acompanhasse. Eles moravam num casebre afastado da cidade, de onde Roberval seguia a pé até a fazenda em que trabalhava, enquanto Severina cuidava da casa. Leocádia encontrou uma casinha simples para alugar, bem na periferia, e ia visitá-los todos os dias, sempre interessada na gravidez da mulher.

Roberval achou aquilo tudo muito estranho, mas Severina dizia que Leocádia era uma boa pessoa e iria ajudá-los a mudar de vida. Ele indagava como e por quê, mas as respostas de Severina eram sempre lacônicas, e ele ficava sem entender. Dona Leocádia, por sua vez, parecia ignorá-lo. Cumprimentava-o polidamente, mas não lhe dava atenção, e sempre que ele perguntava alguma coisa, ela lhe endereçava um sorriso frio e mudava de assunto.

O tempo foi passando, e ele acabou se acostumando com a presença de Leocádia, desagradando-se, contudo, com os exames periódicos que ela fazia em Severina. Roberval questionava aqueles procedimentos, aconselhando a mulher a procurar um médico da cidade, mas Severina era categórica: Dona Leocádia era parteira competente e muito mais confiável do que os médicos do hospital municipal, que tinham outros doentes para atender e não teriam com ela o cuidado que o bebê merecia.

Longe do que ele e Severina imaginavam, ela estava grávida de gêmeos. Gêmeos! A vida já era difícil sem filhos. Com um seria penoso. Com dois, praticamente impossível. Mas, o que fazer? Roberval era religioso e aceitava com passividade o que Deus lhe enviava. Assim que ela engravidou, os dois até que se alegraram, apesar da miséria em que viviam e das dificuldades que encontrariam para sobreviver dali em diante. Quando Leocádia, após breve exame em Severina, constatou que eram gêmeos, tudo pareceu desabar para ele.

Estranhamente, contudo, Severina abriu um sorriso e o tranquilizou. Que não se apavorasse. Que tivesse calma e confiança. Tudo se resolveria de uma forma serena e segura para todos, e ela acreditava naqueles que a amparavam e que não os deixariam sós numa hora tão difícil. Para Roberval, Severina se referia a Deus e aos santos da igreja, o que, de uma certa forma, deixava-o um pouco mais calmo e confiante.

E agora, sentado na sala da casinha simples de Leocádia, Roberval orava em silêncio, pedindo a Nossa Senhora do Bom Parto que amparasse sua Severina. Os gritos da mulher retiniam em seus ouvidos, fazendo-o estremecer a cada vez que os ouvia. Ela sofria e parecia que ia morrer. Não era possível uma coisa daquelas. Dona Leocádia lhe dissera que daria conta de tudo, mas ele começava a duvidar. Não seria melhor levá-la ao hospital?

Foi quando as duas pessoas mais improváveis de se encontrar ali assomaram à porta. Um homem e uma mulher, bem-vestidos e perfumados, entraram na saleta mal-iluminada e poeirenta. Deram uma olhada de viés para Roberval e se entreolharam com patente desconfiança e desagrado. A mulher, contudo, se adiantou e forçou um sorriso artificial.

— Boa noite — cumprimentou ela, com um sotaque diferente e carregado.

— Boa noite — respondeu Roberval, acanhado.

Os dois se sentaram no sofá ao lado de Roberval, que se encolheu todo, constrangido com a companhia daquela gente. Suas roupas limpas e elegantes faziam-no sentir-se envergonhado e aflito, e ele tentou ocultar o imenso rasgão no joelho da calça. Pensou em lhes perguntar o que faziam ali, mas os gritos de Severina fizeram calar a sua curiosidade.

Levantou-se agoniado e apurou os ouvidos, andando de um lado a outro no pequeno cômodo e olhando, de vez em quando, para o insólito casal. Severina se calou por uns instantes, e ele encarou os dois com ar meio hostil. Afinal de contas, o que aquela gente fora fazer ali, numa noite de tempestade feito aquela, bem na hora em que sua Severina se retorcia de dor e medo? O casal, no entanto, não dizia nada, talvez por não ter o que dizer ou por temer se relacionar com a singular figura de Roberval.

O tempo foi passando, Severina continuava a gritar, e o casal silencioso apenas acompanhava o caminhar solitário e nervoso de Roberval. Até que, em dado momento, os gritos cessaram por completo, e um choro de criança se fez ouvir, seguido por outro, vinte minutos depois. Roberval se atirou ao chão de joelhos, agradecendo a Deus por ter salvado Severina e as crianças.

A porta do quarto se abriu e Leocádia apareceu, não demonstrando surpresa com a presença do casal ali. Roberval se levantou e lançou um olhar súplice à parteira, que balançou a cabeça e chegou para o lado, permitindo que ele entrasse no quarto.

— Está tudo bem? — indagou ele aterrado, e Leocádia ergueu as sobrancelhas, sem responder. — Minha Severina...!

Ele correu para dentro do quarto e aproximou-se da cama, agarrando a mão de Severina com cuidado. A mulher permanecia de olhos fechados, o corpo desfalecido sobre a mancha vermelha do lençol. Roberval olhou para toda aquela sangueira e sentiu um calafrio, balançando a cabeça para afastar o mau agouro. Sangue não precisava ser sinal de morte. Podia ser prenúncio de vida. Afinal, sua Severina perdera tanto sangue para trazer ao mundo aqueles dois pequeninos seres que ajudariam a construir a sua vida dali em diante.

A um canto, deitados em dois bercinhos, os bebês pareciam adormecidos, e Roberval se aproximou, fitando-os com emoção e encanto. Queria pegá-los, mas teve medo de deixá-los cair e limitou-se a passar um dedo sobre suas cabecinhas carecas e rosadas. Gentilmente, procurou afastar as fraldas que os encobriam e espiou ansioso. Eram duas meninas, e em seu coração passou um estremecimento de amor.

Depois desse breve momento de admiração, voltou para perto de Severina, que ainda jazia adormecida sobre a vermelhidão do lençol. Ele apertou a sua mão com um pouco mais de força, e ela entreabriu os olhos, procurando fixá-los no marido.

— Eles nasceram — sussurrou ela. — Nossos filhos nasceram...

Ela se contorceu e começou a gemer. Roberval tentou falar com ela, mas a dor foi-se tornando insuportável, e ela pôs-se a chorar assustada.

— Eu vou morrer, Roberval, vou morrer!

Ele pensou em contestar, mas Leocádia entrou abruptamente, seguida pelo ansioso casal. Embora não lhe agradasse a entrada inconveniente dos dois, não disse nada. Estava muito mais preocupado com Severina do que com os estranhos e pensou que Leocádia estava ali para ajudar.

Ela, porém, aproximou-se dos berços e tomou um dos bebês nos braços, depositando-o no colo da mulher. Em seguida, apanhou o outro e o entregou ao homem, que o segurou meio sem jeito. Roberval ficou embasbacado. Nem ele, que era o pai, ousara pegar as pequeninas. Como é que aqueles dois, que nunca vira antes em sua vida, se atreviam a segurá-las? E depois, o que fazia Leocádia que não socorria sua Severina?

— O que vocês estão fazendo? — indagou ele atônito, interpondo-se entre o homem e a mulher, que já se preparavam para sair. — Larguem as minhas filhas.

O homem olhou para Leocádia como a pedir socorro, e ela afastou Roberval com as mãos.

— Saia, Roberval, depois conversamos — disse rispidamente.

— Depois, nada! Esses dois estão querendo carregar minhas meninas. Não vou permitir. E o que faz você que não socorre Severina? Não vê que ela está sentindo muita dor?

Leocádia olhou de Roberval para Severina e desta para o casal em uma fração de segundos. Balançou a cabeça e fez um muxoxo, acrescentando com crescente impaciência:

— Severina não tem mais jeito. Perdeu muito sangue.

— Perdeu o quê? — prosseguiu Roberval, no seu jeito simples. — Que história é essa, Dona Leocádia? E quem são essas pessoas? O que querem aqui?

O casal, ocultando o nervosismo, se desvencilhou de Roberval e foi saindo pela porta, deixando-o confuso e sem saber se ia atrás deles ou se ficava para socorrer Severina. Decidiu pelas crianças e agarrou o homem pela barra do paletó.

— Onde é que vocês pensam que vão com as minhas meninas?

— Solte-me — retrucou o homem, com uma voz tão fria e ameaçadora que Roberval sentiu medo.

— O que vocês querem? Quem são vocês? O que querem com as minhas filhas?

— Elas não são suas filhas — continuou o sujeito com agressividade. — Não mais.

Tamanho foi o susto que Roberval afrouxou a mão e tapou a boca, esforçando-se para compreender as palavras sem sentido daquele estranho.

— Não são...? — balbuciou. — Mas como? Acabaram de nascer. Minha Severina e eu... — calou-se de repente e olhou para Severina, que acalmara a agonia e os fitava perplexa.

— Deixe de ser estúpido, homem! — berrou o moço de repente. — Não acha que eu ia me deitar com a sua mulherzinha molambenta, acha?

Roberval não respondeu. Não entendia nada, muito menos o que aquele homem dizia. De seu canto, Severina chorava em silêncio.

— Vamos embora daqui — exigiu a mulher, agora balançando a menina, que começava a chorar, despertando a outra, que chorava também.

O homem começou a se afastar, mas Roberval o segurou novamente.

— Ah! Isso é que não! Ninguém sai daqui com as minhas filhas. Ninguém!

— Você é surdo? — falou a mulher, demonstrando certo receio. — Não o ouviu dizer que elas não são mais suas filhas?

— Isso é um disparate! Pois se Severina acabou de dar à luz agora mesmo...

Buscou o apoio de Severina, que chorava de dor e arrependimento.

— Perdoe-me, Roberval — rumorejou ela. — Eu não devia... Mas não sabia o que estava fazendo...

— Fazendo o quê? O que você fez, mulher?

Severina não conseguia falar. O ventre doía imensamente, e o coração estava estraçalhado. Como dizer a Roberval que dera as meninas a Leocádia, em troca do dinheiro de gente rica da capital? E como fazer agora para mostrar o seu arrependimento e contar a Leocádia que, vendo a indignação e o desespero de Roberval, e ouvindo o choro inocente de suas filhas, mudara de ideia?

— Oh! Meu Deus, o que foi que eu fiz? — lamentou-se ela. — Perdão, Dona Leocádia, perdão! Mas não posso. Não posso me desfazer assim dos meus rebentos.

— Não pode?! — rosnou Leocádia. — Nada disso, menina. Você tem um trato comigo. Vai receber o seu dinheiro conforme o combinado.

— Mas que dinheiro? — berrou Roberval inflamado. — Que história é essa de dinheiro? E desde quando Severina pode pôr preço nas meninas?

— Ela pôs — prosseguiu Leocádia. — E trato é trato. Não pode voltar atrás agora.

— Isso é que não! — exaltou-se Roberval. — Ninguém tira as minhas filhas daqui.

— Eu desisto do trato — contrapôs Severina, entre soluços e gemidos. — Pode ficar com o dinheiro, Dona Leocádia. Não quero mais.

— Nada disso! — objetou a parteira, indignada. — Gastei muito com você, Severina. Ou pensa que aqueles mimos todos saíram de graça?

— Eu devolvo tudo. Vou arranjar trabalho...

— Viajamos de muito longe só para buscar esses bebês — cortou a mulher, com irritação. — Não sairemos daqui sem eles.

— Isso é que não! — grunhiu Roberval irado, agarrando outra vez o homem pelo paletó e tentando tirar-lhe a criança do colo.

— Pare, Roberval! — gritou Leocádia. — Vai machucar sua filha.

— Larguem as meninas! — vociferava ele enlouquecido. — Devolvam minhas filhas!

Como não conseguisse resultado com o homem, Roberval o soltou e partiu para cima da mulher, tentando arrancar-lhe a outra menina dos braços. Ela não afrouxou, e a gritaria foi geral. Severina berrava de sua cama, dizendo-se arrependida e implorando que o casal lhes devolvesse as filhas. Leocádia corria de um lado a outro, tentando amparar as meninas, no caso de caírem, e Roberval puxava o bebê ora da mulher, ora do homem, seguindo-se uma balbúrdia e um choro infernais.

— Eu vou chamar a polícia! — berrou Roberval por fim, disparando em direção à porta. Nem teve tempo de cruzar o portal. Um estampido seco ecoou pelo quarto, e uma bala veloz o atingiu por trás, na altura do pulmão. Roberval estacou a meio, levou a mão às costas, tentando alcançar o foco da queimação, quando novo estampido se ouviu, e outra bala o atravessou impiedosamente, fazendo-o tombar de borco, a boca escancarada e os olhos abertos para a morte.

— Não! — berrou Severina do leito, tentando se levantar. — Não! Roberval, não!

O homem virou para ela o revólver, mas Leocádia o segurou pelo cano, evitando olhar a outra sangueira que empapava a camisa de Roberval.

— Não precisa. Ela não vai sobreviver.

Ele a fitou em dúvida, mas a mulher fez um sinal afirmativo com a cabeça, e ele guardou a arma.

— Vamos embora daqui — ordenou assustada.

Saíram apressados, com Leocádia atrás deles. Protegendo os bebês da chuva, entraram num carro e sumiram na estrada lamacenta, ao mesmo tempo em que Severina, sentindo o sangue entalado na garganta, tossiu várias vezes e vomitou, virando o corpo para o lado e despencando da cama de palha. Silenciou.

CAPÍTULO 1

O tempo em Brasília continuava quente e seco, e Suzane chegou da rua esbaforida, correndo até o banheiro para enxugar o suor do rosto. Tomou um banho demorado e preparou uma pequena mochila onde colocou algumas coisas básicas para passar a noite, além do vestido novo. Era sexta-feira, e o pai havia prometido levá-la à casa de uma amiga, onde dormiria, após voltarem de uma festa de aniversário.

Suzane acabou de preparar-se e foi sentar-se na sala para esperar o pai, que prometera chegar por volta das seis e meia. Ligou a televisão para passar o tempo e consultou o relógio. Faltavam ainda dez minutos para as cinco, e ele deveria estar saindo do trabalho naquele momento. Passaria antes para pegar a mãe no escritório de advocacia do qual era sócia, e só então os dois voltariam para casa.

Aquele fora um dia exaustivo. Suzane se preparava para prestar o exame vestibular e passava grande parte de seu tempo estudando. Acostumada a acordar muito cedo, a ladainha monótona da televisão logo lhe cutucou as pálpebras, e ela adormeceu. Ao despertar, a noite já se fazia visível da janela, e ela consultou o relógio. Passava das sete e meia, e os pais ainda não haviam aparecido. Suzane esfregou os olhos e desligou a televisão, chamando a empregada, que acorreu da cozinha.

— Chamou, Suzane? — perguntou a velha senhora, criada da casa fazia mais de quinze anos.

— Meus pais telefonaram?
— Não.
— Falaram alguma coisa sobre se atrasar?
— Que eu saiba, não.
— Estranho. Papai prometeu me levar à casa de Inês antes do jantar...
— Não se apoquente, não, que ele logo aparece.

Marilda, a criada, deu as costas a Suzane voltando para a cozinha, e a moça foi para a janela. A todo instante, consultava o relógio. As horas iam passando, e nada de os pais aparecerem. Resolveu ligar para o trabalho do pai, e o rapaz que atendeu informou que todos já haviam ido embora, ficando apenas o pessoal da faxina. No escritório da mãe, também não havia mais ninguém, e ela conferiu as horas: nove da noite.

O telefone tocou logo que ela desligou, e ela atendeu ansiosa. Mas não era o pai nem a mãe. Era Inês, preocupada com a sua demora.

— Como é que é, Suzane? Vamos nos atrasar para a festa.
— Eu sei, Inês, mas é que meus pais ainda não chegaram. Papai ficou de me levar aí por volta das sete horas, mas ainda não apareceu.
— Será que ele se esqueceu?
— Não creio. Liguei para o trabalho dele, mas todos já se foram, e minha mãe também não está no escritório.
— Por que não vem no seu carro?
— Meu pai não quer que ele durma na rua.
— Posso pedir ao meu irmão para dar uma passada aí e apanhar você.
— Não. Estou preocupada com meus pais. Eles não são de se atrasar, e quando isso acontece, sempre telefonam.
— Quer que eu vá para aí ficar com você?
— Não precisa. Vá para a festa e aproveite. Quando meu pai chegar, peço a ele para me levar direto para lá.
— Está certo, então. Vamos nos encontrar na festa.

Desligaram, e Suzane voltou à janela. Em breve, Marilda foi-se juntar a ela. Também estava preocupada. O jantar ficou pronto e esfriou, e ninguém apareceu para comer. Aquilo não era comum.

— Ah! Marilda, será que aconteceu alguma coisa? Meu coração está apertadinho.

— Vamos orar pelo melhor.

Suzane não conseguia rezar e deixou as orações a cargo de Marilda, enquanto roía as unhas de aflição. Por fim, quando o relógio já se aproximava das onze horas, o telefone tocou, e Suzane atendeu aflita:

— Alô!

— É da residência de Marcos e Elza Brito Damon? — perguntou uma voz grave do outro lado.

— Sim — respondeu Suzane à beira das lágrimas, ouvindo as palavras não ditas naquele início de conversa.

— Com quem estou falando, por favor?

— Com Suzane. Sou a filha deles. — Silêncio. — Alô? Quem fala?

— Aqui é o sargento Vieira, do 16° distrito. Lamento informá-la que seus pais sofreram um acidente de carro faz algumas horas...

— Acidente? Eles estão bem?

— A senhorita vai ter que vir ao hospital. Será possível?

— Que hospital? Como eles estão?

— Conversaremos quando a senhorita chegar. E, por favor, mantenha a calma.

Como poderia ela manter a calma depois de uma notícia daquelas? Com a mão trêmula, anotou o endereço do hospital em um caderninho. Desligou e fitou Marilda, que a encarava em silêncio, a mão sobre o coração, tentando controlar o susto.

— Seus pais sofreram um acidente? — indagou ela mecanicamente.

— Sim. Estou indo para lá agora. Não quer vir comigo?

As duas saíram na maior pressa. Tomaram um táxi e em breve chegaram ao hospital. Na recepção, o sargento Vieira as aguardava e foi ao seu encontro logo que elas se apresentaram.

— Venham comigo — disse ele, com um leve toque de nervosismo.

— Para onde? — questionou Suzane. — Onde eles estão?

— Por aqui — finalizou ele, apontando para uma sala vazia.

As duas entraram assustadas, e veio a notícia: um motorista de caminhão, aparentemente bêbado, dormira na direção e atravessara a pista para o outro lado, na contramão, atingindo em cheio o carro vermelho de Marcos que vinha em direção oposta. O pai morreu na hora, mas a mãe ainda chegara viva ao hospital, onde viera a falecer dez minutos depois de haver dado entrada.

Diante de tão funesta notícia, Marilda ocultou o rosto entre as mãos e começou a chorar de mansinho, enquanto Suzane desabava no pequeno sofá, providencialmente colocado às suas costas.

— Não pode ser... — repetia ela, sentindo que entrava num mundo de pesadelos recém-descobertos. — Não pode ser...

— Lamento, senhorita.

— Meus pais... — balbuciou ela, engolindo em seco. — Não pode ser verdade que perdi os meus pais!

— Calma, Suzane — tentou consolar a empregada, vendo que ela beirava o descontrole. — Deus há de nos dar forças.

— Por que Deus tirou os meus pais? Por quê?

— Não sei, menina, mas alguma razão há de ter.

Suzane lhe endereçou um olhar dolorido, sem nada dizer. O sargento aguardou alguns momentos até que Suzane se acalmasse e saiu com ela para finalizar os procedimentos legais, deixando a Marilda a tarefa de avisar alguns parentes mais próximos.

Elza, a mãe, era filha única, e o parente mais próximo de Suzane era seu tio Cosme, um advogado esperto, porém, inescrupuloso, cujas falcatruas passavam despercebidas a

Marcos, seu irmão. Podia-se dizer que tanto Marcos quanto Cosme tinham sido bem-sucedidos na vida, cada um à sua maneira. Marcos, com seu jeito honesto e perseverante, investira tudo o que tinha no ramo imobiliário e conseguiu se estabelecer como corretor e administrador de imóveis, montando uma cadeia de imobiliárias espalhadas por toda a capital.

Cosme, por sua vez, formara-se em advocacia com o único objetivo de defender os poderosos. Era astuto e malicioso, e não se importava de lançar mão de meios pouco convencionais para conseguir uma vitória judicial. Com isso, foi ganhando fama, e não havia um só figurão comprometido que não o chamasse para livrá-lo de alguma encrenca.

O sepultamento dos pais de Suzane transcorreu tenso e banhado em lágrimas. A menina não parava de chorar, vendo serem enterradas as pessoas que representavam o esteio de sua vida. Naquele dia, Cosme não disse nada e só a procurou na manhã seguinte, para dar início ao procedimento de sucessão. Como Suzane estava muito transtornada, o tio assumiu a responsabilidade pelos negócios e fez com que ela assinasse uma procuração em cartório, conferindo-lhe amplos poderes de administração e representação.

Em pouco tempo, Suzane não tinha mais nada. Com a procuração, dando-lhe plenos poderes, Cosme tratou de se desfazer de tudo o que fora dos pais de Suzane. Vendeu as imobiliárias e a parte dela no escritório de advocacia. O pequeno sítio onde a família passava as férias e até a casa em que ela vivia. Esvaziou as contas bancárias, e mesmo algumas joias, depositadas no cofre de um banco, foram vendidas. De repente, Suzane viu-se sem nada. Apavorada, procurou o ex-sócio e amigo de sua mãe, doutor Armando, que avaliou o caso e foi categórico: a procuração era legal, feita em cartório, e Cosme apenas exercera os plenos poderes que ela mesma lhe conferira.

— Como é que o senhor ainda está aqui? — questionou ela, entre furiosa e surpresa.

— Comprei a sua parte no escritório. Como Cosme tinha a procuração, julguei que fosse a sua vontade.

— Minha vontade nada! Eu não sabia que ele estava se desfazendo de todo o meu patrimônio. E o senhor podia ter-me perguntado.

— Cosme é seu tio e mandatário, Suzane. Que motivos teria eu para desconfiar dele?

— Mas isso é um absurdo! — contestou ela. — Tio Cosme me roubou. Não pode ser que a lei lhe dê esse direito.

— Não foi a lei que deu os direitos, foi você.

— Mas não para ele me colocar na miséria. Alguma coisa tem que ser feita!

— O que você acha que pode fazer? Colocá-lo na Justiça?

— Por que não? Eu confiei nele, e ele me traiu. Será que a Justiça vai ficar do lado de um safado desses?

— Não se trata disso, Suzane. É tudo uma questão de prova. Foi você quem lhe conferiu amplos poderes.

— Mas ninguém, em sã consciência, autoriza outro a vender tudo o que lhe pertence. E onde está o dinheiro?

— Você é quem deve saber.

— Como? Não vi um tostão de tudo o que ele vendeu. E as minhas contas bancárias? E as joias de mamãe? Sumiu tudo.

— Dinheiro é uma coisa muito fugaz, Suzane. Numa hora se tem, noutra hora se perde. Quem vai acreditar que você não torrou o dinheiro todo que ele lhe deu?

— Não é possível! Eu nem vi a cor do dinheiro. Ele vendeu todos os meus bens e ficou com tudo para ele.

— É possível, sim. Você deu a ele uma procuração por instrumento público. Não foi coagida nem enganada.

— Eu confiei nele!

— Confiou a ponto de lhe dar todos esses poderes. E agora vai parecer que se arrependeu e quer voltar atrás.

— Não pode ser. Tem que ter um jeito.

— Se você quiser, posso ajuizar uma ação para você. Mas suas chances serão mínimas, para não dizer nulas.

— O senhor faria isso por mim?

— É claro. Além de sócio, sempre fui amigo de sua mãe. É o mínimo que posso fazer. Só não posso lhe garantir a vitória.

— Não faz mal. Mas ao menos iremos tentar alguma coisa.

— Deixe tudo comigo, então. Basta você assinar a procuração, e eu ingresso com a ação ainda esta semana. E não se preocupe. É apenas uma procuração judicial.

Suzane sorriu sem jeito e assinou a procuração, não sem antes lê-la atentamente. Estava tudo correto. Mas havia muitas coisas sobre Armando que ela desconhecia, inclusive que ele se ressentia do sucesso de Elza e se deixava levar pela inveja todas as vezes em que ela se sobressaía na defesa de alguma causa. Por isso, quando Suzane foi procurá-lo, a primeira coisa que Armando fez foi ligar para Cosme e contar o ocorrido.

— Ela não pode ganhar essa causa — afirmou Cosme com irritação, logo que se encontraram. — Você tem que dar um jeito nisso.

— Você roubou o dinheiro dela.

— Não me venha com lições de moral! Você bem sabia o que eu estava fazendo. Comprou aquele escritório por uma bagatela para não contestar as minhas ações.

— Sei disso. Mas Suzane insistiu, e eu tive que ceder. Estou pronto para ingressar em juízo.

— Ela não pode vencer!

— Isso depende do quanto você está disposto a pagar.

Cosme deu um sorriso malicioso e retrucou com ar irônico:

— Agora estamos falando a mesma língua, não é mesmo?

O sorriso que Armando devolveu foi tão malicioso quanto o de Cosme. Não era preciso dizer mais nada. Apenas pagar um preço justo pela derrota de Suzane nos tribunais. Foi o que aconteceu. A sentença foi desfavorável a Suzane, e Armando deixou escoar o prazo para recurso, embora tivesse afirmado à moça que haviam perdido em todas as instâncias.

— E agora? — desesperou-se ela. — O que vou fazer?

— Só o que lhe resta é se conformar e acatar a decisão da Justiça.

— Mas tio Cosme vendeu a minha casa. Para onde é que eu vou?

— Não tem ninguém que possa ficar com você?

— Não — ela começou a chorar. — Minha mãe tem umas primas distantes, com as quais não tenho nenhum contato.

— Sei que a situação é dura, mas eu lhe avisei.

— Não o estou culpando, doutor Armando. Mas não é fácil. Não sei o que fazer.

— Saia de casa antes que o oficial de justiça apareça para colocá-la para fora. Vai ser muito mais doloroso.

Ela assentiu e retrucou em lágrimas:

— Não posso levar nada?

— Só os objetos de uso pessoal. O resto, seu tio vendeu com a casa.

— Ainda tenho minhas joias. E o carro. Ele não vendeu o meu carro.

— Pois então, trate você de vendê-lo antes que ele o faça e fique com o seu dinheiro.

Era um conselho inútil e desnecessário, dado apenas para reforçar a confiança de Suzane em Armando. Cosme já havia lhe avisado que o carro seria a única coisa que deixaria com ela.

— Farei isso, doutor Armando. De toda sorte, obrigada.

Suzane saiu do escritório de Armando arrasada. Por mais que ele tivesse dito que as chances de vencer aquela demanda eram mínimas, restava sempre uma esperança. Mas ela não podia sair dali derrotada daquele jeito. Perdera todos os seus bens, mas não deixaria sua vida para trás sem antes dizer umas poucas e boas a seu tio Cosme. E era isso mesmo que faria.

CAPÍTULO 2

Assim que chegou à casa de Cosme, Suzane entrou sem ser anunciada. A criada que veio abrir a porta deixou-a passar como um furacão, e ela irrompeu pela sala bem na hora do jantar. A família toda a olhou espantada, e Suzane começou a gritar:

— Seu miserável, cafajeste, ordinário! Como pôde atraiçoar o seu próprio irmão? Ladrão! Vai viver a vida toda com essa mancha. Ladrão! Ladrão!

Suzane estava tão transtornada e fora de si que ninguém conseguiu dizer nada. Os primos, alheios à realidade da situação, ainda tentaram acalmá-la, mas Cosme mandou que todos se retirassem e os deixassem a sós.

— Com que direito você vem a minha casa me ofender?

— Ofender? Com que direito você se sente ofendido? Você é um ladrão vagabundo e maquiavélico. Velho nojento, safado, hipócrita! Não sente vergonha de passar por cima da memória do seu próprio irmão e trair a sobrinha que confiou cegamente em você?

— Eu não traí você, Suzane. Muito menos traí meu irmão.

— Como é que você chama isso então?

— Estava apenas defendendo os meus direitos.

— Essa é muito boa! Que direitos você tem sobre o patrimônio de meus pais? Como advogado, você sabe muito bem que não possui direito algum. Tanto que armou aquele teatrinho para usurpar o que é meu.

— Não fale do que não sabe, menina! Você mesma é que não tem direito algum.

— Você está sendo ridículo. Sabe muito bem que eu, como filha única, herdo tudo sozinha. E como você não podia colocar as mãos em nada da herança, inventou essa história de procuração, e eu, confiante, assinei sem ao menos questionar. Como pôde fazer isso, tio Cosme? Eu confiava em você. Você é meu tio, irmão de meu pai. Devia me proteger, não me roubar.

Ela estava à beira das lágrimas, e Cosme aproveitou o momento para espezinhá-la ainda mais:

— Teoricamente, Suzane, você até que teria direito a alguma coisa se fosse realmente filha de meu irmão. Mas acontece que você não é.

Suzane não entendeu direito o que ele falou e franziu a testa, rebatendo com indignação:

— O que foi que disse?

— É isso mesmo que você ouviu. Você não é filha de meu irmão.

— Está sugerindo que minha mãe transou com outro homem...

— Não é nada disso — cortou ele, abanando as mãos. — Marcos e Elza compraram você de uma pobre coitada e a criaram como sua filha.

Suzane quase caiu para trás. Levou a mão ao coração e repetiu incrédula:

— Me compraram de uma pobre coitada? Que brincadeira de mau gosto é essa?

— Não é brincadeira. Você não é filha legítima de Marcos e Elza.

— Está querendo me dizer que eu fui adotada?

— Pode-se dizer que sim, embora não pelos meios legais.

— Isso é um disparate, tio Cosme!

— Não é, não. Você não tem o sangue de meu irmão nas veias e, por isso, não merece receber um tostão do dinheiro que pertence à minha família.

— Mentira! — esbravejou Suzane. — Devia se envergonhar de tentar se defender com uma infâmia dessas!

— Se não acredita, faça um teste de DNA. Deixe que a ciência lhe confirme a verdade.

— Não vou fazer teste de nada. Sei de quem sou filha e não necessito de provas para confirmar a minha filiação.

— Você é quem sabe. Mas eu conheço a verdade e posso lhe garantir que você não é filha de Marcos e Elza. Você, sim, é que é a usurpadora. Tentou ficar com bens que pertencem aos meus filhos. Só que você perdeu. Readquiri todo o patrimônio que merece ficar na nossa família e fiz isso pelos meios legais. Você sabe disso tão bem quanto eu.

— Não é verdade... — balbuciou ela em lágrimas. — Meus pais teriam me contado.

— Não teriam, não. Eles não queriam que você soubesse.

— Por quê? Se eles não queriam que eu soubesse, por que você está me contando isso agora?

— Porque tenho que defender os direitos dos meus filhos, já disse.

— Isso não é justo. Meus pais sempre me amaram.

— Amor não tem nada a ver com patrimônio. Fique com o amor deles e deixe os bens por minha conta. É o que basta.

— Cafajeste!

Desesperada, Suzane partiu para cima dele, acertando-lhe vários tapas e arranhões no rosto. Cosme era mais forte e facilmente a dominou, jogando-a no chão e imobilizando-lhe as mãos.

— Eu podia mandar prendê-la, sabia? — rosnou ele entre os dentes. — Você invadiu a minha casa e me agrediu.

— Solte-me, seu animal! Pode mandar prender-me! Não tenho medo de você. Mas antes, vou matá-lo.

Com a gritaria, a família toda acorreu para a sala, e Cosme ordenou a um dos filhos:

— Ligue para a polícia. Tem uma louca aqui em casa.

Os filhos ainda se olharam em dúvida, mas a mãe acenou com a cabeça, confirmando a ordem de Cosme. Um dos rapazes telefonou, e a polícia rapidamente chegou à casa de Cosme. Ele era amigo do delegado, que prontamente atendeu o seu chamado. Os policiais chegaram e algemaram Suzane, levando-a para a delegacia.

— O que quer que façamos com ela, doutor? — indagou um dos guardas.

— Nada. Deem-lhe apenas um susto.

— Não podemos mantê-la presa.

— Não precisa. Basta conversarem com ela e fazerem uma ameaça velada. Aconselhem-na a desocupar a casa e sumir do mapa.

Assim fizeram. O delegado alertou Suzane sobre o caráter reprovável da sua conduta, invadindo a casa de um famoso e respeitável advogado para agredi-lo diante de toda a família. Nem as explicações de Suzane o convenceram de que ela estava com a razão. O fato de ser sobrinha da vítima ainda agravava a sua situação, e o melhor que tinha a fazer era cumprir a ordem judicial e entregar todos os bens ao seu real proprietário.

— Minha casa foi vendida... — choramingou Suzane.

— Pois então, mude-se. O que está esperando?

— Não tenho para onde ir.

— Tenho certeza de que vai encontrar um jeito. Você é jovem e saudável. Pode trabalhar e alugar uma quitinete. Ou tem medo do trabalho? — ela meneou a cabeça automaticamente, tentando digerir a nova realidade da sua vida. — Ótimo. E agora, pode ir. Estou muito ocupado e não tenho mais tempo para gastar com você. Só não faça isso de novo ou serei obrigado a tomar medidas mais drásticas.

— Não estou presa?

— Não. Vou dar um jeito e evitar manchar a sua ficha policial. Mas só desta vez. Da próxima, terei que fichá-la. Entendeu?

Suzane nunca se sentira tão humilhada em toda a sua vida. Com o rosto banhado em lágrimas e a voz embargada, apanhou suas coisas e saiu. Quando chegou a casa, encontrou Marilda à espera, morrendo de preocupação com sua demora.

— Graças a Deus! — exclamou ela. — Depois do que aconteceu com seus pais, qualquer atraso me preocupa.

Suzane atirou-se em seus braços, chorando copiosamente.

— O que foi que aconteceu, Suzane? — alarmou-se a criada.

— Ah! Marilda, você nem imagina. Não sou quem pensava que fosse...

Ante o olhar de espanto de Marilda, Suzane contou tudo o que acontecera nas últimas horas: a perda da ação e a ida à casa de Cosme, onde descobrira que não era filha legítima de Marcos e Elza. Marilda ficou bestificada. Não sabia o que dizer.

— Vou ter que mandar você embora — prosseguiu Suzane. — E nem tenho dinheiro para lhe pagar.

Ela chorava descontrolada, e Marilda tentou confortá-la:

— Não fique assim, menina. Vamos dar um jeito.

— Não tem mais jeito. Até a polícia está contra mim.

— Se você tem que sair, então saia. Não espere que venham humilhá-la novamente.

— Para onde é que eu vou? Para onde é que nós vamos?

— Bom, eu vou morar com o meu filho. E você pode ir comigo, se quiser.

— Obrigada, Marilda, mas não posso — rebateu Suzane emocionada. — Não posso ser um peso para o seu filho. A casa dele é pequena e mal tem espaço para você. Que dirá para mim.

— Mas eu me preocupo com você.

— Não precisa. Tenho algumas joias e o carro, que vou vender. Com o dinheiro, dá para ir me arranjando até arrumar um emprego.

— E onde é que você vai morar enquanto isso?

— Vou pensar em alguma coisa.

As duas se abraçaram chorando. No dia seguinte, Suzane ligou para Inês, e os pais concordaram em acolhê-la em sua casa. Vendeu o carro e as joias. Com o dinheiro, pagou uma indenização a Marilda e se mudou para a casa de Inês. Foi muito bem recebida, mas não podia ficar para sempre morando na casa da amiga; não era correto viver às custas dos seus pais. Era preciso arranjar um emprego. Todavia, Suzane não sabia fazer nada. Estava se preparando para prestar o exame vestibular, contudo, com a morte dos pais, os estudos ficaram de lado e, após o conflito com o tio, completamente esquecidos. O ano passou, e o sonho de cursar uma universidade ruiu junto com o resto de sua vida.

⁂

Todos os dias, Suzane procurava alguma coisa nos jornais, mas não conseguia encontrar nada que lhe agradasse. Os empregos lhe pareciam medíocres, e os salários, insignificantes.

— Não precisa se preocupar em procurar emprego — dizia Inês. — Meus pais não estão lhe cobrando nada.

— Sei disso. Mas não é por eles. É por mim. Preciso ganhar dinheiro para me vingar de tio Cosme.

— Isso é tolice. Seu tio é muito rico e, por mais que você faça, nada poderá contra ele.

— É o que vamos ver.

— Esqueça isso, Suzane. O mais importante é viver a sua vida.

— Que vida? Ele me tomou tudo. Minha casa, meu dinheiro e, acima de tudo, meus próprios pais.

— Não é verdade. Adotiva ou não, seus pais sempre amaram você.

— Não é fácil, Inês. Ainda mais do jeito como eu descobri.

— É, isso foi complicado. Mas você não pode se deixar abater.

— Perdi meus pais duas vezes: quando nasci e agora. Por que será que a vida insiste em me deixar órfã?

A pergunta ficou martelando na cabeça de Suzane. Parecia até ironia do destino ou maldade de Deus, mas uma voz interior lhe dizia que o destino não costumava ser irônico, e que Deus jamais obraria maldades. Então, por que aquilo tudo acontecia com ela? E qual seria o melhor caminho a percorrer?

Naquela noite, ao dormir, Suzane sonhou com um homem que jamais havia visto antes. Ele parecia um roceiro e se aproximou lentamente.

— Quem é você? — perguntou ela, sentindo estranha simpatia pelo desconhecido.

— Alguém que só quer o seu bem — respondeu ele em tom carinhoso.

— Será que isso é possível?

— Tudo é possível. Sei que você está se sentindo desamparada, mas há muitos amigos aqui que se interessam por você.

— Aqui onde?

— Aqui, no mundo astral, onde você está agora.

— Que mundo é esse?

— É o mundo do sono e dos mortos. Ou melhor, desencarnados. Quando alguém está fisicamente morto e outro alguém está sonhando, podem se encontrar no astral.

— Sei que estou sonhando. E você? Está morto?

— Da forma como você compreende a morte, sim. Todavia, na verdade, estou mais vivo do que nunca nesse plano que você agora vivencia.

— Se estou entendendo bem, você é um espírito?

— Sim.

— E eu, o que sou?

— Também um espírito, só que encarnado. Ambos estamos nos comunicando através de nossos corpos astrais. O seu está ainda ligado ao corpo físico por esse tênue cordão de prata — ele apontou para o cordão que unia os corpos físico e astral de Suzane. — E eu, como não tenho mais cordão algum, estou desencarnado. Não possuo mais um corpo físico.

— Por que está me dizendo tudo isso?

— Estou apenas esclarecendo as suas dúvidas.

— Quem é você?

— Pode me chamar de Roberval.

— Eu o conheço de algum lugar?

— Isso não importa agora. O importante é que estou aqui para ajudá-la.

— Como? Sinto que posso confiar em você, mas que tipo de ajuda pode me oferecer?

— Você está perdida com tudo o que vem lhe acontecendo. Entretanto, é necessário que saia de Brasília.

— E ir para onde?

— Para o Rio de Janeiro. É o lugar do reencontro.

— Que reencontro?

— Aquele que foi traçado por você e pelos que têm as vidas entrelaçadas com a sua.

— Quem são essas pessoas?

— Não posso lhe dizer. No entanto, é imperioso que você parta para o Rio de Janeiro. É lá que a vida vai trabalhar pelo ajuste entre almas que precisam de união e amor.

— Não estou entendo nada.

— No momento certo, vai entender. O importante é que não se esqueça de que precisa se mudar para o Rio de Janeiro.

— Vou me lembrar disso quando acordar?

— Vai ter uma leve impressão de algo que sonhou e, posteriormente, irá intuir o que deve fazer.

— E se eu esquecer totalmente? Na verdade, não consigo guardar quase nada do que sonho.

— É natural. Mas o essencial há de ficar.

— Por que não consigo me lembrar dessas coisas? Você agora é tão nítido, e suas palavras, tão perfeitamente audíveis. Mas sei que, no momento em que abrir os olhos, quase tudo o que vi e ouvi aqui terá sido esquecido. Por quê?

— Porque seu corpo astral ainda não está suficientemente desenvolvido, bem como certas qualidades dos chakras do seu duplo etérico.

— Hein? O que é isso?

— É bom que você seja curiosa e esteja disposta a aprender. Vou lhe dizer agora, mas você sabe que irá esquecer. O duplo etérico é a parte mais fina do corpo físico, formada por matéria menos densa do que os sólidos, líquidos e gases.

— E para que serve?

— Ele é uma réplica exata do corpo físico e serve para duas coisas, fundamentalmente absorver e distribuir a energia de vitalidade que vem do sol pelo nosso corpo físico, e servir de intermediário entre o corpo físico e o astral, transmitindo a este as impressões captadas pelos nossos cinco sentidos físicos. Isso só é possível porque, na superfície do duplo etérico, estão localizados os chakras, dos quais você já deve ter ouvido falar.

— Já ouvi falar, mas nada sei a respeito.

— Os chakras, também denominados centros de força, são pontos através dos quais a energia passa de um corpo a outro e existem em todos os corpos sutis do homem. Sabe o que são os corpos sutis?

— Não.

— São roupagens que nos revestem, veículos através dos quais podemos nos manifestar na natureza. São, ao todo, sete, sendo que os corpos inferiores, que formam o nosso Eu Inferior, são: o corpo físico, o corpo astral e o corpo mental.

— E os outros quatro?

— Não vale a pena falarmos deles agora. O importante é que você saiba que esses corpos inferiores são perecíveis e se renovam a cada encarnação. Quando desencarnamos, deixamos na Terra o corpo físico e nos manifestamos no mundo invisível através de nosso corpo astral.

— Mas e os chakras? Qual a finalidade deles?

— São os chakras etéricos que conduzem as vibrações do plano físico para o astral. Entendeu?

— Sim. Mas isso ainda não explica o esquecimento.

— O corpo astral, que é o veículo ou corpo que estamos utilizando agora, também tem os seus chakras, cada um deles ligado ao correspondente chakra do duplo etérico. Entre eles, e interpenetrando-os, há uma película muito fina, que funciona como uma espécie de barreira para impedir a comunicação entre os planos astral e físico. As vibrações do plano astral, portanto, precisam atravessar essa película para chegar ao físico. Como, na maioria das vezes, as vibrações são ali barradas, o que ocorre é uma interrupção da consciência entre a vida astral e a física, ou seja, a inconsciência momentânea entre o dormir e o acordar. É por causa dessa barreira que as vivências de um plano não são levadas integralmente para o outro, o que causa o esquecimento do que se viveu no momento do sono.

— Qual a finalidade dessa barreira? Não seria muito melhor se pudéssemos nos lembrar de tudo? Assim, quando acordasse, eu me lembraria de você e dos seus conselhos. Poderíamos até conversar com nossos entes queridos que já morreram. É isso! Eu não poderia conversar com meus pais?

— Nem sempre os desencarnados têm permissão para se comunicar com os que habitam a matéria física. E o esquecimento das experiências astrais tem por finalidade a proteção dos encarnados, que poderiam ficar à mercê de entidades menos esclarecidas.

— Como assim? Não compreendo.

— Isso poderia gerar um forte processo obsessivo, pois criaturas astrais de baixo teor vibratório estariam em condições, conforme o caso e a sintonia, de submeter o ser humano a energias poderosas, influenciando a sua vida e os seus pensamentos.

— Credo!

— A natureza é perfeita, Suzane, e Deus não cria nada que não tenha a sua utilidade na formação e desenvolvimento da vida em todos os seus planos.

— Certo. Mas veja bem: se eu vou esquecer tudo, por que você não pode me contar agora o que vai acontecer?

— Porque não tenho essa permissão.

— Tem alguma coisa a ver com o fato de eu ter sido adotada?

— Tem tudo a ver. E é só o que posso lhe contar.

Ele começou a desvanecer no ar, e suas últimas palavras permaneceram ecoando na mente de Suzane:

— Rio de Janeiro, não se esqueça. Vá para o Rio de Janeiro.

CAPÍTULO 3

Na manhã seguinte, quando Suzane acordou, guardava uma lembrança muito vaga do sonho que tivera com Roberval. Ele estava a seu lado, invisível, e ela não percebeu sua presença, embora tivesse sentido um leve e súbito bem-estar. Era domingo, e todos haviam saído para almoçar em casa da avó de Inês, mas Suzane não quis ir. Sozinha em casa, ligou a televisão, mas, como não houvesse nenhum programa interessante, desligou em seguida. Tentou ler um livro, porém, a história lhe pareceu maçante, e colocou-o de volta na prateleira da estante. Finalmente, inspirada pelo espírito amigo, apanhou uma revista e pôs-se a folheá-la aleatoriamente.

Foi quando se deparou com o anúncio de uma agência de viagens, com fotografias lindas do Rio de Janeiro e suas praias. A princípio, Suzane ficou admirando a foto do Corcovado e da praia de Ipanema, até que virou a página com um muxoxo. Até parece que ela tinha dinheiro para viajar.

— Volte a página — sussurrou Roberval em seu ouvido. — É para lá que você deve ir.

Ela foi folheando a revista rapidamente, até que parou de súbito e foi voltando as páginas, procurando o anúncio da viagem ao Rio. Encontrou-a e tornou a olhar as fotografias. Havia ido ao Rio apenas uma vez, com os pais, quando ainda era criança. Gostaria de voltar, e uma viagem seria ótimo para relaxar naquele momento. Só que tinha pouco dinheiro e precisava economizar. Não podia se dar o luxo de gastar suas poucas economias em viagens de turismo.

— Não — protestou Roberval. — Turismo, não. Você precisa se mudar para lá. Pense bem: o que tem a perder? O que sobrou para você aqui?

Pensando melhor, por que não se mudava para o Rio de Janeiro? Sua vida em Brasília já não tinha mais a menor graça. À exceção de Inês, os amigos haviam se afastado dela. Perdera tudo o que tinha, estava sozinha no mundo. Por que não experimentava algo novo? Podia dar certo.

— Vai dar certo — insistiu Roberval.

— É, pode dar certo — repetiu ela em voz alta. — E posso arranjar um marido rico.

— Marido rico é ilusão. Você vai aprender isso.

— Está resolvido. Vou tentar a sorte no Rio. Pior do que aqui não pode ficar.

A ideia rapidamente ganhou corpo na mente de Suzane, e ela, duas semanas depois, embarcava para o Rio de Janeiro. Conseguira economizar com a venda do carro e das joias, e ainda arranjou mais um pouco vendendo algumas peças de roupa num brechó. Assim que chegou ao Rio, saiu à procura de um lugar para ficar e acabou encontrando uma quitinete num prédio decadente do subúrbio, perto da linha do trem. Com pouco dinheiro e sem fiador, não podia reclamar.

O que tinha em mente era arrumar um marido rico. Embora não tivesse sido criada para se casar por interesse, não via outra solução. Conseguir dinheiro por si mesma seria difícil, quase impossível. Ainda que conseguisse um emprego, não ganharia o suficiente para ficar bem de vida. Não sem uma profissão. Bem casada, voltaria a estudar e seguiria uma carreira de sucesso. E se vingaria de Cosme.

Nos primeiros dias, andou a esmo pela cidade, familiarizando-se com o bairro e os locais que pretendia frequentar. Era preciso sair do subúrbio se tencionava mesmo arrumar um marido rico. Ninguém importante e com dinheiro frequentava um lugar como aquele. Quando visitara o Rio antes, com os pais, ficara hospedada num hotel cinco estrelas em Copacabana, mas não podia nem pensar em se mudar para lá. Restava-lhe apenas se vestir bem e transitar pelo bairro como se fosse uma turista em busca de aventura e emoção. As roupas que levara eram todas de grife, o que lhe garantia uma boa impressão.

Mas as coisas não eram tão fáceis como ela pensou que fossem. Não demorou muito para que os homens a tomassem por uma das muitas garotas de programa que transitam pela zona sul, o que a deixou deprimida e desanimada. Não queria se tornar prostituta.

Estava voltando para casa uma noite, após frustradas tentativas de flertar com algum homem rico, quando percebeu que alguém a seguia. Instintivamente, segurou a bolsa e apertou o passo, e os passos que ecoavam atrás dela soaram mais rápidos também. Sim, definitivamente, alguém a seguia, e só podia ser um ladrão ou um tarado. Sem se voltar, começou a andar ainda mais rápido, até que ouviu um psiu atrás de si. Seu sangue gelou, e desatou a correr pela rua, com o desconhecido suspeito em seu encalço.

Suzane corria apavorada, e o prédio em que vivia nunca lhe pareceu tão distante. Apressava-se o mais que podia, mas os passos atrás dela não desanimavam nem diminuíam. A certa altura, ouviu uma gargalhada irônica e quase tropeçou nas próprias pernas, avançando trôpega em direção à esquina. Se conseguisse cruzá-la, chegaria ao edifício e entraria correndo, trancando a porta de ferro na cara do bandido.

Finalmente, alcançou a esquina e dobrou-a esbaforida, sem olhar por onde pisava, quase aos prantos. De tão apressada e aflita, nem via por onde passava e acabou se chocando de frente com um homem corpulento que vinha em direção oposta. O choque foi tão violento que ela foi atirada uns dois passos atrás e teria caído ao chão, não fosse amparada pelo seu misterioso perseguidor.

O sujeito riu a valer, apertando o corpo de Suzane, que desatou a chorar e a debater-se, tentando soltar-se dos braços que a prendiam firmemente.

— Solte a moça, René — disse o rapaz com quem ela havia se chocado. — Não vê que ela está assustada?

O tal René não parava de rir, mas soltou o corpo de Suzane, segurando-a apenas pela mão, para que ela não fugisse.

— Desculpe-me, moça — falou ele, lacrimejando de tanto rir. — Mas é que foi tão engraçado!

— O que foi engraçado? — revidou Suzane, sentindo o sangue subir.

— Você. Ficou com tanto medo! O que pensou? Que eu era um ladrão?

— Ora essa, o que você queria? — tornou ela, deveras indignada. — Perseguindo-me pelas sombras como um bandido. Isso não se faz.

— É melhor parar com essas brincadeiras, René — censurou o rapaz, prosseguindo em seu caminho. — Ainda vai acabar matando alguém de susto ou levando um tiro.

René soltou uma gargalhada, e o rapaz sumiu de vista.

— Quer me soltar, por favor? — rosnou Suzane, puxando o punho para livrá-lo da mão de René.

— Ah! Desculpe, moça. — disse ele, soltando-a. — Você não vai fugir, vai?

— Não. Vou para casa. Estou cansada demais para ficar perdendo tempo com um idiota feito você.

— Olhe lá como fala, hein! Mas não faz mal. Eu a aborreci e assumo a minha culpa.

— Deixe-me em paz — zangou-se ela, dando-lhe as costas e indo em direção ao edifício.

— Como é que você se chama? — indagou René, andando atrás dela.

— Não interessa.

— Ah! Não seja tão mal-humorada. Eu só estava brincando.

— Era para rir? Pois não achei graça nenhuma.

— Você não tem senso de humor?

— Não para esse tipo de brincadeira.

— Está bem, desculpe. Foi engraçado, mas talvez eu tenha exagerado.

— Será? — ironizou ela.

— Por favor, perdoe-me. Não fique brava.

Ela continuava de cara amarrada. Ignorou-o e seguiu caminhando, com ele ao seu lado.

— Você mora aqui perto?

— Não é da sua conta.

Ele não disse nada, e Suzane estacou diante do edifício.

— É aqui que você mora — constatou ele. — Sozinha?

— Você faz perguntas demais, e eu não tenho tempo para perder com interrogadores imbecis.

— Não precisa ofender.

— Foi você quem provocou.

— Tudo bem, eu aceito a reprimenda. Pode me dar uma bofetada se quiser.

— Escute aqui. Sei que você está tentando ser engraçado, mas não estou com a mínima paciência para esse tipo de piadinhas.

— E de que tipo de piadas você gosta?

— Do tipo: suma da minha frente!

Aborrecida com o atrevimento daquele estranho chamado René, Suzane voltou-lhe as costas e entrou no edifício, batendo a porta da entrada com fúria. Não conhecia ninguém no Rio de Janeiro, e seu primeiro contato tinha que ser com um idiota! Subiu ao apartamento e foi espiar da janela. Lá estava ele, parado do outro lado da rua, olhando para cima. Suzane cerrou a cortina com irritação e virou-se para dentro, no exato instante em que René, lá de baixo, encontrava a sua janela. Por uma fração de segundos, ela percebeu o seu olhar e intuiu o que ele estava pensando, sentindo um frio na espinha.

Foi até a geladeira e apanhou um copo de água, bebendo-o a goles largos. Sentou-se à mesa da cozinha com o copo à frente, e a lembrança do susto voltou à sua mente. Sorriu. Analisando melhor a situação, tinha sido uma besteira. Apavorara-se à toa. O rapaz, certamente, a estava paquerando e, ao perceber que ela se assustara, resolvera divertir-se com ela. Conseguira. Ela era uma tola, com medo da própria sombra, agindo feito uma roceira perdida na cidade grande.

E aquele René até que era engraçado. Pensando bem, era atraente e cativante. Bonito mesmo. O tipo de homem que a atraía: moreno, másculo, meio rude e divertido. Devia ser conhecido nas redondezas, ou o outro não o teria chamado pelo nome. Com certeza, era boa companhia. Só que era pobre. Estava óbvio que era pobre. Se não fosse, não viveria num lugar como aquele.

A pobreza não fazia parte dos planos de Suzane, e ela balançou a cabeça firmemente, tentando afastar dos pensamentos a imagem de René. Não podia se apaixonar por alguém feito ele. Precisava de um homem que a tirasse daquela situação, não de alguém que a levasse a se enfurnar ainda mais nela. Não. Decididamente, René não servia para ela.

CAPÍTULO 4

Fazia um bom tempo que Beatriz estava debruçada sobre os livros, estudando para as provas na faculdade, que em breve teriam início. Ela e Vítor, o namorado, estudavam comunicação social na PUC[1], só que ele, dois anos mais velho, estava prestes a se graduar e tentar carreira como repórter esportivo.

Vítor era o carioca típico: moreno, queimado de sol, porte atlético e muito simpático. Praticava surf e adorava esportes. O pai, Gílson Betuel, era dono do jornal *Mundo Econômico*, especializado em bolsa de valores, negócios e tudo o mais que pudesse interessar ao mundo da economia e das empresas.

Com ar cansado, Beatriz esfregou as têmporas e consultou o relógio: já passava das sete horas, e ela precisava se arrumar. Colocou o livro de lado e foi tomar um banho demorado. Levou cerca de vinte minutos embaixo do chuveiro, deixando que a água se derramasse intensamente sobre a cabeça, para desanuviar um pouco a mente dos estudos. Depois, desligou a torneira e saiu para o quarto. Já estava praticamente vestida quando o irmão mais novo, Nícolas, de nove anos, bateu na porta e chamou sem abrir:

— Beatriz! Abra. Ele já chegou.

Tornou a olhar o relógio e constatou que Vítor estava dez minutos adiantado.

1 PUC - Pontifícia Universidade Católica.

— Diga a ele que já vou — pediu, enquanto corria para o armário em busca de algo apropriado para vestir. — Papai e mamãe já chegaram?

— Ainda não.

— Pois então, faça companhia a ele até eu terminar de me arrumar.

Ela ouviu os passos do irmão se afastando pelo corredor a galopes e foi terminar de se arrumar. Estava tranquila com aquele encontro. Os pais eram pessoas simpáticas e avançadas, e também estavam ansiosos para conhecer Vítor, de quem muito pouco sabiam. Beatriz não era o tipo de pessoa de fazer comentários sobre a vida do namorado e detestava interrogatórios, principalmente aqueles relacionados à família, que era a preocupação de todos os pais.

Ainda tinha vívida na memória a lembrança do dia em que o conhecera. Era uma sexta-feira chuvosa, e ela estava sem carro e sem guarda-chuva. As amigas já tinham ido embora, e ela sentou-se a uma mesinha da cantina para esperar a chuva passar. Pediu um refrigerante light e ficou mordiscando o canudinho, bebericando a goles curtos enquanto se distraía com o barulho dos pingos de chuva pipocando no chão.

— Acho que essa chuva não vai parar tão cedo — disse uma voz a seu lado.

Levantou os olhos e fixou-os no rapaz. Ele estava vestido com uma capa de chuva engraçada, tinha uma corcova na altura das costas, provavelmente a mochila, e um capacete preso debaixo do braço.

— É... — divagou ela. — Faz algum tempo que estou aqui, e ela nem diminuiu.

— Posso sentar-me ao seu lado? — tornou ele, já puxando a cadeira e se sentando, colocando o capacete em outra.

— Você está de moto — constatou ela. — Mas tem uma capa impermeável. Está com medo de enfrentar a chuva?

— Não. Na verdade, eu já estava saindo quando a vi sozinha aqui e resolvi me aproximar.

— Por quê?

— Sabe, já faz algum tempo que venho reparando em você. Você faz comunicação social também, não faz?

Ela assentiu e retrucou interessada:

— Como assim, também? É o que você estuda?

— É, sim. Estou no último período, mas sei que você está no quarto.

— Como é que sabe?

— Já disse que tenho reparado em você. Vejo-a entrar na sala do quarto período com suas amigas.

Beatriz nunca havia notado aquele rapaz tão lindo e ficou lisonjeada com o fato de ele ter reparado nela.

— Posso perguntar por que você repara em mim?

— Porque acho você linda. A garota mais bonita que já vi em toda a minha vida.

Ela corou levemente, embaraçada com aquele galanteio direto e, aparentemente, sincero. A partir de então, não se largaram mais. A conversa evoluiu para um convite para jantar, e daí para o namoro foi um passo pequeno. Isso acontecera quatro meses atrás, e eles estavam namorando firme, pensando em assumir um compromisso mais sério assim que Vítor terminasse a faculdade.

Com um sorriso encantador, Beatriz voltou ao presente e se olhou no espelho, satisfeita com o resultado final. Vítor, com certeza, iria aprovar. Terminou de passar batom nos lábios, atirou um beijo para seu reflexo e saiu.

Quando entrou na sala, Nícolas estava totalmente envolvido na conversa de Vítor, que mal percebeu a sua chegada. O rapaz se levantou e beijou-a embevecido, sob o sorriso maroto e sem jeito de Nícolas. O menino se levantou também, exibindo as figurinhas de um álbum aberto na mesinha do centro.

— Veja, Bia. O Vítor me trouxe um pacote com vinte e cinco saquinhos de figurinhas do Harry Potter. Não é demais?

Beatriz sorriu e acariciou a cabeça do irmão. Fora muito gentil de Vítor lembrar-se do comentário que ela fizera sobre a paixão de Nícolas por Harry Potter e o álbum de figurinhas que ele colecionava.

— Não precisava — comentou ela, olhando emocionada para o namorado.

Vítor não respondeu e puxou-a para si, dando-lhe um beijo apaixonado. A chegada dos pais interrompeu o beijo, deixando o rapaz embaraçado, e Vítor se afastou um pouco de Beatriz. Os pais se aproximaram e beijaram os filhos no rosto, e o pai foi o primeiro a estender a mão para Vítor.

— Muito prazer — falou ele. — Renato.

— Este é o Vítor, papai — apresentou Beatriz.

— O prazer é todo meu — respondeu Vítor. — Beatriz fala muito no senhor.

— Nada de senhor aqui, meu rapaz. Somos uma família avançada — ele piscou de forma engraçada, e Nícolas desatou a rir. — Não é assim, garotão?

O menino ficou rindo, e a mãe de Beatriz se aproximou.

— E esta aqui é minha mãe — prosseguiu Beatriz, enquanto Carminha lhe estendia a mão.

— Também tenho imenso prazer em conhecer a senhora...

— Ah! — objetou Renato. — Nada de senhora também. Não é, Carminha?

— É claro — concordou a mulher. — Como Renato disse, somos uma família avançada. Ou, pelo menos, tentamos ser.

Os dois pediram licença e foram se aprontar para o jantar. Renato e Carminha eram sócios numa empresa de mineração em Minas Gerais, com escritório no Rio de Janeiro. Enquanto Renato cuidava da parte administrativa, Carminha se ocupava em desenhar as joias que eram fabricadas com o produto de sua própria extração mineral. Eram pessoas bem-sucedidas e se amavam com louca paixão, realizadas em seus projetos profissionais, afetivos e familiares. A família era tudo para eles, e tanto Carminha quanto Renato valorizavam a harmonia no lar acima de todas as outras coisas.

Em breve, voltaram de banho tomado e roupa trocada, e o jantar foi servido. Enquanto comiam, iam conversando amenidades, até que chegou o ponto que Beatriz mais detestava. O pai dera um jeitinho de, sutilmente, introduzir no assunto perguntas sobre a vida e a família de Vítor. Já preparado para aquilo, o rapaz não se importou e deu um sorriso tranquilizador para Beatriz, para que ela não se incomodasse com o que ele considerava uma preocupação natural de todo pai.

— Quer dizer então que você também vai ser jornalista — observou Carminha.

— É o que pretendo. Vou me formar no final desse ano.

— E já tem algum emprego em vista? — era Renato.

— Na verdade, pretendo trabalhar com o meu pai.

— O seu pai também é jornalista?

— Ele é presidente do jornal *Mundo Econômico*. Conhecem?

— É claro! — afirmou Carminha, entre espantada e surpresa. — Beatriz, minha filha, por que é que nunca nos contou que o seu namorado era filho de... como é mesmo que se chama o seu pai?

— Gílson Betuel.

— Isso! Gílson Betuel. Devia ter-nos contado antes.

— Ninguém me perguntou nada — rebateu ela na defensiva. — E depois, você sabe que não gosto dessa história de ficar dando a ficha do namorado.

— Essa juventude... — divagou Carminha. — Ai de nós se, na minha época, não contássemos tudo sobre o namorado. Éramos proibidas de namorar.

— Mas não vivemos mais na sua época, não é, mamãe? Estamos no século XXI.

— As coisas hoje, com certeza, são menos formais. Ainda mais aqui, no Rio de Janeiro.

— Você não é carioca?

— Não, sou de Minas. Renato e eu viemos para o Rio porque resolvemos estabelecer nosso escritório aqui. Não é, Renato?

Ninguém havia notado que Renato, subitamente, perdera a voz e o apetite. À pergunta de Carminha, assentiu e permaneceu quieto, mexendo com o garfo sem comer nada.

— Está tudo bem, pai? — perguntou Beatriz preocupada.

— Tudo bem — foi a resposta seca.

— Você estava tão animado! — comentou Carminha. — Aconteceu alguma coisa para ficar com essa cara de repente?

— Não aconteceu nada. Foi apenas uma dor de cabeça repentina. Já vai passar.

— Que pena.

— Posso fazer alguma coisa para ajudar? — indagou Vítor solícito.

— Termine o seu jantar — retrucou Renato de mau humor. — Perdi a fome, vou me retirar. Com licença.

Sob o olhar espantado da mulher e dos filhos, Renato atirou o guardanapo sobre a mesa e se levantou apressado.

— Será que ele não gostou de algo que eu disse? — ponderou Vítor.

— Não, com certeza não — tranquilizou Carminha.

— Estranho. Meu pai não é disso — declarou Beatriz.

— Ele deve estar cansado — disse Nícolas com simplicidade. — Será que já dá para vir a sobremesa?

A sobremesa chegou, e um clima de mal-estar se instalou no ambiente. Carminha e Beatriz, surpresas com o que consideravam uma grosseria de Renato, esforçavam-se ao máximo para ser gentis com Vítor que, por sua vez, achava que havia dito algo que desagradara a Renato. Só não atinava no que poderia ser.

A noite terminou mais cedo, porque Vítor achou melhor se retirar e deixar que Beatriz se entendesse com o pai. Era visível que Renato não gostara dele, embora, a princípio, houvesse demonstrado o contrário.

— Acho que seu pai não me aprovou — comentou Vítor, parado ao lado da moto e se preparando para sair.

— Não é verdade. Não sei o que deu nele, mas, com certeza, não é nada com você.

— O mais estranho é que ele, no começo, parecia bem simpático. Foi só depois que fechou a cara, quando eu disse...

— Quando você disse quem era o seu pai, não foi? — ele assentiu. — Será que os dois não se dão?

— É possível. Meu pai é um jornalista conhecido, dono de um grande jornal, e seu pai é um alto e importante executivo. Pode ter havido algum desentendimento entre eles no passado.

— E se houve, minha mãe não sabe de nada. Ela não demonstrou nenhuma reação negativa ao ouvir o nome do seu pai.

— Acho até que ela se empolgou, não foi?

— O que demonstra que, seja lá o que for que tenha acontecido, ela não sabe.

— Se é que aconteceu alguma coisa, não é, Bia? Quem sabe ele não se sentiu mal mesmo?

— Vou tentar descobrir. Se houver alguma coisa que eu não saiba, ele vai ter que me dizer. E você, faça o mesmo com o seu pai.

— Com certeza. Não posso apresentá-la a ele sem antes saber como irá tratá-la.

Despediram-se com uma certa tristeza, agora certos de que poderia haver alguma animosidade entre seus pais que eles não conheciam. Quando Beatriz entrou em casa, a mãe não estava mais na sala, e o irmão estava no quarto, admirando o álbum cheio de figurinhas novas. Ela passou direto e foi bater à porta do quarto dos pais.

— Pode entrar — falou Carminha.

Com cuidado, Beatriz entrou e percebeu, pela postura dos pais, que eles estiveram discutindo.

— O que você quer, minha filha? — prosseguiu Carminha.

— Vim saber como papai está passando — disse ela, olhando para o pai de soslaio.

Renato estava sentado em uma poltrona, de braços cruzados, e fixou nela um olhar de reprovação tão intenso que ela quase saiu pela porta de novo. Não podia, contudo, desistir facilmente.

— Estou bem — respondeu ele com patente irritação. — Mas poderia estar melhor.

— Por quê? O que foi que aconteceu?

— Na verdade, não aconteceu nada.

— Mas então, por que você ficou assim tão bravo? Foi por causa do Vítor? — ele não respondeu. — Você não gostou dele, não é mesmo? Por quê?

— Não é que não tenha gostado — tornou Renato. — Ele pode até ser um bom rapaz, mas a família dele não serve.

— Eu sabia! — exclamou Beatriz. — É o pai dele, não é? Você e Gílson Betuel não se dão.

Até Carminha fez cara de espanto e ficou olhando para ele, à espera de uma resposta.

— Não o conheço pessoalmente, mas sei que andou metido em negócios escusos no passado — afirmou Renato.

— Que negócios? — sondou Carminha.

— Negócios. Coisas ilegais.

— Mas que coisas? — insistiu Beatriz. — Você está nos enrolando e não está dizendo nada.

— Não sei direito que coisas — contestou Renato confuso. — O que sei foi de ouvir dizer.

— Nunca ouvi nada ruim a respeito dele — objetou Carminha. — Ao contrário, só ouço dizer que ele é dono do *Mundo Econômico* e que contribui para várias obras sociais.

— Tudo fachada para esconder suas atividades ilícitas.

— Não acha que está indo longe demais, pai? Está se deixando levar por fofocas infundadas de gente que não tem mais o que fazer e que, provavelmente, morre de inveja do sucesso dele.

— É isso mesmo, Renato — concordou Carminha. — Não entendo por que você dá tanta importância aos fuxicos dessa gente. E logo você, que não é disso.

— Pensem como quiserem. Mas a minha opinião é uma só: esse rapaz não serve para você.

— Isso é um absurdo! — protestou Beatriz com veemência. — Você nem o conhece, não sabe nada dele. Como pode julgá-lo com base em mexericos de sociedade?

— Que, por sinal, eu nunca ouvi — afirmou Carminha.
— As duas estão contra mim? — indignou-se ele.
— Ninguém está contra você. Só não entendemos a sua reação. Você nunca foi homem de se impressionar com fofocas.
— Essa discussão não vai levar a nada. Por mim, Beatriz, você termina esse namoro hoje mesmo.
— De jeito nenhum! — exasperou-se ela. — Você não tem o direito de me exigir isso.
— Não estou exigindo, estou pedindo. É para o seu bem.
— A não ser que você me comprove o envolvimento de Gílson Betuel com atividades ilícitas ou escusas, considero injusta e infundada a sua reação. E mesmo que ele não seja uma pessoa digna, Vítor não tem nada a ver com isso.
— Tal pai, tal filho.
— Isso é um julgamento infame! Nunca ouvi você falar desse jeito.
— Beatriz tem razão, Renato. Não estou reconhecendo você.
— Acreditem, sei o que estou dizendo — gritou Renato. — Se Beatriz continuar com esse namoro, vai se arrepender mais tarde. E você, Carminha, vai desejar nunca tê-lo recebido aqui em casa nem duvidado de mim.
— Mas por quê? — questionou Carminha. — O que você sabe a respeito dele que não quer nos contar?
Por um instante, pareceu que Renato ia revelar algum segredo, mas a impressão logo se desvaneceu, e ele recomeçou a esbravejar de forma praticamente insana:
— Você é minha filha, Beatriz! Vive na minha casa e sob a minha dependência.
— E por isso devo-lhe obediência — completou ela, com desdém. — É isso?
— Desde quando você é assim, Renato? — revidou Carminha perplexa. — Isso é coisa do século passado. Não vivemos mais desse jeito, e nossa família, decididamente, não é adepta do autoritarismo nem da tirania.

Os olhos de Renato refulgiram com um brilho de raiva desmedida, e sua boca quase espumou de ódio quando afirmou entre os dentes:

— Façam como quiserem.

Passou por elas com pressa, agitando as chaves do carro, que tilintavam num frenesi de fúria. As duas ficaram se olhando numa surpresa muda, tentando entender que estranho fenômeno fora aquele que transformara Renato em um homem que elas não conheciam.

CAPÍTULO 5

Renato saiu de casa feito um louco. Havia ido além do limite da razão, mas não conseguira se controlar. Ao ver o rapaz, até que o achara simpático e educado. Mas saber que ele era filho do único homem que nunca mais gostaria de encontrar era algo inadmissível. Jamais permitiria que sua filha se aliasse a alguém que tivesse qualquer relação com Gílson Betuel.

Dirigiu a esmo por quase toda a noite, pensando no que fazer para reverter aquela situação. Tentar proibir o namoro só serviria para piorar as coisas. Beatriz era uma menina geniosa e de muita personalidade, e ele não conseguiria impor-lhe obediência. Após tantos anos, viu-se na iminência de procurar Gílson, depois de jurar a si mesmo que jamais tornaria a falar com ele. Mas as circunstâncias eram complexas e envolviam interesses dele também, pois Renato estava certo de que Gílson se apavoraria ante a notícia de que o filho estava namorando justo sua filha.

Àquela hora, contudo, não tinha como localizá-lo. Fazia anos que jogara fora o seu telefone, e a única notícia que ouvira dele fora a da morte da mulher, muitos anos atrás. Podia tentar a internet, mas Renato estava certo de que Gílson não deixaria lá o seu telefone. Portanto, só lhe sobrava o jornal, e ele teria que esperar até o dia seguinte.

Naquele mesmo momento, Gílson se remexia em sua cama. As indagações de Vítor sobre Renato Lima Negreiro haviam-no deixado alarmado e confuso. Quando o filho lhe contou que estava namorando Beatriz, jamais poderia imaginar que ela fosse filha de quem era. E o que lhe dissera naquela noite revelava que, assim como ele, Renato também se assustara e, provavelmente, estaria imaginando a melhor maneira de afastar os dois.

A situação era alarmante. Tanto que lhe tirara o sono e fizera seus pensamentos se voltarem para a esposa, Lorena. Por que fora dar-lhe ouvidos? Se tivesse seguido seu coração, jamais se teria envolvido naquele esquema sórdido e não estaria hoje atormentado pela culpa e o remorso. E, ainda por cima, a mulher morrera naquele acidente horrível.

Deitado a seu lado, invisível, o espírito de Lorena se contorcia de raiva. Ouvira os comentários do filho e amaldiçoou-se a si mesma por ter sido tão estúpida. O tempo que perdera colada a Gílson impediu-a de tomar ciência de que Vítor estava de namorico justo com aquela menina. Se tivesse prestado mais atenção ao filho, aquilo não teria acontecido. Ela teria dado um jeito de impedir que os dois se aproximassem, nem que tivesse que derrubar o filho da moto num acidente sem maiores consequências.

E nem se dera o trabalho de perscrutar a sua mente! Simplesmente o deixara de lado, livre para fazer o que quisesse, sem nem lhe passar pela cabeça que ele poderia namorar justamente Beatriz. E só agora ela descobria que a menina se chamava Beatriz. Em sua experiência no invisível, já devia saber que os arranjos da vida não podem ser desfeitos, a não ser que estivesse alerta para criar dificuldades que talvez levassem os envolvidos a desistir por vontade própria.

De tanto vibrar sobre a mente de Gílson, ele se mantinha desperto, ligado a ela por um fio energético de culpa. Sentia-se culpado não só por sua morte, mas pelos muitos crimes que cometera no passado de sua vida, culpa essa que era alimentada pelas constantes acusações que a ex-mulher lhe fazia do astral, tentando incutir em sua mente a ideia de que fora o responsável pelo acidente. No entanto, lá no íntimo, ele sabia que não era assim.

Lorena, contudo, aproveitava-se desse sentimento para alimentar a ligação entre ambos, estimulando nele pensamentos carregados da mesma energia, que iam fortalecendo-a e lhe assegurando a permanência a seu lado. Embora Gílson não vibrasse no mal, o arrependimento, a culpa e o remorso abriam um canal de sintonia que Lorena soube aproveitar, minando as suas forças justamente no ponto mais fraco de sua alma.

Estabelecida a sintonia entre Gílson e Lorena, ela se recusou a afastar-se dele, permanecendo a seu lado dia após dia. Mesmo os espíritos de luz que tentavam ajudá-la mal conseguiam se aproximar, pois a vibração que ela emitia não lhe permitia vê-los ou ouvi-los, e ela se julgava sozinha e à vontade para desfrutar da vida e da cama do marido.

— Se Lorena estivesse aqui, saberia o que fazer — pensou Gílson em voz alta.

— Mas eu estou aqui — afirmou ela, postando-se bem acima dele, rosto colado ao seu. — Você é que não consegue me ver.

— E agora? O que vou fazer?

— Acho melhor deixar-me cuidar disso. Talvez eu consiga algo com a garota.

Gílson olhou para o lado no momento em que um raio de sol penetrou pela janela. O dia amanhecia sem que ele tivesse conseguido pregar o olho. Desistiu de tentar dormir e se levantou, indo direto para o banheiro. Uma boa chuveirada talvez o animasse, fazendo-o raciocinar melhor. Era muito cedo, e o filho estava dormindo. A criada ainda não havia chegado, de forma que ele mesmo teve que preparar o café.

Pouco depois, Vítor acordou também e, atraído pelo aroma perfumado do café, adentrou a cozinha ainda de pijamas.

— Bom dia, pai. Acordou cedo, hein?
— Tive insônia esta noite.
— É mesmo? Que chato.
— Pois é. E você? Como vai ser o seu dia?
— Como sempre.
— Vai-se encontrar com a sua namorada?
— É claro. Por quê? Quer conhecê-la?
— Gostaria, sim.
— Tem certeza de que você e Renato não se conhecem?
— Já conversamos sobre isso ontem.
— Mas você não me convenceu.
— Pois então, vou repetir: não conheço Renato Lima Negreiro nem pretendo conhecer.
— Por quê?
— Pela forma como ele tratou você.
— Só por isso?
— Não tenho mais nenhum outro motivo.
— E por que quer conhecer Beatriz?
— Porque ela é sua namorada, e você está gostando dela.
— Não vai tratá-la mal?
— Já disse que não.

Lorena não perdia uma só palavra daquela conversa, ansiosa por descobrir mais a respeito da menina. Vítor terminou de tomar o café e foi se arrumar. Quando voltou, o pai já havia saído. A criada havia chegado e se encontrava só na cozinha, exceto pelo espírito de Lorena, que lhe dava ordens inaudíveis sobre a melhor forma de preparar um peixe. A moça nada escutava e permanecia limpando o peixe alheia às palavras de Lorena, que, logo que viu o filho, deixou a empregada de lado e saiu atrás dele.

Quando ele subiu na moto, ela fez uma careta de repulsa, mas sentou na garupa, enlaçando sua cintura. Tinha medo de motocicleta, mas já estava morta mesmo...

No momento em que atravessou os braços ao redor do corpo de Vítor, ele sentiu um calafrio e balançou a cabeça e os ombros, para surpresa de Lorena. Por que o filho, que era sangue do seu sangue, sentia visível mal-estar com o seu contato? Seria por desconhecer que era a mãe quem estava ali perto dele? O ronco do motor da moto desviou a sua atenção, e Lorena cerrou os olhos quando o veículo se pôs em movimento. A cada curva, encolhia-se ainda mais atrás dele, protegida do vento e do susto pelas costas do filho.

Finalmente, chegaram à universidade, e ela saltou aliviada. Teria sido melhor acompanhá-lo mentalmente, mas tivera medo de que seus pensamentos, irradiados por ondas mentais de baixo teor vibratório, acabassem perdidos no mar de confusão de pensamentos semelhantes aos seus e não alcançassem a mente do filho[1].

Acompanhou-o até a sala de aula e ocupou uma carteira vazia, pondo-se à espera de que chegasse a hora de encontrar a menina. Quando a sineta anunciou o intervalo, Vítor saiu e se encaminhou para a cantina, indo direto em direção a uma garota que estava sentada a uma mesa, conversando com as amigas. Ele a beijou nos lábios, e os dois se afastaram do resto do grupo.

— Então? — perguntou ela ansiosa. — Conseguiu alguma coisa com o seu pai?

— Nada. Ele disse que não conhece o seu, embora eu desconfie de que esteja mentindo. E o seu? Disse alguma coisa?

---

[1] Quando o homem pensa, faz vibrar seu corpo mental, irradiando ondas que vão alcançar outras que estejam vibrando em sintonia com o pensamento emitido. Isso faz com que o ar ao nosso redor esteja repleto de matéria mental, que responde a vibrações afins, em forma de ondulações que se irradiam em todas as direções. Por isso, as ondas mentais inferiores tendem a encontrar dificuldade em alcançar o destinatário, justamente porque acabam se perdendo na imensa quantidade de ondas mentais semelhantes que se encontram ao redor da matéria mental enviada com o pensamento.

— Não. Veio com uma conversa estranha, de que seu pai estaria metido em negócios escusos do passado. Sabe algo a respeito?

— Negócios escusos? — indignou-se Vítor. — Isso é um absurdo, Bia! Meu pai é um editor respeitável.

— Sei disso. Não sei de onde meu pai tirou essa ideia, mas ela foi suficientemente forte para ele brigar comigo e com minha mãe. Saiu de casa furioso ontem à noite.

— Sua mãe, então, não sabe mesmo de nada.

— Parece que não. Ficou tão surpresa quanto nós.

— Esquisito, não é?

Enquanto os dois continuavam a conversa, Lorena quase saltou no pescoço de Beatriz, que sentiu uma vaga e momentânea tonteira, tão leve que Vítor sequer percebeu. Então era aquela a moça que estava ameaçando a paz e a segurança de Gílson? Era preciso tomar alguma providência contra a menina, porque, se ela descobrisse tudo, Gílson iria parar na prisão, e Lorena não estava disposta a seguir com ele. Não pretendia se mudar para uma cela desconfortável e imunda, sem os luxos com os quais convivia em sua casa.

O que seria dela? Não era sua intenção ficar vagando pelo mundo como um ser errante. Não era uma alma penada. Era um espírito obrigado a sair da matéria por uma imprudência do marido. Não era sua culpa o fato de ele ter batido com o carro, forçando-a a deixar a vida física. Não quisera partir da vida, assim como não queria partir agora. Queria ficar em sua casa, onde tinha as coisas pelas quais lutara toda a sua vida. Gostava do seu lar, de dormir em sua cama e acordar ao lado do marido. Mesmo que ele não tivesse consciência de que ela estava ali, sempre que dormia era possível falar com ele, e isso lhe parecia satisfatório.

Além disso, a cadeia era lotada de espíritos ignorantes, e ela não estava em condições de disputar com seres das trevas muito mais poderosos do que ela, que, na certa, a expulsariam da companhia do marido. Não. A perspectiva de o marido ser preso não era nada animadora. O filho não dava a mínima para ela, e não era com ele que ela podia ter a energia do sexo. Quando Gílson dormia, muitas vezes, ela podia tocar o seu corpo astral, que vibrava intensamente e lhe deixava a impressão de que sonhara estar fazendo sexo com ela. Aquilo era muito bom. Dava-lhe a sensação de estar viva também.

O jeito era atrapalhar o namoro dos dois. Lorena sondou a mente do filho, mas não encontrou nenhuma fraqueza que pudesse dar acesso a sua intervenção. A menina, contudo, parecia mais vulnerável. Havia nela uma certa dose de rebeldia que favorecia a raiva, e a ira se mostrava um sentimento capaz de abrir rupturas nos corpos astral e mental propícias à interferência do invisível.

Durante o resto da manhã, Lorena permaneceu junto a Beatriz. A presença da moça lhe causava uma certa repulsa, mas era necessário suportá-la se quisesse garantir a sua sobrevivência.

No final das aulas, Beatriz e Vítor se despediram, e Lorena seguiu com ela. Sentou-se confortavelmente em seu carro, dando graças por não precisar montar na garupa de uma moto outra vez, e foi para a casa de Beatriz. Não se surpreendeu ao se deparar com a imensa mansão em que ela vivia, num condomínio luxuoso de frente para a praia da Barra da Tijuca. Entrou sem cerimônia e perscrutou o ambiente, dando-se por satisfeita por não haver mais nenhum outro espírito ali. Isso lhe pouparia o trabalho de ter que entrar em entendimento com ele e explicar os seus motivos, correndo ainda o risco de não ser admitida.

No começo, Lorena ficou ao lado de Beatriz pensando na melhor estratégia para minar o namoro dela e de seu filho. Todavia, ao acompanhar a família ao jantar, não duvidou mais do que fazer. A entrada de Renato chegou a lhe causar ânsias de vômito, mas se conteve e se aproximou. Ele praticamente não havia mudado em todos aqueles anos. Lorena fixou os olhos em Carminha, que não chegara a conhecer em vida, e fez um muxoxo de desdém. Ela parecia uma mulher tola e sem fibra, provavelmente alheia às atividades do marido.

Logo que todos foram dormir, Lorena sentou-se na cama ao lado de Beatriz para esperá-la. Não demorou muito, e o perispírito da moça se desprendeu parcialmente do físico, pairando alguns centímetros acima da matéria densa. Lorena soltou uma gargalhada irônica e chamou-a pelo nome várias vezes. Desperta em seu corpo astral, Beatriz se espantou com a presença de Lorena, a quem nunca antes havia visto.

— Quem é você? — indagou curiosa, um medo indefinível se apossando de todo o seu corpo.

— Sua tonta, idiota, vagabunda! — esbravejou Lorena, os olhos duas chispas de fogo. — Como se atreve a se aproximar de Vítor? Saia do lado dele, para o seu próprio bem, ou então, vai ter que se entender comigo!

A reação de Lorena foi tão violenta, e Beatriz estava tão despreparada, que imediatamente retornou ao corpo físico, o que o fez despertar com um choque intenso. A seu lado, Lorena praguejava e investia contra ela, mas Beatriz nada sentiu além de uma rápida tonteira. Assustada, levantou-se e foi até a cozinha apanhar um copo de água. Não se lembrava de nada do que vivera no outro plano, mas uma sensação de desconforto permaneceu impressa em seu corpo e sua mente.

Ao retornar ao quarto, sentiu um certo medo e deixou a luz acesa. Embora temerosa, fechou os olhos e se encolheu na cama, mas, quando adormeceu novamente, o espírito de Lorena não estava mais ali.

CAPÍTULO 6

Os convites já haviam sido enviados para a recepção de bodas de prata de Carminha e Renato, caso contrário, ele teria suspendido a comemoração. Não sentia a menor animação para festas. A novidade com que a filha o surpreendera estragara o seu humor, e ele só pensava em como encontrar uma maneira de afastá-la daquele rapaz.

Evitou encontrá-la durante os dias que se seguiram e não tocou mais no assunto com a mulher, embora Carminha lhe perguntasse várias vezes o que havia acontecido. Descobrir o telefone do jornal de Gílson não foi difícil, e Renato ficou com o número no bolso até tomar coragem para ligar. Não gostaria de falar com ele novamente, mas não havia outro jeito. O interesse em afastar os dois devia ser mútuo.

Do celular, ligou para o jornal, e a secretária que o atendeu informou que Gílson ainda não havia chegado. Renato conseguiu estacionar o carro numa vaga próxima e postou-se em frente ao prédio em que funcionava o jornal. Não demorou muito, e Gílson apareceu. Estava mais velho, mas ainda era o mesmo, e Renato facilmente o reconheceu. Quando Gílson se aproximou, logo notou o outro parado ali. Abordou-o com ar cansado e, sem estender-lhe a mão, disse calmamente:

— Renato... Já faz mais de vinte anos.

— Vinte anos que vivi sem nem lembrar de sua existência. Mas agora...

— Agora... Sei por que está aqui.

— Imagino que sabe. Depois de tantos anos, só um assunto de extrema gravidade como esse para me colocar em contato com você novamente.

— Entendo.

— Já pensou a respeito? — ele assentiu. — E que atitude vai tomar?

— Nenhuma.

— Nenhuma? Ficou louco? Não sabe em que esse namoro pode dar?

— Se não falarmos nada, eles acabarão se afastando normalmente. É só um namoro de juventude sem maiores consequências. Agora, se fizermos alarde, eles vão se unir ainda mais.

— E deixá-los à vontade para que descubram tudo? Jamais!

— Eles vão descobrir se nós nos comportarmos de forma a levantar suspeitas. Vítor já andou me fazendo perguntas sobre você. Está desconfiado de que nos conhecemos e que existe alguma animosidade entre nós. E aposto como sua filha tem a mesma desconfiança.

Renato concordou com a cabeça e retrucou cheio de fúria:

— Mais um motivo para impedir que aqueles dois namorem. Já pensou se eles resolvem se casar?

— Você está antecipando as coisas. Não creio que isso vá acontecer...

— Tudo é possível, e precisamos nos cuidar. Ou será que você está pronto para enfrentar a cadeia?

— Você tem motivos para temer a prisão mais do que eu.

— Não tenho, não! E o proíbo de tocar nesse assunto. É coisa do passado, acabou.

— Esse não é um passado que se possa esquecer facilmente. Todavia, concordo que o mais importante é nos concentrarmos nos meninos. Eu ainda acho que, se não dermos importância ao fato, eles acabam terminando o namoro naturalmente.

— Não posso confiar nisso. Preciso fazer alguma coisa.

— Toda trama requer uma boa dose de frieza e dissimulação. Se sua filha perceber, tudo vai por água abaixo, e só o que você conseguirá é que ela fique com raiva de você.

— Não quero tramar contra a minha filha — protestou ele com raiva. — Quero apenas a felicidade dela.

— E eu, a do meu filho. Só que não é assim que conseguiremos isso.

— Não acredito que você vá apoiar o namoro dos dois.

— Não vou apoiar, mas também não vou dar contra. Quer saber, Renato? Cansei de lutar contra o destino.

— Idiota. Se sua mulher estivesse viva, ela saberia como agir.

Do lado invisível, Lorena acompanhava a tudo com ódio e perplexidade.

— Eu sei como agir, imbecil! — esbravejou, desferindo um tapa que atravessou o rosto de Renato, sem que ele o sentisse. — Pensa que estou satisfeita com isso? Só que não posso fazer nada. Nada, ouviu bem? Quem pode é o Gílson, mas ele se está tornando um moloide sentimental e arrependido.

— De nada adianta isso, Renato — contrapôs Gílson. — Somos nós que temos que cuidar de tudo, e eu não o aconselho a pressioná-los.

— Você até que tem razão quando diz que a pressão só vai servir para fortalecer ainda mais esse namoro. Já fomos jovens e sabemos que a desaprovação dos pais só serve para nos estimular. Mas eu insisto que alguma coisa tem que ser feita.

— Diga-me o quê.

— Não sei ainda. Por ora, contudo, vou aceitar a sua sugestão e me abster de pressionar Beatriz a romper o namoro, até que uma ideia me surja.

Mais uma vez, Lorena interveio aborrecida:

— A ideia sou eu, seu tonto. Vou conseguir mais resultados do que você. E depois, nem precisa me agradecer. E quanto a você, bobão — tornou ela, cutucando as costelas de Gílson, que também nada sentiu —, acho bom parar de querer dar uma de bonzinho e colaborar. Não quero ir para a cadeia com você. Não quero e não vou.

— Essa é a melhor solução, acredite.

— Não sei se é a melhor solução, mas é a que seguirei no momento. Não incentivarei o namoro, mas não darei contra. Espero que você faça o mesmo. — Gílson não respondeu. — Enquanto isso, não quero ter que me encontrar com você novamente.

— Foi você quem me procurou, Renato, não o contrário. E tampouco eu faço questão de manter contato com você. Quanto mais afastados estivermos, melhor para ambos.

— Ótimo. E agora, preciso ir. Tenho trabalho à minha espera.

Muito embora aquela solução não fosse totalmente satisfatória, racionalmente, era a mais coerente. É claro que a pressão para os jovens terminarem o namoro só faria aproximá-los ainda mais, além de aguçar a curiosidade de Beatriz. Renato arranjaria uma justificativa convincente para sua primeira reação e faria o resto em silêncio. Nem com Carminha podia se abrir. Ela não conhecia Gílson e era melhor que continuasse sem conhecer.

Ao voltar para casa no final daquela tarde, estava mais calmo e sentou-se normalmente para jantar com a família. Brincou com Nícolas, fez carinho na mulher, a quem adorava, e tratou Beatriz com a amorosidade de sempre. As duas estranharam a mudança, e foi Beatriz quem comentou:

— Você está estranho, pai. Parece que voltou ao normal.

— Você acha? — retrucou ele, fingindo não perceber a ironia. — É porque nunca estive diferente.

— Não?

— Olhe, minha filha, se está se referindo a minha reação com seu namorado, já passou. Refleti melhor e cheguei à conclusão de que você e sua mãe têm razão. Eu não tenho que dar ouvidos a mexericos do passado, e não há nada que comprove que Gílson não é uma pessoa correta.

— Nossa! Que mudança radical, hein?

— Aquilo foi um exagero, preocupação de pai...

— Ciúmes — afirmou Carminha. — Todo pai tem ciúmes da filha.

— É, ciúmes, pode ser — concordou ele, fitando a filha diretamente nos olhos. — É que a amo tanto, minha filha, a você e a seu irmão, que jamais me perdoaria se algo lhes acontecesse.

— O que pode acontecer com um simples namoro? — questionou ela.

— Nada. E foi por isso que mudei de opinião. É que eu nunca havia visto você tão interessada por alguém como por esse rapaz, e isso me assustou. Só estava pensando em protegê-la.

— Tudo bem, pai, já passou. Fico feliz que você tenha pensado melhor e reconsiderado. Com o tempo, vai ver que Vítor é um bom rapaz.

— E o pai dele? Você já o conheceu?

— Ainda não, mas Vítor pretende me apresentar a ele em breve. E podemos marcar um jantar para que vocês se conheçam também.

— Vamos deixar isso para mais tarde, está bem? — revidou ele, cheio de horror. A última coisa que queria era Gílson em sua casa, em contato com sua mulher e seus filhos. — É melhor esperarmos para ver se a coisa fica mais séria. Do contrário, não convém uma aproximação desse tipo.

— Seu pai tem razão — concordou Carminha. — Essa aproximação de famílias só é conveniente quando há um compromisso mais sério.

— Acho o Vítor muito legal — interrompeu Nícolas, visivelmente satisfeito com a decisão do pai. — Ele me trouxe figurinhas do Harry Potter.

Renato teve vontade de dizer ao filho que não precisava aceitar presentes daquele rapaz, que ele era rico e podia comprar-lhe quantas figurinhas do Harry Potter ele quisesse e tudo o mais que desejasse. Todavia, forçou um sorriso falso e acrescentou:

— Muito bem, meu filho. Que bom que gosta do namorado de sua irmã. Assim você pode tomar conta deles.

— Até parece — ironizou Beatriz, e Renato forçou um sorriso amistoso.

✦

Terminado o jantar, Beatriz se levantou e foi para o quarto, voltando em seguida com a bolsa e a chave do carro.

— Vai sair? — indagou Renato.

— Vou me encontrar com Vítor. Tudo bem?

— É claro que está tudo bem — Carminha respondeu. — E você pode trazê-lo aqui em casa quando quiser. Não pode, Renato?

A ideia causou um certo horror a Renato, mas não podia deixar que Beatriz ou Carminha percebessem o quanto ele mentia. Por isso, engoliu em seco e respondeu:

— É claro.

— Ótimo! — exclamou Beatriz. — Bom, agora chega de papo. Combinei de me encontrar com ele no Barrashopping para irmos ao cinema.

— Até logo, minha filha — despediu-se Carminha. — E cuidado no trânsito.

— Pode deixar.

A desculpa fora convincente, e Beatriz estava certa de que o pai apenas exagerara na preocupação. Cantarolando, entrou no carro, e Lorena sentou-se no banco a seu lado, tentando perscrutar a sua mente. Mas ela não pensava em nada além da conversa que tivera com os pais e não se abria a suas sugestões. O jeito era esperar. Se Lorena quisesse descobrir uma brecha para poder penetrar nos pensamentos de Beatriz, tinha que ser paciente.

Não precisou esperar muito. Quando chegaram ao lugar em que haviam combinado de se encontrar, Vítor não estava. Beatriz o procurou ao redor e viu-o no caixa eletrônico do banco, junto com uma mulher. Imediatamente, o raio fulminante do ciúme rasgou seu coração, e ela se aproximou rapidamente, tentando disfarçar o que sentia. Quando chegou mais perto, viu que a mulher era uma senhora de seus cinquenta e poucos anos e percebeu que Vítor a ajudava com os procedimentos da máquina. Suspirou aliviada, mas Lorena, a seu lado, se comprazia com a descoberta.

Beatriz sentia ciúmes. Nitidamente, Lorena percebera uma enxurrada marrom esverdeada em seu corpo astral[1], e raios de um vermelho intenso acusavam a cólera que a dominara à primeira visão do namorado em companhia de outra mulher. Lorena sempre se caracterizara pela inteligência e, de tanto conviver com Gílson e seus amigos encarnados, acabara desenvolvendo a aptidão para reconhecer a vibração de cada sentimento humano, revelada através das cores do corpo astral. Ainda mais para ela, agora habitante desse plano, a percepção dos sentimentos era muito mais nítida e vívida, pois, inclusive, os experienciava com maior intensidade do que quando vivia limitada pela matéria densa.

O ciúme é o elemento perfeito para se trabalhar a discórdia. Através dele, Lorena poderia implantar o germe da desconfiança na mente de Beatriz, e daí para a dilapidação do amor nascente seria um passo muito rápido. Ou, pelo menos, era assim que pensava. Se Beatriz não fosse vigilante nos pensamentos, sentimentos e atitudes, ela poderia agir com maior liberdade e interferir com mais eficiência no relacionamento dos dois.

---

1 O corpo astral, que é o das emoções e desejos, interpenetra o corpo físico e se estende para fora dele, formando a aura astral. A porção central, que interpenetra a matéria densa, possui a aparência do corpo físico humano, e a parte que dele se expande é de forma oval e repleta de cores que estão em movimento constante, cada uma delas revelando o teor vibracional de cada sentimento.

Quando Beatriz se acercou de Vítor, ainda pôde ouvir as últimas palavras dele para a mulher que auxiliava:

— Não foi nada. Mas a senhora não deve mais pedir ajuda a estranhos. Eu sou um cara honesto, mas hoje em dia, nunca se sabe.

A mulher sorriu e foi-se agradecida, e só então Vítor percebeu que Beatriz estava parada um pouco mais atrás.

— Você é uma gracinha — elogiou ela, depois do beijo rápido. — Sempre tentando ajudar as pessoas.

Ele a estreitou nos braços, e foram caminhando em direção ao cinema.

— Já comprei os ingressos. Vamos, está na hora.

Lorena não os acompanhou. O que vira já fora o suficiente, já lhe dera elementos para começar a pôr em prática os seus planos. Gílson e Renato iam ver só uma coisa. Ela sozinha seria capaz de muito mais estrago do que os dois juntos jamais poderiam supor.

CAPÍTULO 7

Graziela era uma mulher bonita, embora com um certo ar de tristeza. Casada com um homem mais velho, vivia na Itália, embora fosse sua ideia se mudar para o Brasil. No princípio, fora difícil. Ela era apenas uma empregada na casa de um homem rico, e os familiares não quiseram aceitar quando Aécio lhes informou que pretendia se casar com ela. Sanguessugas, esperavam que o velho morresse para poderem espoliar até o último tostão da herança.

Quando se conheceram, Aécio era um viúvo sem filhos, muito atarefado e solitário. A vida de diplomata fazia com que empreendesse constantes viagens ao exterior, e ela ficava praticamente sozinha em casa, tomando conta de tudo. Quase não o via, mas houve um momento em que seus caminhos se cruzaram de forma significativa.

Aécio ocupava o cargo de adido cultural num consulado da Espanha e voltara ao Brasil para um período de férias em casa. Andava cansado, já sentindo os primeiros sinais de fadiga e descompassos no coração, que culminariam com uma cirurgia para colocação de um marca-passo. Nessas férias, tivera um mal súbito e fora operado às pressas. De volta a casa, ficou sob os cuidados de Graziela, à época, uma jovem de pouco mais de vinte anos.

Ele já se aproximava dos sessenta, mas ainda era um homem atraente e, sobretudo, muito bondoso. Não tardou a se interessar por Graziela. Apesar de bonita, ela andava muito descuidada da aparência, sem tempo nem dinheiro para tratar de si. Aécio se encantou com ela e, mesmo sob os protestos da família, pediu-a em casamento. Irmãos e sobrinhos tentaram impedi-lo, mas nada conseguiram. Um homem na sua posição, diplomata a serviço de sua nação em vários países da Europa, precisava de uma nova esposa, e Graziela parecia perfeita.

Aécio e Graziela se casaram em uma cerimônia que não contou com a presença de nenhum dos parentes, apenas uns amigos de profissão mais chegados. Logo após o casamento, já prontamente restabelecido, viajaram de volta à Espanha, onde ele reassumiu o seu posto de adido cultural. Depois disso, foi nomeado cônsul em Barcelona, Coimbra e Florença, e ela sempre o acompanhou a todos esses lugares.

Uma professora foi contratada para lhe dar aulas de português e etiqueta. Graziela mal sabia ler, mas se dedicou aos estudos com afinco, até que conseguiu aprender e adquirir uma cultura razoável. Lia todos os clássicos que podia, interessava-se por música e pintura. Como não trabalhava, podia se dedicar à cultura, sob a orientação de Aécio, que lhe dizia que, para ser alguém na vida e conquistar o respeito da sociedade, era preciso ser uma pessoa letrada e culta.

Graziela amou Aécio à sua maneira. Era um amor sem o fogo da paixão, mas recheado de carinho, amizade e, sobretudo, respeito e gratidão. Quando ele morreu, Graziela sentiu o mundo desmoronar. Ele era o seu porto seguro. Como poderia agora viver sem Aécio? Por mais que o marido a tivesse preparado para aquele momento, sentia que nunca estaria pronta de verdade. A vida sem ele ficara vazia e temerosa. A Europa perdera o encanto e passara a ser um lugar estranho e sombrio. Sem a presença de Aécio, nada mais tinha graça. De repente, lugares e pessoas se tornaram assustadores, e ela começou a ver a Europa como o que realmente era: um lugar de fuga. E a hora não era de fugir. Era de voltar e retomar o rumo de seu destino.

O marido lhe deixara imensa fortuna. Quase todos os seus bens estavam no Brasil. Havia alguns imóveis espalhados pela Europa, mas Graziela não queria morar em nenhum deles sem a companhia de Aécio. Vendeu as propriedades e os móveis, e arranjou tudo para sua volta. Precisava escolher um lugar para morar. Talvez o Recife, terra de Aécio, mas uma voz interior lhe inspirava o Rio de Janeiro. Ela, contudo, não deu atenção à inspiração e se resolveu por São Paulo. Era uma cidade grande e desenvolvida, pronta a lhe oferecer um padrão de vida mínimo diante daquele a que se acostumara na Europa.

No dia marcado para a compra da passagem, tudo deu errado. Primeiro, a secretária particular de Aécio, que continuava prestando-lhe serviços até que ela fosse embora, contraiu um forte resfriado e não pôde cumprir seus compromissos. O computador apresentou uma pane geral, e Graziela não conseguiu se conectar à internet, por onde poderia comprar a passagem com mais rapidez. Resolveu telefonar, mas na hora em que falava com a atendente, ouviu um estalo na linha, e o telefone ficou mudo. Depois foi a vez do celular. No instante em que o pegou, ele deslizou de sua mão e foi cair dentro da banheira cheia de água, que ela acabara de preparar para o seu banho. Era demais. Decididamente, aquele dia conspirava contra ela, e Graziela, impaciente e irritada, resolveu que iria, pessoalmente, à companhia de viagens comprar a passagem.

Mas não foi o que aconteceu. Logo que acabou o banho, a campainha da porta soou, e uma amiga entrou aflita: surpreendera o marido nos braços da amante e pedira o divórcio. Graziela suspirou desanimada. Não podia negar ajuda a uma amiga desesperada. Sentou-se com a amiga no sofá e, por quase três horas consecutivas, ouviu suas lamúrias e confortou suas lágrimas. Quando a amiga foi embora, já passava das seis da tarde, e ela resolveu deixar a passagem para o outro dia.

Na manhã seguinte, lembrou-se de ter sonhado com o Rio de Janeiro e anotou mentalmente a ideia de ir visitá-lo um dia. Depois de instalada em São Paulo, faria essa viagem. Primeiro, contudo, era preciso comprar a passagem para o Brasil, e ela reiniciou suas tentativas.

O telefone ainda estava mudo. Havia pedido à amiga que solicitasse o conserto, mas nada acontecera. Será que ela, envolvida com seus problemas conjugais, havia se esquecido? O computador continuava com defeito, pois o técnico só poderia comparecer no final da tarde, e o celular havia se afogado. A única solução era ir, ela mesma, comprar a passagem. O relógio marcava nove e quarenta, cedo o suficiente para ela ir e voltar a tempo de formalizar a escritura de compra e venda daquele apartamento, último imóvel a vender, marcada para aquele dia.

Desceu até a garagem do prédio e entrou em seu automóvel. Contudo, ao girar a chave na ignição, não conseguiu dar partida. Tentou uma, duas, três vezes, e nada. Consultou o painel e constatou incrédula: o tanque de gasolina estava vazio. À beira do desespero, desferiu vários socos no volante e disse para si mesma:

— Não é possível! Tudo acontece para me prender aqui, mas não vou desistir. Não vou!

A seu lado, um espírito amigo suspirou. Tudo fazia para que ela compreendesse que não devia comprar uma passagem para São Paulo. O lugar para onde deveria ir era o Rio de Janeiro, só que Graziela não compreendia. As dificuldades que encontrava para comprar a passagem não eram para atrapalhar os seus planos nem para prendê-la na Europa. Serviam para tentar alertá-la de que estava indo por outro caminho que não aquele que a vida selecionara para o seu bem.

Graziela trancou o carro e foi pegar um táxi, mas o trânsito estava congestionado, devido a um grave acidente, e o veículo ficou preso no meio do engarrafamento, sem poder avançar ou retroceder. Por que o motorista não fora por outro caminho? Por que tinha que escolher justo aquela via que estava obstruída? Já fazia mais de meia hora que estavam parados ali, e nada de o trânsito se mexer. O rádio transmitia notícias do acidente, e ela ficou ainda mais desanimada. Havia uma carreta tombada na pista, e demoraria muitas horas até que a rua fosse liberada.

A seu lado, o espírito amigo continuava soprando em seu ouvido:

— Vá para o Rio de Janeiro. Não percebe que as dificuldades são para evitar que você vá para o lugar errado?

Ela registrava a presença do espírito e tomava as suas palavras como se fossem os seus pensamentos, aos quais não deu nenhum crédito, afastando-os sem nem ao menos os considerar. O que a irritava era aquele engarrafamento, e o espírito, por uns momentos, distanciou-se de Graziela e foi até o local do acidente ver se podia fazer alguma coisa para ajudar. Havia muitos seres de luz por lá, que agradeceram a sua presença e o informaram de que tudo estava sob controle.

Não fora ele a causa do acidente, que acontecera porque estava programado para as pessoas envolvidas. Mas se aproveitara da ocasião para sugestionar o motorista, que logo captou o pensamento do espírito e guiou o carro pela via congestionada.

Graziela suspirou desanimada e apoiou o cotovelo na porta do carro, descansando a testa na palma da mão. Consultou o relógio de pulso e praguejou intimamente. A escritura estava marcada para a uma da tarde, e já eram quase onze. Não podia mais esperar. Deu uma gorda gorjeta ao motorista e saltou do táxi, indignada com a vida, sem saber por que tudo estava dando errado. Aquela passagem parecia encantada, mas ela não iria desistir. Vencer os tropeços era sinal de persistência e coragem.

Assim que fechou a porta do carro, ouviu alguém chamar o seu nome. Era a amiga que estivera em sua casa no dia anterior, sentada ao volante de seu automóvel, parado bem atrás do táxi em que ela estava. Nem tudo estava perdido. Depois de saber notícias da situação dela com o marido, e descobrir que tudo não passara de uma discussão boba por causa de uma sirigaita sem importância, Graziela indagou cheia de esperança:

— Já que você vai em direção ao centro, será que não podia comprar uma passagem de avião para mim? Para São Paulo, no Brasil. Deposito o dinheiro, hoje mesmo, na sua conta.

Finalmente, depois de muitos lamentos pela partida de Graziela, a moça concordou.

— Para onde é que você vai mesmo?

— Para São Paulo, no Brasil. Pode ser para quarta ou quinta-feira da semana que vem.

— Ok. São Paulo, Brasil. Quarta ou quinta da semana que vem.

— Isso. Muito obrigada.

Graziela pegou um táxi em outra rua e chegou a tempo de fechar o negócio. Escritura assinada, foi logo depositar o cheque em sua conta e voltou para casa. Quando chegou, o telefone já estava funcionando, e o técnico do computador apareceu em seguida. Ficaria sem celular, porque viajaria dali a uma semana, e poderia passar sem ele nesse período. No dia seguinte, levaria o carro a uma agência de automóveis e o venderia também.

As coisas pareciam haver retomado o eixo, e ela se acalmou, felicitando-se por não se deixar desanimar diante das dificuldades. Colocou um CD de música clássica e estirou-se no sofá para esperar a amiga. Ela só chegou ao anoitecer e entregou a passagem a Graziela, desculpando-se por não poder ficar para conversar, pois tinha um encontro marcado com o marido para jantar. Graziela agradeceu duplamente: pela passagem e por ser poupada do falatório da amiga naquele momento.

De posse do bilhete, foi conferir seus dados e levou um choque. Em lugar de destino: São Paulo, Brasil, o que se lia era: Rio de Janeiro, Brasil. A perplexidade foi dominando-a, e um calor asfixiante subiu pelo seu rosto, congestionou o seu nariz e fez arder os seus olhos. Depois daquilo tudo, a amiga se confundia e trocava o destino da sua viagem. Era demais! E ela que chegara a pensar que vencera as adversidades e conseguira seu intento pela perseverança. Não estava certo.

Furiosa, apanhou o telefone e ligou para o celular da amiga:

— Você trocou o meu destino. Era São Paulo, não Rio de Janeiro.

— São Paulo? Não, não, não. Tenho certeza de que você falou Rio de Janeiro.

— Não falei. Disse São Paulo.

— Não disse, Graziela. Não sou louca.

Alguém estava enlouquecendo. Ela estava certa de que falara São Paulo, e não Rio de Janeiro, mas a amiga teimava que fora o contrário. E ainda repetira: São Paulo! Todavia, aquela discussão não ia levar a nada. Não importava quem tivesse trocado o nome da cidade. O fato era que a passagem que tinha em mãos era para o Rio de Janeiro, e ficar discutindo não ia alterar o que estava escrito.

— Está bem — disse ela, por fim. — Eu me enganei. Obrigada, de qualquer forma.

Desligou. As coisas começavam a dar errado de novo. Mas não tão errado. Ela agora tinha computador e telefone. Podia tentar alterar a passagem, dizer que fora um engano da amiga.

Retirou o fone da base e começou a discar o número grafado na capa do bilhete. Foi quando o espírito se aproximou dela novamente e soprou em seu ouvido:

— Será que a vida não está tentando lhe mostrar que o melhor para você é ir para o Rio de Janeiro, e não para São Paulo?

Ela parou com o dedo sobre a última tecla do número que discava e pousou o fone novamente na base. Aquilo era muito estranho. Tudo dera errado para ela comprar a passagem e, quando conseguia, a amiga tinha que trocar o destino. Será que não era um aviso?

— É o aviso de que você está tentando algo que não é o melhor para a sua vida — esclareceu o espírito, do invisível.

— Por que será que minha amiga trocou os nomes?

— Porque eu apaguei o nome São Paulo de sua mente e lhe sugeri Rio de Janeiro. Como os pensamentos dela estavam ligados no marido, foi fácil de conseguir. Não se aborreça com ela por isso. Ela foi um instrumento para que o bem se realizasse na sua vida.

— E agora, o que faço?

— Vá para o Rio de Janeiro. Você vai ser feliz lá.

De repente, São Paulo não lhe pareceu mais tão atraente. No atual momento de sua vida, precisava de uma cidade cheia de sol, calor e alegria, e o Rio, com suas praias, atenderia mais a esse propósito. Ela já havia planejado ir para São Paulo, mas que diferença faria se mudasse de ideia? Não tinha compromisso com nada nem ninguém em parte alguma do Brasil. Era livre para mudar de ideia e ir aonde bem entendesse.

Ficou decidido. Iria para o Rio de Janeiro. Aécio tinha amigos em várias partes do Brasil e, com certeza, ela lá encontraria alguém influente que a apresentasse às pessoas certas no Rio.

CAPÍTULO 8

Chegando ao Rio de Janeiro, Graziela hospedou-se num hotel, até comprar um apartamento e se estabelecer em definitivo. Como imaginava, Aécio tinha alguns conhecidos no Rio, e Laerte Souto Bastos, funcionário do alto escalão do governo, era um deles. A pedido de um amigo em comum de Florença, Laerte deu um telefonema para a mulher no Rio e falou-lhe sobre Graziela, solicitando que a apresentasse à sociedade.

No começo, Graziela sentiu-se acanhada e insegura, mas logo chegou o primeiro convite. Era uma festa beneficente promovida por Amélia, esposa de Laerte, à qual compareceu, e conheceu Carmem Lima Negreiro, mulher da alta sociedade carioca, dona de uma empresa de mineração e famosa designer de joias. Carminha, como era chamada, pareceu uma pessoa interessante e com quem valeria a pena travar algum tipo de amizade. Como a simpatia foi mútua, Graziela não teve dificuldade em aceitar o convite para as bodas de prata de Carminha, que se realizariam no sábado dali a quinze dias. Era um ótimo começo.

Durante o resto da semana, ciceroneada por Amélia, Graziela se ocupou em conhecer a cidade. Foi ao Corcovado, ao Pão de Açúcar, Aterro do Flamengo, Vista Chinesa e Floresta da Tijuca, sem deixar de dar uma passada na Confeitaria Colombo, no centro da cidade. Ficou encantada. Depois passou aos museus e teatros, visitou livrarias e confeitarias, deliciando-se com as ruas em estilo antigo do Centro. Em momento algum se arrependeu de ter escolhido o Rio para morar, já começando a gostar daquela cidade tão cheia de contrastes e encantamentos.

O sábado da festa de bodas amanheceu ensolarado, e ela despertou com uma ponta de tristeza. Havia sonhado com Aécio, e a saudade apertou seu coração.

— Como sinto falta de você, meu velho — suspirou ela, beijando de leve sua fotografia, que ficava na mesa de cabeceira ao lado. — Mas não quero que se preocupe comigo. Vou ficar bem.

Gentilmente, pousou o retrato na mesinha e se levantou. O sol entrava tímido pelas nesgas da cortina, e ela abriu tudo, escancarando a janela para que a luz inundasse o quarto. Fazia um lindo dia de verão, e ela inspirou o ar da manhã com satisfação. Em seguida, foi tomar o café na varanda, de onde podia ver o mar do Recreio.

O resto do dia transcorreu sem anormalidades. Graziela experimentou o vestido da festa, foi ao cabeleireiro e fez as unhas. Na hora marcada, já estava pronta e seguiu para a casa de Carminha, que ficava num condomínio elegante na Barra da Tijuca. Quando chegou, a festa já havia se iniciado, e Carminha a recebeu com alegria:

— Minha querida, que bom que veio! Venha, quero apresentá-la a todo mundo. — Aproximou-se de Renato. — Meu bem, veja quem está aqui. Esta é a Graziela Martins, a moça de quem lhe falei.

— Muito prazer — cumprimentou Renato, beijando-lhe a mão.

— O prazer é todo meu — respondeu Graziela, sentindo no peito uma sensação esquisita, uma mistura de sentimentos que não podia definir.

Carminha apresentou-a aos demais convidados, e ela granjeou a simpatia de todos. Era bonita, culta e mulher de um cônsul. Procurou os filhos, que estavam em uma rodinha de jovens, e foi apresentá-la a eles também.

— Estes são meus filhos — falou Carminha. — Beatriz e Nícolas. E este aqui é o Vítor, namorado de Beatriz.
— Como vão?
— Tudo bem — respondeu Beatriz, enquanto Vítor a cumprimentava com um sorriso.
— Você que é a mulher do cônsul? — indagou Nícolas, curioso.
— Dá para ter um pouco mais de educação? — censurou a irmã, notando que a mãe havia ficado um pouco sem graça.
Mas Graziela não se importou com a pergunta. Sorriu amistosamente e respondeu com simpatia:
— Sou eu, sim.
Apesar do sorriso amigável, Beatriz não simpatizou com ela. Nícolas parecia bastante interessado e lhe fazia perguntas sobre a Europa e a vida dos cônsules, que ela ia respondendo com paciência e cortesia.
— Bom — cortou a mãe —, agora é hora de deixarmos a nossa convidada à vontade. Venha comigo, Graziela, vou colocá-la à mesa de uns amigos.
Foram se afastando, e Graziela comentou:
— Você tem filhos maravilhosos.
— Obrigada. E você? Não tem filhos?
— Não. Quando me casei, Aécio já tinha uma certa idade, e não pudemos ter filhos.
— Nunca pensou em adotar?
Uma nuvem passou pelo semblante de Graziela, que se tornou rígido e sombrio.
— Não sou a favor de adoção.
— Por quê? — indignou-se Carminha.
— Por nada. Quero dizer, queria ter filhos meus e de Aécio. Como não foi possível... — calou-se, demonstrando desagrado com aquela conversa, e Carminha mudou de assunto, até que chegaram à mesa em que várias senhoras tagarelavam animadamente.
— Vou deixá-la em companhia de amigas divertidas — gracejou Carminha. — Sempre têm algo interessante para contar.

— Amélia não veio?
— Não, querida. Infelizmente, o marido chegou cansado da viagem, e ela não pôde se ausentar.
— Que pena.

Graziela realmente lamentou a ausência de Amélia, de quem já se considerava amiga. Sentou-se numa das cadeiras vazias e ficou ouvindo a conversa.

— Seja bem-vinda, querida — disse uma das mulheres, exibindo largo sorriso e acrescentando em tom jocoso: — Estávamos falando mal da vida alheia, como sempre.

A conversa até que estava divertida, porque a mulher tinha um jeito engraçado de falar. Contudo, por vezes, referia-se a pessoas e fatos que ela não conhecia, e Graziela se perdia no assunto. Isso acabou desinteressando-a, e permaneceu calada, bebendo champanhe e admirando os casais que dançavam na pista improvisada no meio do gramado. Estava distraída, sentindo a saudade do marido que começava a se avizinhar, quando uma voz rompeu a monotonia:

— Não quer dançar?

Era Renato. Graziela pousou a taça de champanhe na mesa e, sem dizer nada, estendeu a mão para ele, que a tomou, conduzindo-a até a pista de dança. Estavam tocando uma música de Frank Sinatra, e ele a enlaçou pela cintura, mantendo uma certa distância de seu corpo. Entre os dois, fluía uma vibração estranha e impossível de se identificar. Graziela sentiu por ele uma simpatia inocente, ao mesmo tempo em que um medo indescritível e injustificável fez estremecer seu coração. Aqueles sentimentos a incomodaram, e ela teve vontade de pedir licença e parar a dança, mas seria uma indelicadeza muito grande com o dono da festa.

Ele, por sua vez, também experimentava sensações contraditórias. Se, por um lado, a admiração deixava-o impressionado, por outro, havia algo inquietante na familiaridade de sua voz que o assustou.

De onde estava, Beatriz assistia a tudo com olhos que viam além do que acontecia.

— Olhe lá o papai e a mulher do cônsul — comentou Nícolas de forma ingênua.

Beatriz não gostava nada do que via. O pai e Graziela dançavam de um jeito estranho, e uma apreensão inquietante tomou conta de sua mente. Por mais que mantivessem uma distância respeitosa, Beatriz julgou perceber a atração fluindo entre eles. Sem dizer nada, afastou-se dos amigos e foi caminhando para junto dos dois, apesar dos protestos de Vítor. Chegou de mansinho e deu um tapa de leve no ombro de Graziela, que se virou rapidamente.

— Será que eu posso dançar essa música com meu pai? — indagou a jovem, fuzilando-a com o olhar.

— É claro, meu bem — aquiesceu Graziela, entre aliviada e decepcionada. — Ele é todo seu.

Renato não disse nada. Não conseguia definir a sensação perturbadora e incômoda que Graziela lhe transmitia. Era como se a conhecesse sem tê-la jamais visto, tendo experimentado um breve mal-estar, que logo se dissipou. A presença da filha o fez esquecer-se de Graziela, e Renato se entregou à música e ao divertimento.

Durante um bom tempo, Beatriz não largou o pai. Mais uma vez, a sombra do ciúme nublou seus pensamentos, e uma desconfiança incontrolável fez crescer a antipatia por Graziela. Junto a eles, Lorena dava gargalhadas nervosas, assustada com a presença de Graziela. Se Gílson e Renato soubessem quem estava ali, ficariam ainda mais assustados. E era mesmo aterrador. Não entendia como uma mulher que julgava morta podia estar circulando entre os vivos. A explicação era óbvia demais. É claro que Graziela não morrera, e Lorena, estúpida, não se preocupara com ela aqueles anos todos, supondo que ela e o marido tivessem sido carregados para o lado da luz. Mas tinha que reaparecer justamente ali?

Não havia nenhum desencarnado à vista, apenas um ébrio colado ao corpo de um gorducho róseo, com cara de beberrão, que não lhe prestou a mínima atenção, ocupado que estava em sugar o éter da bebida que o homem ingeria. Tampouco Lorena se interessou por ele. Já havia tomado tragos suficientes do copo de uns e outros, e o que pretendia, naquele momento, era aproximar-se de Graziela.

— Como é que eu, sozinha, vou dar conta de tanta gente? — disse em voz alta, sem que ninguém ouvisse.

Passando por entre as pessoas, Lorena foi ao encontro de Graziela, que havia voltado à mesa à qual estivera sentada a noite toda. Aproximou-se lentamente e pôs-se de frente a ela, as mãos nas cadeiras em sinal de desafio. Quando ia tentar uma investida, sentiu-se tolhida por uma força superior à dela que vinha descendo do alto. Uma luz branca irradiou sobre a cabeça de Graziela, e Lorena recuou amedrontada, pensando que algum ser iluminado fosse se materializar diante dela.

Não foi isso que aconteceu. Apenas aquela luminosidade alva permaneceu e se alastrou por todo o corpo de Graziela, impedindo Lorena de se aproximar. Ela ainda tentou alguns ataques, mas foi repelida pela luz, que começou a incomodá-la e fez arder a sua vista. Ela não queria aceitar a derrota, mas aos poucos foi percebendo que não havia sintonia com Graziela que facilitasse a sua aproximação. Em seus pensamentos, Lorena julgava que Graziela deveria ter um coração carregado de ódio e desejo de vingança, mas surpreendeu-se com o que encontrou. A sua vibração era de esperança e compreensão, sem nenhum traço de egoísmo ou mesmo revolta, apenas de resignação e confiança.

Lorena afastou-se acabrunhada. Nunca vira alguém com uma vibração assim, a não ser em algumas igrejas e centros espíritas nos quais entrara por mera curiosidade. Como acabara de acontecer ali, a luz que envolvia aqueles ambientes costumava ser de uma alvura tão brilhante que a sua vista não suportava, e ela se afastava com uma desagradável sensação de cegueira. Muitos espíritos haviam tentado convencê-la a permanecer, afirmando que o que ela sentia era uma impressão passageira, mas ela temia que eles a prendessem e ela fosse obrigada a sair do lado de Gílson.

E agora ali, no lugar mais improvável de reencontrar aquela luz, Lorena se deparava com ela novamente, refulgindo sobre alguém que considerava sua inimiga. Estava claro que não conseguiria nada com Graziela e achou melhor voltar para o lado de Beatriz, que as brumas do ciúme tornavam mais acessível ao seu assédio.

Naquele momento, a sensação do inevitável sacudiu seu corpo fluídico, e ela olhou ao redor apavorada, como se algum ser invisível estivesse monitorando seus passos. Um pânico irrefreável se instalou ao seu redor, e ela buscou Beatriz com o olhar, pensando que talvez pudesse se fortalecer com os seus sentimentos confusos. Mas a menina, nessa ocasião, estava enlaçada pelos braços de Vítor, dançando numa aura de amor róseo que a afastou por instantes. Aquela vibração de amor ela também não podia suportar.

— Mas que droga! — praguejou ela, caminhando a esmo por entre os convidados, dando tapas imperceptíveis no rosto das mulheres mais imprudentes e sugando a essência da bebida daqueles que já demonstravam sinais de embriaguez. — Acho melhor ir embora.

Chegou trôpega à casa de Gílson, que havia saído. Forçou o pensamento e, em instantes, estava ao lado dele, olhando as paredes do quarto com desconfiança. Felizmente, a mulher que estava com o marido não tinha uma vibração das mais elevadas, e ela pôde se aproximar. O marido fazia sexo com a desconhecida, e Lorena pensou em se deitar com ela e aproveitar o seu prazer. Mas estava muito bêbada e não aguentou. Tinha que esperar.

No começo, fora difícil aceitar que Gílson fizesse sexo com outras mulheres. Por mais que ela tentasse, não conseguia frear o desejo sexual dele nem evitar que arranjasse namoradas esporádicas. Interferia, sim, em seus relacionamentos, impedindo que durassem mais do que poucas semanas. Como Gílson ainda pensava nela com frequência, era fácil interferir, e ele não se apaixonava, verdadeiramente, por ninguém.

Nas primeiras vezes, chorara desconsolada, vendo-o arrumar-se e perfumar-se para se encontrar com outras mulheres. Ele saía, e ela ficava em casa amargurada, sem coragem para segui-lo. Quando ele voltava, sempre na companhia de alguma vagabunda, ela saía do quarto, enojada com o que viria a seguir. Tamanho desconforto gerou nela uma revolta sem limites, e passou a atacar o marido, interferindo em seu desempenho sexual. Envergonhado, Gílson consultou um especialista que o aconselhou a não mais levar mulheres para a cama em que dormira com a esposa, justificando o problema com as lembranças que permeavam sua cabeça naquele local.

Realmente, Gílson pensava em Lorena todas as vezes em que se deitava com mulheres na cama em que se haviam amado tantas e tantas vezes. O médico tinha razão: o melhor era não levar as moças para sua casa, o que, até certo ponto, deixou Lorena feliz. Ao menos não tinha que se sujeitar a ver tantas vadias se deliciando na cama em que ela fora feliz com o marido.

O problema, contudo, persistia. Gílson não fazia mais sexo com mulheres em sua cama, mas, ainda assim, saía e dormia com elas. Lorena queria impedi-lo, porém, não conseguia, e voltou a permanecer em casa, angustiada com o cheiro e a vibração de sexo que o acompanhavam quando ele retornava. Até que um dia, não suportando mais que ele a deixasse, resolveu ir atrás dele. Acompanhou todo o processo da conquista, desde um inocente jantar até a troca de beijos e carícias na boate a que foram a seguir. Depois, mesmo contrariada, foi com eles até o motel.

Quando os dois começaram a se despir, Lorena investiu contra o marido novamente. Até contra a mulher se voltou, causando-lhe repentina aversão pelo homem à sua frente. Como era uma mulher sem qualquer preparo espiritual, foi fácil para Lorena incutir-lhe pensamentos de antipatia. A mulher, contudo, excitada na libido, superou o desagrado e entregou-se a Gílson com ardor, e ele, por sua vez, afastado do ambiente doméstico, desfez uma parte da sintonia que alimentava a força de Lorena contra ele.

Aquilo a deixou furiosa, e ela os teria atacado novamente, não fosse uma voz atrás de si:

— Hei, psiu!

Ela se voltou assustada e deu de cara com um sujeito magrinho, que olhava o marido e a mulher com ar de cobiça.

— Quem é você? — rugiu Lorena colérica. — O que quer aqui?

— Por que você não aproveita? — retorquiu o espírito, passando a língua nos lábios ao começar a sentir as ondas de prazer que eram atiradas dos corpos dos dois.

— Aproveitar? — tornou Lorena, confusa. — Como assim?

— Ao invés de ficar aí tentando o impossível, por que não se junta a eles e se deleita também? Ou você não gosta de sexo?

— Gosto... Mas como posso me aproveitar? É o meu marido que está aqui, transando com essa vagabunda.

— Não seja boba. E daí que é o seu marido? Ele não morreu, mas ainda está ligado a você e não é uma pessoa muito certinha, é? Quero dizer, não é o tipo de homem que reza e policia os pensamentos.

— Não...

— E essa aí também não é nenhuma santinha. Veja esse vermelho sangue na área da libido. E não tem nada aí que indique sentimentos elevados.

— Acho que não...

Lorena não compreendia, mas estava fascinada com as instruções do espírito e com a súbita percepção que começava a ter dos sentimentos do marido e de sua parceira.

— Pois é. Assim, fica fácil ter orgasmos com ele. Mas você tem que se apressar, ou vai ser tarde demais. Vai perder a melhor parte.

— Como assim? Não sei o que fazer.

Ele olhou para ela com ar de malícia e perguntou ansioso:

— Posso?

Ela assentiu, e o espírito partiu para cima de Gílson, colando-se a ele de tal forma que ficava quase impossível distinguir quem era quem. À medida que o casal intensificava as sensações do sexo, o espírito ia absorvendo aquelas vibrações até a completa satisfação ocasionada com o orgasmo de Gílson, que desprendeu no ar uma grande quantidade de energia. Encerrado o ato, ele se afastou do homem, dando mostras de visível satisfação, enquanto Lorena o fixava maravilhada.

Depois daquele dia, deixou de se incomodar com as mulheres com quem Gílson dormia, aproveitando com elas todos os prazeres do sexo. Apenas tomou o cuidado de não permitir que ele se apaixonasse por ninguém, o que era fácil, devido aos pensamentos ainda ligados à culpa que o prendiam irresistivelmente a ela.

CAPÍTULO 9

O sucesso de Suzane dependia do quanto ela não se deixasse abater. Durante todo aquele mês, desfilara suas últimas roupas de grife em Ipanema e Copacabana, sem que nada acontecesse. Só o que conseguiu foram algumas cantadas de velhos decadentes e ser enxotada pelas meninas que faziam ponto no calçadão e a olhavam como uma perigosa concorrente.

Ser confundida com garota de programa deixava-lhe uma forte frustração. O que ela procurava era um homem que a levasse de volta ao mundo que lhe fora tomado, não um amante que a bancasse e a escondesse da mulher ciumenta. Não era nada disso que buscava, mas era o que parecia. Suzane começava a desanimar, mas uma voz dentro dela a incentivava, sem que ela percebesse que era Roberval quem a animava a sair e encontrar o seu destino.

Naquela noite, estava decidida. Arrumou-se com esmero e tomou o ônibus para Copacabana. Saltou e foi caminhar na beira da praia, com ares de quem passeava para saborear a noite. Não demorou muito e um carro encostou ao lado dela. Dentro, três rapazes, que começaram a mexer com ela e a lhe fazer gracejos. Chamavam-na para uma voltinha.

Suzane estacou e fitou os rapazes com fingido aborrecimento, estudando o automóvel com olhar crítico e aparentemente desinteressado.

— Não têm mais o que fazer, não? — repreendeu-os com uma falsa zanga.

— Depende — respondeu o que estava no banco do carona. — Queríamos saber se você não gostaria de fazer conosco.

— Fazer o quê? — tornou ela, de forma ingênua.

Os rapazes caíram na gargalhada, e foi o motorista quem falou:

— Nada não, gatinha. Vamos dar uma volta e nos falta companhia feminina. Por que não se junta a nós?

Enquanto continuava a fingir desinteresse, Suzane avaliou os três com atenção. Eram rapazes bem-apessoados e, aparentemente, ricos, o que a entusiasmou. O carro era um Astra tinindo de novo, e os meninos se vestiam bem ao gosto da moda. Seriam companhias interessantes, e ela só precisava agir de forma que não a tomassem por uma garota de programa.

— Não sou o que vocês estão pensando — disse calmamente.

— Não estamos pensando nada — afirmou o carona.

— Só queremos a sua companhia — disse o que estava atrás.

— É melhor você se decidir logo — considerou o motorista. — Estamos parados em local proibido, e isso pode nos valer uma multa ou acidente. O que você escolhe?

— Não vai querer ser responsável pela nossa ruína, vai? — gracejou o de trás.

Suzane estava louca para aceitar o convite, mas temia pela sua integridade nas mãos de três rapazes que nunca antes havia visto. A seu lado, contudo, Roberval lhe passava confiança e disse ao seu ouvido que ela podia aceitar, pois nada de mal ia lhe acontecer. Como se ouvisse a voz do invisível, ela sorriu graciosamente e ajeitou os cabelos, acrescentando com uma desconfiança ingênua e dissimulada:

— Vão me deixar em casa depois?

— É lógico — prometeu o motorista.

— Intacta?

— O que pensa que somos? — brincou o carona. — Alguma espécie de tarados?

A porta de trás do carro se abriu, e o rapaz que estava sentado ali chegou para o lado, dando lugar para que ela se acomodasse. O carro logo se movimentou e pegou o primeiro retorno.

— Aonde vamos? — quis saber Suzane.

— Para a Barra — foi o que respondeu o motorista. — Marquei com uma menina lá.

— Eu sou o Roberto — falou o carona e, apontando para o motorista, continuou: — Este aqui é o Jorge, e o que está ao seu lado é o Leandro.

Ela viu o olhar de Jorge pelo espelho e sentiu a mão de Leandro sobre a sua.

— E você? Como se chama?

— Suzane.

— Muito prazer, Suzane — acrescentou Leandro, com um sorriso que a agradou.

Dos três, Leandro foi o que mais lhe chamou a atenção. Era o mais bonito, o mais simpático e, aparentemente, o mais cortês.

— O que estava fazendo sozinha na Atlântica[1]? — indagou Roberto com malícia.

— Passeando.

— Sei. E você mora ali por perto?

— Moro — mentiu.

— Onde?

Fingindo que não ouvia a pergunta, ela se virou para Leandro:

— E vocês? São amigos há muito tempo?

— Desde a época de faculdade. Hoje somos sócios.

— Em quê?

— Numa pequena empresa de publicidade e propaganda.

— Ainda bem que não são advogados — murmurou ela.

— Por quê? — quis saber Jorge. — Não gosta de advogados?

---

1 Avenida Atlântica, que acompanha a orla de Copacabana.

— Não.

— Meu tio é advogado — esclareceu Roberto. — É um cara legal.

— Não gosto de advogados. Estudam a lei para descobrir meios de enganar as pessoas.

— Hei! Não é bem assim — protestou Leandro. — Você pode ter tido uma experiência ruim com advogados, mas isso não significa que todos sejam ruins.

— Quem foi que disse que tive uma experiência ruim com advogados?

— Só pode ser, pelo jeito como fala. Parece que tem raiva de advogados e, para ter raiva, é porque foi prejudicada por algum. Não é assim?

— Vamos mudar de assunto — cortou ela, franzindo o cenho.

— Não precisa ficar zangada — tornou Jorge. — Aqui ninguém é advogado.

Chegaram a uma boate em frente à praia e saltaram. Jorge encontrou a moça que procurava, que estava acompanhada de uma outra, e o grupo entrou na danceteria, onde só iam casais.

— Foi por isso que vocês me abordaram? — questionou Suzane. — Porque precisavam de mais uma garota para servir de par na boate?

— Na verdade — esclareceu Leandro, já que Roberto se aproximara da outra moça —, foi por isso sim. Mas não nos leve a mal. Somos pessoas de bem, e prometo que você vai ter uma noite de diversão sem aborrecimentos. Essa é uma boate família.

— Nunca vi isso.

— Quero dizer que não é barra-pesada. É por isso que gostamos de vir aqui. Não tem brigas, as pessoas são bem comportadas. E sabe por quê?

— Porque só entram casais.

— Exatamente. Um cara não mexe com a mulher do outro, e fica tudo bem.

O ambiente na danceteria era agradável e ameno, e Suzane logo se pôs à vontade para dançar e tomar uns drinques.

— Adoro dançar — confessou ela, puxando Leandro para a pista de dança.

— Você não é do Rio, é? — gritou ele, tentando se fazer ouvir por cima da música estridente.

— Como é que você sabe?

— Pelo sotaque. É diferente.

— Sou de Brasília.

— E o que uma menina de Brasília está fazendo perdida aqui no Rio? Seus pais vieram para trabalhar?

Ela o encarou seriamente e abaixou a cabeça. Havia ensaiado aquela mentira várias vezes, mas não conseguiu dizê-la. A lembrança dos pais assaltou a sua mente, e ela chorou de forma quase imperceptível.

— Meus pais morreram — desabafou.

Ela lhe pareceu tão frágil naquele momento que Leandro não resistiu. Puxou-a para si e deu-lhe um beijo arrebatado, balançando o seu corpo e o dela ao sabor da música frenética. O DJ[2], como que sentindo a atração entre os dois, colocou uma série de baladas românticas, favorecendo o clima de romantismo, e Leandro a apertou com força, já sentindo o desejo subir pelo corpo.

— Vamos sair daqui — sussurrou ele.

— Para onde? — protestou ela. — Você não está de carro.

— Não tem problema. Meu pai mora aqui por perto. Podemos ir para a casa dele.

— Ele não vai se importar?

— Não.

Saíram. Despediram-se dos amigos, que estavam mais preocupados com as garotas do que com eles, e Leandro pediu que chamassem um táxi. Roberval, do lado invisível, seguia-os com satisfação. Quinze minutos depois, chegaram ao apartamento do pai de Leandro, e Roberval se afastou, em

---

2 DJ – Do inglês *diskjockey*. Em português, discotecário.

respeito à discrição do casal. Os dois estavam cobertos por uma aura natural de proteção erguida ao seu redor pela simpatia mútua que fluía entre eles, fazendo do sexo um complemento da afeição recém-descoberta.

Quando terminaram de se amar, Suzane comentou com um certo arrependimento:

— Será que é direito o que fizemos? Seu pai não está nem em casa.

— Se meu pai se incomodasse, não me daria uma chave do apartamento dele nem faria um quarto só para mim.

— Seus pais são separados?

— Divorciados. Mas são bons amigos.

— E você vive com sua mãe? — ele assentiu. — Onde é que você mora?

— No Joá. Você conhece?

— Não. Conheço pouco do Rio.

— E você? Acabou não dizendo onde morava.

Havia algo em Leandro que não permitia que ela mentisse, embora Suzane relutasse em lhe revelar a verdade.

— Ah! Moro muito longe daqui — confessou com embaraço.

— Onde?

— Em Cascadura — disse com voz quase inaudível.

Leandro não pareceu surpreso nem chocado, e comentou naturalmente:

— Tive uma namorada que morava lá.

— Teve?

— Já faz algum tempo. Eu ainda estava no segundo grau.

Suzane ficou agradavelmente surpresa em saber que ele não tinha preconceito e acabou revelando, quase se justificando:

— Quando meus pais morreram, meu mundo veio abaixo. Foi aí que resolvi vir para o Rio.

— Você não tem parentes em Brasília?

A lembrança de Cosme tornou o seu rosto rubro de raiva, mas ela disfarçou e mentiu com veemência:

— Não.

— E o que você faz para viver?
— No momento, estou procurando emprego. Mas está tão difícil!

Não era totalmente mentira. Depois daquela noite, se ela não fosse bem-sucedida no seu plano de encontrar um namorado rico, iria mesmo procurar um emprego. Mesmo assim, sentiu-se mal em não lhe revelar a verdade e desejou que ele parasse de fazer perguntas para não se ver forçada a mentir. Por sorte, um ruído na sala distraiu a atenção de Leandro, fazendo cessar o interrogatório.

— Meu pai chegou. Venha conhecê-lo.
— Não sei se deveria, Leandro. Ele pode ficar zangado.
— Deixe de bobagens. Meu pai é uma pessoa liberal.
— Como ele se chama?
— Valdo.

O pai de Leandro era, efetivamente, um homem liberal e não se incomodou nem um pouco com o fato de o filho ter levado uma desconhecida para o seu apartamento. Parecia, na verdade, que aquilo era comum e usual, mas Suzane não deixou escapar nenhum comentário. Durante o tempo em que permaneceu na casa de Leandro, vendo-o em amistosa conversa com o pai, a ternura foi invadindo o coração de Suzane. Sentiu-se envergonhada por estar naquela situação, à procura de um casamento que lhe garantisse a sobrevivência e procurou não pensar naquilo. Devia agradecer por ter encontrado um rapaz doce feito Leandro, que parecia ter gostado dela.

CAPÍTULO 10

Parecia a Suzane que tinha acabado de sair de um sonho. Leandro era tudo com que sonhara e um pouco mais. Para um primeiro encontro, até que fora longe demais, mas ele parecia ter gostado dela. Tanto que a convidara para ir a sua casa no dia seguinte. Foi buscá-la depois do almoço, e Suzane se espantou com a distância que percorreram até chegarem ao Joá. Era um caminho agradável e panorâmico, cheio de árvores e cantos de cigarra.

— É lindo — observou ela, surpresa por estar circulando numa floresta incrustada no meio da cidade do Rio de Janeiro.

— Muito diferente de Brasília, não é?

— Brasília tem o seu charme. Mas uma floresta igual a essa... Não sei. Acho que não vi em lugar algum.

— Fico feliz que tenha gostado.

— E eu que pensei que o Rio só era lindo por causa do mar.

— Do mar, da montanha, do céu... de tudo. E agora, principalmente, por causa de você.

Ela corou levemente, embevecida com o elogio.

— Está me deixando sem graça.

— Graça é o que não lhe falta — ela sorriu satisfeita, e ele prosseguiu: — Gostei muito de você, Suzane. A noite de ontem me fez pensar em muitas coisas.

— Que coisas?

— Já não sou mais garoto. Preciso sossegar.

— E o que eu tenho a ver com isso?

— Foi você a pessoa que me fez pensar nisso.

Suzane exultou intimamente e pousou a mão sobre a dele:

— Isso é muito bom de se ouvir. No entanto, como pode ter certeza de algo assim? Você mal me conhece.

— É o que estou tentando fazer agora: conhecê-la.

Leandro parou o carro em frente a um muro alto e impenetrável, acionando o botão do controle que erguia o portão da garagem. Entrou com o carro e foi estacionar, causando uma impressão de deslumbramento em Suzane. A mansão em que ele vivia era magnífica e luxuosa, bem parecida com a que fora sua um dia.

Depois que entraram, Leandro deu-lhe um beijo nos lábios e pediu licença um minuto. Precisava ir ao banheiro. Assim que ele saiu, Suzane pôs-se a olhar ao redor, maravilhando-se com o que via. A casa parecia saída de um conto de fadas. Mais parecia um castelo. O chão era todo quadriculado de mármores pretos e brancos, as paredes cobertas com um suave papel cor de creme, e lustres imensos de cristal reluzente pendiam do teto rodeado de sancas artisticamente entalhadas. A escada subia em caracol, ladeada de balaústres dourados, e quadros com molduras de ouro davam um ar ao mesmo tempo austero e distinto ao local.

Estava assim apreciando as escadas quando uma figura altiva e elegante começou a descer.

— Boa tarde — cumprimentou ela com voz jovial. — Você deve ser a Suzane, não é? Meu filho me falou a seu respeito. Muito prazer, sou Amélia, mãe dele.

— Prazer... — respondeu Suzane, definitivamente pouco à vontade.

— Não precisa ficar constrangida. Eu não mordo. — Suzane riu sem graça, e ela prosseguiu: — Gostaria de beber alguma coisa? Um refrigerante, café?

— Não, obrigada, estou bem.

— Se quiser, não faça cerimônia. Gosto que os amigos de meu filho se sintam à vontade em nossa casa. Ainda mais você, que agora é a sua namorada.

— Foi isso que ele disse à senhora? — surpreendeu-se Suzane.

— E não é verdade?

Ela enrubesceu até a raiz do cabelo e respondeu com voz sumida:

— Gostaria de pensar que sim.

— Ah! Aí vem o nosso príncipe. Ele é lindo, não é?

— Pare com isso, mamãe. Não vê que está deixando Suzane sem graça?

— Bobagem. Ela é jovem, e jovens não ficam sem graça. — De repente, ela parou e comentou em tom de dúvida: — Engraçado, você me lembra alguém.

— Lembro?

— Quem, mãe? — rebateu Leandro.

— Não sei. Não consigo atinar quem seja. Será que nós já não nos vimos antes?

— Não creio. Faz pouco tempo que cheguei de Brasília.

— Ah! É verdade, você nasceu em Brasília. Talvez seja de lá. Meu marido é funcionário do alto escalão do governo e vive viajando para Brasília. Seu pai era político?

— Não, senhora.

— Bom, sei lá. De qualquer forma, talvez tenhamos nos encontrado por lá em alguma recepção.

— É possível.

Amélia beijou o filho e foi saindo com um andar de pluma, causando risos em Leandro.

— Minha mãe não tem jeito. É meio perua, mas é boa gente.

— Ela se casou de novo?

— Casou. O marido dela, que é funcionário do governo, é meu padrasto. É meio chatinho, mas o bom é que vive viajando. — Ambos riram, e Leandro pegou a mão de Suzane, levando-a aos lábios. — O que gostaria de fazer? Ir ao cinema?

— Não podemos ficar por aqui? Estou um pouco cansada.

— Tudo bem. Podemos assistir a um filme ou ouvir música. O que você quer?

— Para mim, tanto faz.

— Vou mandar a Dagmar preparar um lanche para nós.

— Sua casa é muito bonita — comentou Suzane, depois que ele chegou da cozinha.

— Obrigado.

— Tem muita classe. Quando entrei, pensei que estava num palácio.

— É, concordo que a casa é linda, mas não faz muito o meu gênero. Estou pensando em me mudar para a Barra.

— Quer ficar perto do seu pai?

— Quero mudar de ares. Aqui é bonito e tranquilo, mas um pouco afastado de tudo e solitário. E, se quisermos segurança, temos que viver trancados dentro de casa, com milhões de alarmes e vigias. Isso não é vida.

— E a sua mãe?

— Esse é o problema. Ela é apegada à casa e não quer se mudar. Não posso deixá-la sozinha.

— Seu padrasto não vive aqui?

— Vive. Mas, como ela mesma disse, está sempre viajando para Brasília.

Quanto mais Suzane ouvia Leandro falar, mais se interessava por ele. Achou a casa maravilhosa e não se importaria de viver trancada lá dentro, protegida por vigias e alarmes. Essas medidas de segurança não a impediriam de desfrutar de todo o conforto que a casa oferecia. No entanto, mesmo que Leandro decidisse se mudar para a Barra da Tijuca, como era de seu desejo, para ela estaria bom. O pouco que vira do bairro fora suficiente para lhe causar boa impressão.

O importante era não se precipitar. Leandro gostava dela e, pelo que deixava transparecer, estava interessado em um compromisso mais sério. Agora só dependia dela fazer com que o relacionamento dos dois durasse o suficiente para se transformar em algo além de uma mera paixão passageira.

— Você disse que é dono de uma firma de publicidade e propaganda — sondou Suzane.

— Sou um dos sócios, junto com os outros dois rapazes que você conheceu.

— Ah! Será que, por acaso, não tem um emprego para mim lá?

— Depende. O que você sabe fazer?

— Nada. Mas posso aprender.

— Bom, posso ver se arranjo algo para você depois.

Suzane nem sabia por que havia feito aquele pedido. Seus sonhos de trabalho envolviam uma carreira brilhante, que ela abandonara depois que perdera tudo. No entanto, gostava de desenhar, e trabalhar com propaganda talvez a ajudasse a aguçar a criatividade, dando-lhe chance de mostrar o seu talento.

Pouco depois, Leandro a levou para casa, não esboçando nenhuma reação com o edifício de paredes descascadas e sujas em que ela vivia. Suzane estava tão envolvida que permitiu que ele a levasse até a porta, ao invés de deixá-la na esquina, como fizera quando a buscara mais cedo.

— Vou subir com você — anunciou ele, puxando o freio de mão.

— Não precisa — objetou ela.

— Quero acompanhá-la até o seu apartamento — falou ele, acariciando o seu rosto, e ela sentiu o desejo passando do corpo dele para o dela.

— O apartamento está uma bagunça.

— Não vou subir por causa do apartamento. Quero estar com você.

Beijou-a com ardor, e ela correspondeu, experimentando o mesmo desejo que fluía do corpo dele. Sem dizer nada, ele abriu a porta do carro e saltou, abrindo a do carona e puxando-a gentilmente pela mão. No apartamento, foram logo para o quarto, e Leandro não demonstrou nenhum desagrado com a simplicidade do local. Era humilde, porém, limpo, e o quarto exalava um perfume suave de flores.

Ali, pela segunda vez, entregaram-se à paixão, e Suzane teve a certeza de que poderia, realmente, vir a amá-lo um dia.

CAPÍTULO 11

Nos últimos tempos, a lembrança de Lorena se tornava cada vez mais vívida na mente de Gílson. Era como se a mulher, de uma hora para outra, houvesse ganhado vida e estivesse sempre ao seu lado. Havia vezes em que ele sentia, realmente, sua presença, e, não fosse tão cético, diria que o espírito dela o estava acompanhando.

Uma suave batida na porta desviou os seus pensamentos, e Vítor entrou sorridente.

— Meu filho! — exclamou Gílson. — Que agradável surpresa.

Vítor o beijou no rosto e sentou-se na poltrona defronte à mesa do pai.

— Queria falar com você.

— Pode falar. O que é?

— É sobre a minha carreira e o meu futuro.

— Você sabe que tem um lugar garantido aqui no jornal. Você é que não quer.

— Não gosto da área econômica, pai. Mas se você começar a introduzir outras seções em seu jornal, com certeza, faria parte de sua equipe.

— Sobre o que gostaria de escrever?

— Esportes.

— Eu já devia saber. Um filho surfista não poderia gostar de outra coisa.

— Esporte é legal, pai. É uma área tão séria e de tanta responsabilidade quanto qualquer outra.

— Sei disso, meu filho. Respeito muito os repórteres esportivos e admiro o seu trabalho.

— Pois então, pai? Por que não inauguramos uma coluna esportiva no seu jornal? Eu poderia me encarregar disso.

— Não sei. O *Mundo Econômico* tem uma tradição no ramo econômico.

— E daí? Ninguém está falando em mudar a sua linha editorial, mas acrescentar algo novo pode dar um impulso ao jornal. É sempre bom estar renovando.

— Hum... pode ser que você tenha razão. Esporte sempre agrada a todos, inclusive aos empresários. Quem é que não assiste a uma partidinha de futebol? Posso pensar em uma seção esportiva, se é o que você deseja.

— Eu ia adorar! Poderíamos manter os executivos informados sobre partidas de futebol, campeonatos de tênis e tudo o que possa interessar ao mundo dos esportes.

— Vou pensar no assunto, Vítor, mas já posso lhe adiantar que você tem uma grande chance de conseguir o que quer. Os outros diretores vivem dizendo que precisamos nos modernizar. Eu é que ainda resisto às mudanças. Nosso jornal é sério e de grande prestígio, mas concordo que é um pouco austero demais.

— Os tempos hoje são outros, pai. Seriedade não exclui prazer e entretenimento. Ainda mais agora, com a internet mantendo todo mundo informado com tanta rapidez.

— Tem razão. Vou marcar uma reunião com a diretoria e, mais tarde, volto a falar com você.

— Obrigado. Se me der esse crédito, garanto que não vou decepcioná-lo.

— Confio em você, meu filho. Vai ser um excelente jornalista.

Vítor deu um abraço no pai e mudou de assunto:

— Não gostaria de almoçar comigo e Beatriz hoje? Para conhecê-la.

— Hum... Está bem. A que horas?

— À uma, está bom? Viremos da faculdade direto para cá.

— Está ótimo. Aguardarei vocês.

Apesar de temer aquele momento, Gílson conseguiu manter o controle por todo o almoço. Beatriz era simpática e inteligente, além de muito bonita. Simpatizou com ela de imediato, apesar da revolta de Lorena e do perigo da situação. Se Lorena estivesse viva, se teria aliado a Renato para impedir o namoro dos dois. Ele, contudo, não tinha mais ânimo para aquilo. No momento em que a mulher morrera, tinha enterrado o passado junto com ela.

Por ocasião de sua morte, a situação entre eles andava muito ruim. Lorena vivia acusando-o de fraco e covarde porque ele dissera que chegara a hora de parar. No fim de semana em que tudo acontecera, os dois haviam acabado de sair de uma festa e discutiam no carro.

— Já estamos ricos — dissera ele. — Não precisamos mais nos arriscar desse jeito.

— E daí? — rebateu ela, a voz pastosa da embriaguez. — Dinheiro nunca é demais.

— Você viu o que aconteceu. Aquilo não estava nos planos.

— Não foi culpa de ninguém.

— Vai me dizer que o homem levou um tiro acidental?

— Ninguém o mandou se intrometer no caminho. A culpa foi dele.

— Você está louca. Onde já se viu culpar o homem por tentar defender as filhas?

Lorena soltou uma gargalhada estridente e retrucou com desdém:

— Você é um covarde, Gílson. Aposto como inventou aquela doença só para não ter que ir a Mato Grosso comigo. Mas você não fez falta. Fui com um homem de verdade.

Gílson mordeu os lábios e tornou irritado:

— Está sendo tola, Lorena. O homem é casado.

— Mas corajoso! Muito mais do que você, covardão.

— Você está bêbada.

— E qual o problema? Você também devia se embebedar, de vez em quando.

— Gosto de beber socialmente.
— O que o leva a pensar que é melhor do que eu?
— Não penso isso.
— Mas age como se fosse. Como se não fosse um criminoso igualzinho a mim.
— Não precisamos mais nos envolver no crime — tornou ele com voz mais suave. — Já temos o bastante para levar a vida honestamente. O jornal está dando um bom dinheiro agora.
— O jornal não tem nada a ver com os bebês. Gosto do que faço.
— Como alguém pode gostar de viver na criminalidade?
— Gosto de crianças...
Era uma ironia tão grande que Gílson se irritou:
— Nós temos um filho, Lorena! Será que não pensa nele?
— Que eu saiba, ele está muito bem. Não lhe falta nada.
— Falta-lhe o amor de mãe. Você está sempre ausente.
— Você não tem o direito de me cobrar isso. Eu não queria ter filhos. Engravidar foi um acidente, e você não me deixou fazer o aborto! — disse ela com raiva.
— Pelo amor de Deus, será que você não sente nada pelo seu filho?
— É claro que sinto. Mas à minha maneira. Não adianta você me cobrar mais do que posso dar.
— Não é o suficiente. Vítor precisa de mais.
— Por que não me deixa em paz, Gílson? Vive me atormentando com as suas lamúrias e o seu arrependimento. Enquanto o dinheiro entrava, nunca o vi se queixar.
— Você sempre soube que entrei nessa por desespero. Mas não me agradava. Nunca me agradou, embora eu dissesse a mim mesmo que estava fazendo um bem a pessoas pobres e sem esperança.
— Que lindo! Tão magnânimo, tão bom que chega a comover. Engane-se a si mesmo, não a mim. Você entrou pela ganância, pela possibilidade de dinheiro fácil.
— Tudo bem, foi pelo dinheiro. Mas eu não queria, você sabe que não queria.

— Fui eu que o convenci? É isso que está tentando dizer? — ele não respondeu. — Pois não vou me sentir culpada por termos seguido esse rumo na vida. Você entrou porque quis. Jamais o obriguei.

— Como é que eu ia deixá-la sozinha?

— Você não me deixou sozinha porque temia que uma mulher não conseguisse dar conta do recado. Mas eu dei. Muito mais do que você.

— Eu nunca matei ninguém.

— Ora, mas nem eu.

— Você viu o homem atirar no sujeito e não fez nada. E ainda largou a mulher lá para morrer também. Não se sente responsável pela morte dessas duas pessoas?

— Não.

— Pois eu me sinto.

— Que pena para você, não é mesmo? Um homem tão fraco, tão covarde... Não devia mesmo se envolver com práticas que requerem determinação, astúcia e coragem.

— Quero o divórcio — revelou ele subitamente, e Lorena levou um susto.

— O quê?

— Você ouviu. Quero o divórcio.

— Você só pode estar brincando.

— Não estou. Não aguento mais essa pressão. Ou largamos essa vida, ou eu largo você.

— Idiota. Pensa que preciso de você? Tenho um esquema tão bem montado que posso fazer tudo sozinha.

— Pois então, faça. Mas deixe-nos em paz, a mim e a Vítor.

— Como assim, deixá-los em paz? Vítor é meu filho.

— Você mesma disse que não tem muito a lhe dar.

— Jamais falei uma coisa dessas.

— Você não liga para ele, Lorena. Por que o quer?

— Porque ele é meu filho! E você é quem está dizendo que não ligo para ele.

— Foi o que você quis dizer.

— Não foi, não. Disse que me importo à minha maneira, e a minha maneira é sem apegos, frescuras nem excesso de carícias. Mas ele é meu filho. Você não tem o direito de tirá-lo de mim.

— Você não o quer por amor. Quer por orgulho.

— Você não é ninguém para me julgar. Ninguém!

— Não precisamos passar por nada disso, Lorena. Podemos deixar essa vida e recomeçar.

— E o divórcio?

— Se você concordar em parar, não precisamos nos divorciar. Ainda a amo, mas não posso mais levar isso adiante.

— Não posso parar, já disse. Gosto do que faço.

— Como alguém pode gostar de ser criminoso?

Ela deu de ombros e respondeu:

— Gosto da emoção, do perigo, da sensação de poder por estar burlando a lei e a Justiça. E, sobretudo, gosto imensamente dos muitos dólares que ganhamos em cada operação.

— Os riscos não compensam. Duas pessoas morreram.

— Lá vem você de novo com as mortes. Agora me diga: quem vai se importar com dois matutos mortos lá nos confins de Mato Grosso?

— Eles eram seres humanos. Eu me importo.

— Você é muito sentimental mesmo, não é? Mas eu não sou. Eles estão mortos, e muito bem mortos. Não vão fazer falta a ninguém.

— Vamos parar, Lorena, estou falando sério. Ou você para ou vou pedir o divórcio e lhe tomar a guarda do Vítor.

— Lá vem você com chantagem. Não vejo como você possa tirar o menino de mim.

— Tenho advogados que podem cuidar disso. Você é péssima mãe, bebe demais, vive na rua, xinga os criados, grita com Vítor e o assusta. Até hoje, ele não fala mamãe, e a primeira palavra que aprendeu foi papai.

— Grande coisa...

— É uma grande coisa, sim. Prova a péssima mãe que você é. Tudo por causa da bebida, eu sei. Mas você pode se curar, sei que pode. Basta querer.

— Não quero. Gosto de beber e não vou parar de fazer o que faço.

— Se essa é a sua última palavra, então não tem jeito. A solução é o divórcio, mesmo que eu ainda ame você.

— Cachorro! Não pode fazer isso comigo!

Com a mente tolhida pela bebida, Lorena começou a gritar e praguejar, dando socos nos ombros e na face de Gílson. O carro deu uma guinada para a esquerda, mas Gílson conseguiu controlá-lo e esbravejou:

— Pare com isso, mulher! Quer nos matar?

Mas Lorena não lhe dava ouvidos. Furiosa com as palavras do marido, os pensamentos embotados de formas alimentadas pelo vício, além de assediada por espíritos menos esclarecidos, atraídos pela sua má atitude e que vibravam com o álcool e a briga, ela continuava a desferir-lhe golpes violentos e estabanados, acertando-o em vários lugares do tórax e do rosto.

— Cafajeste! Covarde! Canalha!

Ela persistia em xingá-lo e dar-lhe unhadas e golpes, que Gílson tentava evitar, mas não conseguia. Ao redor dela, igualmente embriagadas, algumas entidades davam gargalhadas de prazer e estimulavam a sua fúria, dizendo ao seu ouvido palavras do tipo: *É isso mesmo. Não seja idiota. Ele quer descartar você. Você pode tudo. Reaja! Mostre-lhe a mulher determinada que você é.*

Com o discernimento ofuscado pelo efeito do álcool, Lorena ia cedendo cada vez mais a esses impulsos destrutivos, deixando envenenar-se por formas-pensamento[1] que se alimentavam do vício e do ódio. As formas-pensamento, criadas pelas matérias mental e emocional de Lorena, permaneciam ao seu redor, levando-a à repetição de comportamentos perniciosos e, com isso, gerando vícios que ela ia alimentando com os próprios pensamentos assim potencializados. Além disso, como todas as pessoas possuem um poder magnético muito eficaz para atrair formas-pensamento afinadas com a vibração que emanam, Lorena atraía ainda outras que, aliadas às que ela já criara, iam potencializando

---

[1] Todo pensamento produz uma forma, chamada forma-pensamento, que fica flutuando, mais ou menos, no nível dos olhos e permanece ali até que o pensamento se desfaça.

cada vez mais os seus vícios, levando-a à embriaguez, à persistência no crime e a explosões de cólera.

Como se isso não bastasse, havia ainda espíritos ignorantes, igualmente viciados em bebida, que se compraziam em estimulá-la a beber cada vez mais e incutiam-lhe pensamentos de discórdia para também poder se aproveitar da energia assim despendida. E Lorena, ignorante das verdades divinas, ia cada vez mais se embrenhando por aquele caminho vicioso e alimentando, sem saber, as formas-pensamento do vício e do ódio, e os espíritos sem luz que dela se aproximavam.

Despreparada e invigilante, não oferecia a menor resistência e obedecia, tal qual um fantoche, às sugestões do invisível. Com isso, seu ódio foi-se extravasando de tal maneira que se tornou difícil, até mesmo para ela, controlar os impulsos de uma cólera fremente e avassaladora.

A seu lado, Gílson gritava, tentando inutilmente chamá-la de volta à razão. Mas ela não lhe dava ouvidos e continuava a agredi-lo fisicamente, até o ponto em que, envolvida por uma nuvem espessa de pensamentos maléficos e espíritos das sombras, soltou o cinto de segurança e investiu contra o volante do carro. Com rapidez e agilidade surpreendentes, puxou a chave da ignição, fazendo travar a direção e impedindo que Gílson executasse a curva que surgia à sua frente.

O automóvel se chocou diretamente contra uma árvore, e os dois foram atirados para a frente com incrível velocidade. Preso no cinto, Gílson sentiu um baque no peito e no pescoço, desmaiando na mesma hora. Ao mesmo tempo, Lorena, que se havia desprendido do cinto minutos antes, foi arremessada contra o vidro, que se partiu com o impacto, lançando sua cabeça e parte de seu corpo para o lado de fora. Sua morte foi instantânea.

CAPÍTULO 12

Por mais que se esforçasse, Beatriz não conseguia simpatizar com Graziela. Havia algo nela que não lhe agradava. O jeito como dançara com o pai na festa a deixara intrigada. Sentia uma ameaça velada e indefinível, algo fantasmagórico, sem forma e sem sombra. Apenas uma vaga impressão que não encontrava razão no mundo dos vivos.

— Em que está pensando? — perguntou Vítor, enquanto acariciava sua mão por cima da mesa. — Você está distante.

— Na Graziela Martins. Não gosto dela.

— Por quê? Achei-a bem simpática.

— Pois eu a achei detestável. Tem algo nela que não me agrada. Sinto que ela não é confiável.

— Será que você não está com ciúmes? Só porque seu pai dançou com ela?

— Não sou idiota, Vítor. Não sinto ciúmes por besteira.

— Será que não? Você não tem motivo nenhum para não gostar dela. Graziela nunca lhe fez nada.

— Sei que não tenho motivo, e é justamente isso que me incomoda. Por que não gosto dela se mal a conheço?

— Quem vai saber? Seja o que for, deixe para lá. Ela não pode fazer nada para atingir você.

Beatriz concordou com a cabeça, mas, no fundo, não sabia se acreditava naquilo. Sentia o perigo no ar, contudo, achou melhor não insistir no assunto. Concentrou a atenção no namorado, até que ele pagou a conta, e foram embora.

Quando chegou a casa, Carminha estava de saída, e Beatriz indagou sem malícia:

— Aonde é que você vai, mãe?
— A um chá em casa de Amélia.
— Sozinha?
— Graziela vai comigo.
— Que Graziela?
— A única Graziela que conhecemos: Graziela Martins.
— Por que ela não vai de táxi?
— Não sei, não perguntei. Qual o problema, hein, Beatriz?
— Nenhum. Por que ela não arranja um emprego?
— Ela não precisa trabalhar.
— Você também não, mas tem o seu próprio negócio.
— Faço o que faço por prazer.
— E Graziela não tem prazer em trabalhar, não é mesmo? Só gosta de ficar por aí à toa, gastando o dinheiro do marido.

Carminha olhou-a surpresa e considerou:

— Por que essa implicância com Graziela? Ela lhe fez alguma coisa?
— Não me fez nada.
— Então pare com isso. É muito feio ficar julgando e criticando os outros. Ela perdeu o marido e está sozinha. Precisa de amigos.

Beatriz não disse nada, e Carminha saiu. Estava atrasada e ainda tinha que pegar Graziela. Pontualmente às cinco horas, chegaram à casa de Amélia. Estavam no horário de verão, e o dia claro e ensolarado permitiu que o chá fosse servido à beira da piscina.

— Fico muito feliz que tenham vindo! — exclamou Amélia, beijando as duas nas faces.

Da janela de seu quarto, Leandro as observava e declarou:

— Minha mãe adora uma fofoca.
— Deixe-a — falou Suzane. — Faz bem conversar com as amigas.

Amélia viu o filho na janela e acenou para ele, que acenou de volta.

— É o meu filho — esclareceu ela. — Depois que arranjou essa namoradinha, não quer mais saber de ninguém.

— São coisas da juventude — retrucou Carminha. — Minha filha mais velha também tem um namorado, e acho que pretendem se casar.

— Por enquanto, Leandro ainda não falou em casamento. É muito cedo para isso. Ele e Suzane estão namorando há pouquíssimo tempo.

Carminha notou uma pequena ponta de tristeza em Graziela e considerou:

— Você ainda pode ter filhos, Graziela. A medicina hoje está muito avançada, e idade não é mais empecilho para a gravidez.

— Sou viúva — rebateu Graziela — e não tenho interesse em me casar de novo.

— Não diga isso! — censurou Amélia. — Estou no segundo casamento, mas, se precisar, vou para um terceiro, e um quarto, e quantos mais aparecerem.

Enquanto a conversa prosseguia à beira da piscina, Leandro continuava observando-as, até que chamou Suzane.

— Vamos dar uma volta?

— Onde?

— Não sei. O que você acha de um cinema?

— Hoje é domingo. Os cinemas estão cheios.

— Que tal um barzinho então?

— Está bem.

Desceram de mãos dadas, mas quando estavam saindo, Suzane se lembrou de que havia esquecido a bolsa em cima da cama do rapaz.

— Quer que eu vá buscá-la? — ofereceu-se Leandro.

— Não, pode deixar. Vá falar com a sua mãe. Ela deve estar procurando você.

Leandro foi cumprimentar a mãe e suas amigas. Amélia apresentou-o a Carminha e Graziela, e ele respondeu ao cumprimento com simpatia. Trocou algumas palavras com as senhoras e voltou para junto de Suzane. Já de posse da bolsa, ela ia cruzando a porta da varanda dos fundos, rumo à piscina, quando Leandro a interceptou. Deu-lhe um beijo no rosto e puxou-a pela mão, fazendo-a girar bruscamente.

— Vamos — ele quase suplicou, louco de vontade de se afastar dali.

De onde estavam, as mulheres não puderam ver Suzane. Graziela e Carminha notaram apenas que ela era morena, com cabelos curtos cortados à chanel e corpo esguio.

— É uma linda moça, sem dúvida — elogiou Amélia. — Pena que não puderam conhecê-la.

— Que idade ela tem? — perguntou Graziela.

— Uns vinte ou vinte e um anos.

— A idade da minha filha — observou Carminha. — E não está na faculdade?

— Não sei. Acho que não. Chegou de Brasília há pouco tempo, depois que perdeu os pais num acidente de carro.

O assunto trazia lembranças remotas e dolorosas a Graziela, que, para não deixar transparecer ainda mais o desconforto, comentou:

— Quanta gente morre em acidentes de trânsito, não é mesmo?

A conversa centrou-se nos acidentes de trânsito, e Graziela deu uma última olhada para a porta por onde Leandro havia sumido. Por uns momentos, perdeu-se em seus próprios pensamentos, lembrando-se do quanto fora infeliz na juventude e na felicidade comedida que Aécio lhe proporcionara. Não era como aqueles jovens, que tinham tudo desde cedo e que não conheciam o sabor da derrota e da desilusão.

De repente, desinteressou-se da companhia das amigas e seu rosto se entristeceu, nublado pelas recordações de um passado remoto, mas que ainda doía como uma ferida em carne viva. Lágrimas lhe vieram aos olhos, o que foi percebido com preocupação pelas amigas.

— Está se sentindo bem? Você parece não estar ouvindo nada do que dizemos — constatou Amélia, fitando-a com um certo desapontamento.

— Eu estou bem... — murmurou Graziela. — Na verdade, estou com um pouco de dor de cabeça.

— Gostaria de uma Novalgina ou qualquer outra coisa? — tornou Amélia. — Posso mandar buscar na farmácia.

— Não precisa, obrigada. Sinto muito... acho melhor ir embora.

— Mas o que é isso? — protestou Amélia. — Vocês acabaram de chegar.

— Não estou me sentindo bem...

— Se quiser ir embora, posso acompanhá-la — disse Carminha.

— Não precisa, obrigada. É só chamar um táxi.

— Nada disso! — objetou Amélia novamente. — Vocês são minhas convidadas, e não vou deixá-las sair assim. Se Graziela não está se sentindo bem, mando o motorista levá-la em casa.

— Não quero que se incomode nem pretendo estragar o seu chá. Posso tomar um táxi, já disse. — Ela se levantou, impedindo que Carminha também o fizesse: — Não me acompanhe, Carminha. Não estou tão mal assim. É só uma dor de cabeça.

Embora contrariadas, Carminha e Amélia tiveram que aceitar a decisão de Graziela. Ela se despediu e tomou um táxi direto para sua casa. Na verdade, não sentia dor de cabeça alguma. Apenas uma tristeza profunda cavoucara seu coração, infiltrando-se em seu peito como um espinho pontiagudo. Pensava em Aécio a todo instante, nas promessas que fizera de ajudá-la e que não conseguira cumprir. Não era culpa dele. Ele se esforçara ao máximo para manter a palavra, mas tudo se tornara impossível. Não havia resquícios de seu passado perdido naquela terra de ninguém.

Por um momento, a imensa solidão ecoou no vazio ao seu redor. Ela se deitou na cama e chorou, lembrando-se do marido que tanto amava e que se fora, vencido pela idade avançada. E agora? O que seria dela? Um enorme sentimento de culpa destruía seus sonhos, dizendo-lhe que a vida não lhe permitiria uma segunda chance, porque fora devido a sua ganância que tudo acontecera daquela forma.

O marido se fora... o outro também. Todos os seus sonhos de mulher e de mãe restaram destruídos pela ambição e a inconsequência, que a atiraram no precipício sem volta da ilusão. Graziela chorava baixinho, as mãos apertando a colcha de encontro aos lábios, até que as pálpebras se vestiram de chumbo e ela adormeceu.

Em seu sonho, tudo parecia real. Aécio lhe dizia para ter paciência e calma, que tudo se resolveria.

— Mas quem é essa sombra ao seu lado? — perguntou ela, apontando para o espectro sombrio que o acompanhava à distância.

— Não é uma sombra. É alguém que quer vê-la, mas de quem você tem medo.

— É uma sombra. Não tem rosto...

— É você que não o vê, porque os seus olhos se turvaram e a impedem de ver o que você mais teme. É você que não quer reconhecê-lo.

Graziela acordou assustada, as lágrimas úmidas repuxando as maçãs de seu rosto. Lembrava-se nitidamente do sonho, mas não queria pensar nele. Aécio estava morto, e ela não conhecia ninguém que pudesse se apresentar feito uma sombra. Ou será que conhecia? Era melhor não pensar. Não queria mais pensar em nada daquilo. Queria poder dormir e esquecer a sua vergonha, o seu medo e o seu arrependimento. Mas não podia.

CAPÍTULO 13

Beatriz terminou de se arrumar em frente ao espelho e sorriu para si mesma, satisfeita com a sua aparência. Achava-se uma moça interessante: não muito alta, tez morena e corpo bem-feito. Os cabelos lustrosos e alourados, resultado de sucessivos reflexos, desciam até o meio das costas, encaracolando nas pontas levemente douradas de sol. Era bonita, embora, por vezes, achasse seu corpo um tanto cheio de curvas, mas era contra a "ditadura da magreza" e procurava se manter em forma sem transformar o corpo numa tábua ossuda e esquálida. E Vítor adorava.

Quando chegou à sala, encontrou Graziela sentada no sofá, bebericando um copo de martini e conversando com Nícolas. Beatriz franziu a testa involuntariamente, imaginando o que aquela mulher estaria fazendo ali. Já ia dar meia-volta sem ser notada, mas o irmão foi mais rápido e a chamou:

— Venha cá, Beatriz. Graziela está contando histórias engraçadas da Itália.

Beatriz parou onde estava e retrucou com antipatia:

— Obrigada, Nícolas, mas não estou interessada. Se quiser saber da Itália, entro na internet e vejo tudo.

— Que mau humor, hein? Está na TPM, é?[1]

— Que coisa feia, Nícolas — censurou Beatriz. — Onde é que está aprendendo a ter esses modos?

---

[1] TPM - Tensão Pré-Menstrual.

— Deixe estar, Beatriz — interveio Graziela. — Ele não disse nada de mais.

— Pode ser que na Itália ninguém ligue para essas grosserias, mas aqui no Brasil costumamos ter mais educação.

Graziela sentiu o rosto arder e quase se levantou para ir embora. Como passara muito tempo na Europa, não compreendia o real significado do gracejo de Nícolas, mas deduziu que deveria ser alguma coisa ofensiva ou de mau gosto.

— Acho que Beatriz não gosta de mim — comentou ela.

— Não é verdade! — objetou Nícolas, horrorizado ante a possibilidade de a irmã vir a dizer o que realmente sentia.

Os dois cravaram os olhares em Beatriz, mas ela não disse nada. Estava furiosa porque o irmão, aparentemente, simpatizara com Graziela.

— Você não tem nada para estudar, não, Nícolas? — irritou-se. — Não tem trabalho de casa?

— Não. E se tivesse, não seria da sua conta.

— Malcriado.

— Vocês estão brigando? — era Carminha, que acabara de entrar na sala. — Não acredito. Meus filhos, brigando? Mas vocês sempre foram tão amigos!

— Para você ver o que uma estranha faz na vida da gente — disparou Beatriz, passando direto pela mãe e abrindo a porta da rua.

— Perdão, Graziela — desculpou-se Carminha, envergonhada ante a atitude de Beatriz. — Não sei o que deu nessa menina ultimamente. Ela deve estar com algum problema.

— Ela ficou toda estressadinha só porque eu falei que ela devia estar na TPM — contou Nícolas.

— Não devia ter dito isso, meu filho — repreendeu Carminha. — É feio.

Beatriz atravessou o condomínio furiosa. Além de ter que aguentar a desagradável surpresa de encontrar Graziela sentada confortavelmente em sua sala, Nícolas estava todo animadinho conversando com ela. Estava quase chegando à portaria quando o carro de Vítor surgiu. De tão furiosa, nem viu que era ele, até sentir os faróis cegando os seus olhos. Ia levantar a cabeça e reclamar, mas ele parou a seu lado e abaixou o vidro.

— Aonde vai? — indagou ele, notando o seu semblante fechado.

— Ia esperar você na portaria — respondeu ela irritada, abrindo a porta do carro e se jogando no banco ao lado dele.

— O que você tem? — perguntou Vítor, sentindo a exasperação nos lábios que o tocaram.

— Nada! — gritou ela.

— Então, por que está assim? Eu fiz alguma coisa?

— É aquela mulher! — vociferou Beatriz. — Não suporto aquela mulher. Resolveu aparecer lá em casa sem ser convidada. E até meu irmão, conseguiu colocar contra mim.

Nesse momento, o espírito de Lorena, atraído pela raiva de Beatriz, aproximou-se dela e começou a instigar-lhe pensamentos de antipatia por Graziela. O carro de Vítor ganhou a avenida, e Lorena se acomodou no banco de trás, colocando as mãos na nuca de Beatriz.[2]

— De quem está falando? — prosseguiu Vítor. — Da Graziela?

— E de quem mais poderia ser? — explodiu ela, provocando gargalhadas em Lorena.

— É muito fácil influenciar essa tonta — afirmou ela com ironia. — É boazinha, mas se deixa levar facilmente pelo ciúme e a irritação. Gente irritadiça e ciumenta é ótima para a gente se fartar.

— Acho que você está exagerando na antipatia — rebateu Vítor, sem imaginar a presença da mãe. — Afinal, ela não lhe fez nada.

— Tem algo nela que não me agrada. Ela não me engana. Está de olho no meu pai, só pode ser. De dinheiro, ela não precisa. Então, só pode estar querendo sair com ele.

---

2 Na nuca existe um chakra subsidiário, bastante influenciável energeticamente, por onde penetram as energias mais densas e de vampirização, causando dores de cabeça na pessoa assim atingida.

— Não acha que está imaginando coisas?

Sob a influência de Lorena, Beatriz prosseguia praguejando:

— Acho que ela é uma sem-vergonha e dá em cima de qualquer homem. O marido morreu, e ela deve estar a perigo. Aliás, devia trair o marido adoidado. Uma mulher jovem feito ela, cheia de fogo, casada com um velho... não sei, não.

— Não acha que a está julgando muito mal? Você nem a conhece, não sabe nada sobre sua vida.

— Sei o suficiente para afirmar que ela não presta — rebateu Beatriz, cada vez mais irritada, para satisfação de Lorena. — Minha mãe que se cuide, ou vai perder o marido. Tentei avisá-la, mas ela não me dá ouvidos.

O sinal ficou vermelho, e Vítor freou o carro, puxando-a para junto de si:

— Deixe disso, Beatriz — falou ele mansamente, envolvendo-a numa aura de amor que afastou Lorena por instantes. — Por que não esquece Graziela e se concentra só em nós? Podemos ir a um lugar especial.

Ele a beijou com ternura, e ela correspondeu, intensificando a energia de amor, que começou a se espalhar pelo carro. Beatriz ainda estava enraivecida, mas a vibração de ódio, que a envolvera até ali, começava a se dissipar diante da atitude amorosa do namorado. Foi Lorena quem se irritou e teria investido contra Vítor, não fosse ele o seu filho. Incomodada com a aura de amor que ia se disseminando no pequeno ambiente, fez um muxoxo desanimado e desapareceu.

Livre da influência de Lorena, Beatriz esfregou as têmporas e respirou mais aliviada. Virou o rosto para o lado e se distraiu vendo alguns rapazes que bebiam cerveja e riam alto, sentados à mesa de um quiosque no calçadão da praia. Um deles olhou para ela e fez cara de assombro, erguendo a lata de cerveja e dizendo alguma coisa que ela não compreendeu. O sinal abriu e Vítor acelerou o carro e, um segundo depois, Beatriz já não pensava mais no rapaz que lhe dirigira aquela suposta paquera.

CAPÍTULO 14

Ainda era cedo quando Suzane deixou o apartamento para ir ao trabalho. Leandro havia lhe arranjado um emprego em sua firma de publicidade, e ela até que estava gostando de ter o que fazer e só depender dela para ganhar dinheiro. Mal havia saído de casa quando René começou a caminhar a seu lado.

— Vi você ontem na Barra, com seu namorado — disse ele, sem nem mesmo cumprimentá-la.

— Não estive na Barra ontem — retrucou ela, de má vontade.

— Mentirosa. Vi você no carro de luxo do playboy. Só o que não entendi foi o porquê da peruca.

— Peruca? — ele assentiu. — Endoidou de vez.

— Eu vi você, Suzane.

Ela estacou abismada e retrucou com irritação:

— Como é que sabe o meu nome?

— Conheço todo mundo por aqui, inclusive o cara que alugou o apartamento para você.

— Muito esperto. Mas isso não lhe dá o direito de vir me cantar inventando mentiras.

— Quem é que está mentindo? — ela o olhou com desdém e não respondeu. — Pelo menos eu não finjo ser outra pessoa.

— Nem eu.

— O riquinho é seu namorado?

— Para dizer a verdade, é sim. E você não tem nada com isso.
— Não tenho e entendo por que você prefere o playboy a mim.
— Entende? Que bom. Então, por que não me deixa em paz?
— Só porque estava no carro do bacana, não precisava fingir que não me conhecia.
— De novo com essa bobeira?
— Por que não assume que era você?
— Porque não era.
— E ainda por cima, de peruca...
— Já disse que não era eu. Não estive na Barra ontem, muito menos usando uma peruca. Gosto do meu cabelo do jeito que é.
— Mas eu a vi. Juro.
— Não era eu. Você me confundiu com outra garota.
— Era você mesma. Até olhou para mim...
— Virei a cara para você?
— Não.
— Então não era eu.

O sangue subiu à cabeça de René, que estacou no meio da rua e segurou-a pelo pulso, com força.

— Não devia me tratar dessa maneira, Suzane. Gosto de você.
— Mas eu não gosto de você. E quer, por favor, largar o meu braço? Está me machucando.

Ele afrouxou os dedos, mas puxou-a para si o suficiente para que seus lábios quase se roçassem. Instantaneamente, um calor subiu pelo corpo de Suzane, que se assustou com a sensação de amolecimento que foi dominando as suas pernas e o enorme desejo de colar a sua boca à de René. Ele sentiu o mesmo, porque seu coração se precipitou para fora do peito, indo buscar as batidas arrítmicas do coração de Suzane. Beijou-a. Calmamente a princípio, e depois com um ardor comedido de quem tem medo de revelar o que sente.

Quando ele terminou de beijá-la, Suzane permaneceu com os lábios próximos aos seus, o peito ondulante atirando fagulhas de desejo que René recolhia com o corpo se torcendo de uma febre animal e hostil.

— Não faça isso comigo — pediu ele num sussurro.

— Solte-me, René — ordenou ela, confusa com o que sentia. — Estou comprometida com outro.

Ele registrou que ela guardara o seu nome e uma felicidade ímpar percorreu-lhe o sangue. Atônito e ainda embriagado pelo calor do corpo de Suzane, René a soltou. Ela não se afastou. Permaneceu ali, olhando para ele, tentando decifrar o enigma dos sentimentos que se embaralhavam em seu coração.

— Não faça isso comigo — repetiu ele, como se implorasse a si mesmo para não sentir o que sentia.

— Foi você que me beijou — falou ela.

— Foi... Queria beijá-la de novo, e de novo, e de novo. Queria beijá-la para sempre, até que não existisse nada no mundo além de nossos beijos.

Suzane sentiu a pele se arrepiar com as palavras de René. Ninguém, em toda a sua vida, lhe dissera nada tão doce e meigo. De repente, ela estava diante de um homem que em nada se parecia com o René debochado e malandro que conhecera outro dia. Ele a encarava com ar afetuoso e cheio de expectativas, embora, lá no fundo, ela percebesse aquela hostilidade que lhe era tão característica. Estavam ambos em silêncio, e o silêncio era o porta-voz de seus corações.

— Tenho que ir — anunciou Suzane após alguns minutos, despedaçando o silêncio com a voz da desilusão. — Estou atrasada para o trabalho.

— Não vá... — suplicou ele, apertando a sua mão.

— Eu... não posso ficar. Tenho um emprego e... um namorado...

— Você pode ter um emprego, mas seu namorado não é o homem da sua vida. Você só está com ele por dinheiro.

— Não é verdade.

— É verdade, sim.

— Está enganado.

— Ele está apaixonado por você? — ela não disse nada.
— Pois eu estou.

— René, por favor...

— Não vá me dizer que não sentiu nada, porque não vou acreditar. Tenho certeza de que o pouco que vivemos agora mexeu muito com você.

— Você não entende... — balbuciou ela, confusa.

— Não entendo o quê?

— Você é um estranho... e estou namorando outro... um rapaz maravilhoso....

— E rico.

— Não é nada disso! Não estou com ele pelo dinheiro.

— Você não o ama. Senti isso na forma como me beijou.

De repente, foi como se um rasgo de lucidez perpassasse a mente de Suzane, que se recompôs e o fixou com os olhos indecifráveis.

— Você está se atribuindo uma importância que não tem — retrucou com uma frieza imposta. — Iluda-se o quanto quiser.

— Tem coragem de dizer que não sentiu nada quando me beijou?

— Não tenho que lhe dizer nada.

Fez menção de virar-se, mas ele a segurou pelo pulso e revidou em tom mais ameno:

— Desculpe-me, Suzane. Você tem razão. Não tenho nada com a sua vida e não quero me intrometer. Mas é que eu gosto tanto de você!

— Nós nos conhecemos há muito pouco tempo para você gostar tanto de mim assim.

— São coisas do coração. Quem é que pode prever por quem ele vai bater mais forte?

— Você não é um mau rapaz, René. E é por isso que vou lhe dar um conselho: esqueça-me. Eu não sirvo para você.

— Você quer dizer que eu é que não sirvo para você, não é? — ela não respondeu. — Por quê? Porque sou pobre? Sou pobre, mas não sou burro. Posso crescer na vida, sabia?

— Como? Você não sabe fazer nada.

— Só porque não tive oportunidade de fazer faculdade e me formar não quer dizer que não sirvo para nada.

— Eu não disse isso...

— Disse sim, com o seu pensamento. Posso parecer irresponsável, mas não sou. Tenho o meu emprego também.

— O que você faz?

— Trabalho marcando apostas no jogo do bicho.

Ela deu uma gargalhada debochada e revidou em tom de gracejo:

— Isso lá é emprego? Ainda se fosse o bicheiro...

— Pode desdenhar, se quiser. Mas isso é só provisório. Estou juntando dinheiro para me matricular num cursinho e prestar vestibular para direito. Ainda vou ser juiz, você vai ver.

— Odeio advogados — retrucou ela entre os dentes.

— Mas não vai odiar a mim. Vou ser juiz um dia e vou lhe dar tudo o que você quiser.

— Seu sonho é muito bonito, mas não posso esperar tanto.

— Será que vale a pena se vender a um ricaço e perder um verdadeiro amor?

— Quem foi que disse que você é meu verdadeiro amor?

— Foi o que pareceu minutos atrás.

— As aparências enganam. Como disse, você é apenas um estranho. Jamais poderia ser meu verdadeiro amor.

Sem esperar para ver a reação dele, Suzane rodou nos calcanhares e correu em direção ao ponto de ônibus. Nunca se sentira tão transtornada quanto naquele momento. René lhe trouxera sentimentos contraditórios e nunca antes vividos. Jamais poderia imaginar que ele fosse capaz de despertar a mulher apaixonada adormecida no desejo de vingança. Mexera muito com ela, mas era preciso tirá-lo da cabeça. René não era o homem da sua vida. Ela não queria que fosse.

Ele ficou vendo-a correr pela rua e subir no ônibus, sem se mover. Queria ir atrás dela e dizer-lhe que estava enganada, mas seus pés se transformaram em pedra e se cravaram no chão. O vendaval da dúvida e do medo despencou sobre ele, e René quedou estarrecido consigo mesmo. Quando pensava em Suzane, sentia o corpo todo arder num desejo insano de levá-la para a cama. Encontrara-a naquele dia de propósito, para mostrar que a vira com o namorado na noite anterior, mas não esperava tê-la em seus braços de forma tão apaixonada.

À medida que o ônibus em que ela estava ia-se afastando, as mandíbulas de René se contraíam, e ele fechou os olhos, tentando afugentar os pensamentos de desânimo que se embrenhavam em sua mente. Depois que o coletivo sumiu de vista, suspirou e pôs-se a caminhar cabisbaixo. Chutou com fúria uma latinha de refrigerante caída no chão e, entre a mágoa e a revolta, sussurrou para si mesmo:

— Estou perdido.

CAPÍTULO 15

Ao entrar na firma em que trabalhava, Suzane fez um tremendo esforço para mudar a fisionomia extasiada e conflitante de há pouco. Leandro não podia perceber que algo havia acontecido. Estava atrasada, e ele, com certeza, iria perguntar, mas ela jamais poderia lhe dizer a verdade. Precisava inventar uma desculpa convincente para lhe dar, embora não conseguisse pensar em nenhuma. Não tinha família que a retivesse, e o trânsito era o de sempre. Podia inventar um acidente, mas ele nada veria nos jornais e acabaria suspeitando. De qualquer forma, não custava nada arriscar.

Leandro veio logo ao seu encontro, com seu sorriso encantador e sua usual gentileza. Beijou-a discretamente no rosto e falou em voz baixa:

— Você demorou. Já estava ficando preocupado.

— O ônibus em que eu estava entrou pela traseira de um carro. Não foi nada grave, mas deu um rolo danado.

— É. Sei como são essas coisas.

Ela se sentia tremendamente mal por estar mentindo para Leandro, contudo, não via outra saída. Ele era um rapaz maravilhoso e bastante compreensivo, mas nenhum homem apaixonado iria compreender os beijos que a namorada trocara com outro. Muito menos aceitar, e ela não podia pôr em risco os seus planos de casamento.

— Preciso comprar um celular para mim — comentou. — O que eu tinha era de Brasília.

— Você está coberta de razão. Vamos providenciar isso imediatamente.

— Quando receber meu primeiro salário...

— Nada disso — cortou ele. — Hoje mesmo vamos comprar um. Prometi ao meu pai que jantaríamos com ele. Podemos dar uma passada no BarraShopping e comprar o celular.

— Mas eu ainda não tenho dinheiro.

— Quem falou que é você que vai pagar? Vai ser um presente meu. Aliás, já devia ter feito isso há muito tempo.

Ela não discutiu mais, oscilando entre a alegria e o remorso. A sensação de prazer que experimentara com o beijo de René ainda permanecia em seus lábios. Seu coração começou a disparar, e lágrimas miúdas subiram aos seus olhos, mas ela conseguiu impedi-las de cair. Não podia se dar ao luxo de escolher um namorado pobre. Gostara do que vivera com René, mas ele jamais serviria a seus propósitos. Casar-se com ele não a levaria de volta ao mundo dos ricos nem a ajudaria a vingar-se de Cosme.

Novamente o remorso a incomodou, e ela fitou Leandro, que se ocupava em verificar um projeto com seu sócio Jorge. Ao vê-lo ali tão próximo e tão amoroso, seu coração abrandou, e uma onda de ternura a invadiu. Estava com Leandro porque ele era rico, mas não era só isso. Gostava dele também.

Durante o resto do dia, tentou concentrar-se no trabalho, até que, encerrado o expediente, Leandro e ela foram direto ao BarraShopping. Um mal-estar insuportável a acometeu quando ele lhe comprou um celular último tipo, de alta tecnologia e preço exorbitante. Teve vontade de recusá-lo, todavia, estava agora muito comprometida com aquilo tudo para voltar atrás. Tentou convencê-lo, ao menos, a lhe dar um modelo mais simples e mais barato, mas ele recusou terminantemente. Sem remédio, ela aceitou o presente a contragosto e lhe sorriu num agradecimento sem jeito.

— Não precisa ficar embaraçada — disse ele. — Isso não é nada de mais.

Estava conseguindo o que queria, mas não se sentia nada feliz. No entanto, precisava persistir se não quisesse abrir mão de seus objetivos.

— Não estou acostumada a que me deem presentes caros — desculpou-se ela. — Apenas os meus pais me compravam coisas assim.

A lembrança dos pais lhe pareceu tão remota que ela voltou os seus insistentes pensamentos para eles.

— Seus pais tinham dinheiro? — indagou Leandro, surpreso com o fato de que os pais dela podiam lhe comprar presentes caros.

— Tinham... — respondeu ela, temendo haver revelado demais sobre a sua vida.

— Você nunca me disse isso.

— Estou dizendo agora.

— Mas o que aconteceu? Por que a deixaram sem nada? Eles tinham muitas dívidas?

— Não — disse ela hesitante, um nó na garganta embargando a sua voz.

Começou a chorar, e Leandro a abraçou com carinho:

— Deixe isso para lá. Eu não devia ter perguntado nada. Deixei você triste, mas quero que saiba que farei tudo o que estiver ao meu alcance para minimizar, um pouquinho que seja, toda dor que você sente.

— Você é um homem maravilhoso, Leandro — murmurou ela emocionada, apertando a sua mão com um sorriso trêmulo de lágrimas. — Não me sinto digna de alguém feito você.

— Mas o que é isso? Não diga uma bobagem dessas. Você é uma garota muito especial.

— Você não me conhece. O que sabe sobre mim?

— Não preciso saber mais do que já sei para ter certeza de que a amo.

— Perdi tudo o que tinha. Meus pais me deixaram bem, mas meu tio Cosme me roubou tudo.

— Roubou? Como?

Lentamente, Suzane lhe contou tudo, desde quando o tio roubara a sua herança até descobrir que era adotada.

— Como você reagiu à descoberta da adoção? — interessou-se Leandro, agora surpreso e comovido.

— No começo, senti uma certa revolta. Depois veio o desespero. Agora, só o que sinto é tristeza e uma profunda saudade. Eu amava meus pais e tenho certeza de que fui muito amada por eles. Perdê-los foi o mais doloroso.

— E os seus pais biológicos?

— Nem imagino quem sejam.

— Será que não podemos tentar descobrir?

— Como?

— Seu tio não sabe de nada? Ele deve saber.

— Pretendo nunca mais dirigir a palavra a meu tio novamente — revidou ela com raiva. — E ele nem é meu tio de verdade.

Ao lado de Suzane, o espírito de Roberval acompanhava cada palavra daquela conversa, demonstrando satisfação com o rumo que as coisas começavam a tomar. Nada no mundo acontece por acaso, e Suzane estava bem próximo de conhecer essa verdade. Cada acontecimento é programado, todos os destinos estão entrelaçados, de forma que a sucessão de fatos, acasos e coincidências nada mais é do que a sabedoria divina agindo nas vidas de todas as pessoas. Naquele momento, porém, Suzane ainda estava um pouco distante dessa compreensão, e o seu sentimento era de mágoa e revolta.

Esquecera-se de René por alguns instantes. Lembrar o passado aproximou-a de Leandro, que foi amoroso e compreensivo, tornando-se cúmplice e partícipe de seu segredo mais doloroso. Durante alguns instantes, permaneceu fitando-o, imaginando se ele não poderia vir a ser o homem da sua vida. Sentia por ele uma irresistível confiança, como se fosse o único no mundo capaz de entender os seus problemas. Estava confusa com seus sentimentos, mas queria muito que seu coração se voltasse para ele.

Depois de alguns minutos, o celular tocou. Era o pai de Leandro, perguntando se eles se haviam esquecido do jantar.

— Não, pai, já estamos indo — disse ele. E, olhando para Suzane, acrescentou: — Você está bem? Se não quiser, posso desmarcar.

— Não, estou bem. Não quero me enterrar nessa história. Preciso superar e continuar vivendo.

— Tudo bem. Estamos a caminho, pai.

Os dois se levantaram e entrelaçaram os dedos, e Suzane apoiou a cabeça no ombro de Leandro. Em silêncio, pagaram o estacionamento, passando pela porta de vidro automática, e Suzane mal reparou no homem que vinha entrando e que a encarou com ar confuso.

CAPÍTULO 16

Ao entrar no shopping, Gílson se voltou em dúvida, mirando as costas da moça bonita que havia cruzado com ele em companhia daquele rapaz. Parecia-se tanto com Beatriz! Só os cabelos eram diferentes, e o corpo era mais delgado do que o da namorada de seu filho. Mas a semelhança era incrível.

Uma sombra de desconfiança atravessou a sua mente, e o coração deu um salto. Seria possível? Gílson balançou a cabeça de um lado a outro para afastar aquela ilusão. O encontro com Beatriz e a conversa que tivera com Renato estavam fazendo com que visse coisas. Seu filho namorar Beatriz já era coincidência demais. Encontrar-se com aquela moça, ali, no Rio de Janeiro, em plena Barra da Tijuca, seria um acaso inimaginável, algo que estaria muito além das possibilidades de um mundo real.

Gílson balançou a cabeça e afastou aquele pensamento extraordinário. Precisava comprar gravatas novas e tirara a tarde para fazê-lo, mas não conseguia parar de pensar naquela moça e na espantosa semelhança que possuía com Beatriz. Vira a namorada do filho poucas vezes, porém, aqueles olhos castanhos raiados de verde eram inconfundíveis, e, com certeza, não haveria outra no mundo com o mesmo olhar.

A muito custo, Gílson conseguiu comprar as gravatas, acatando as sugestões do vendedor e levando as que ele lhe aconselhara. Voltou correndo ao jornal e passou a tarde pensativo, hesitando entre ligar para o filho e não ligar. Queria muito falar com ele, perguntar-lhe de Beatriz, mas foi impedido pela insegurança e o medo. O jeito era esperar.

Até o final da noite, Vítor ainda não havia voltado, e Gílson não conseguiu dormir. A seu lado, o espírito de Lorena se deixava consumir pela raiva e a irritação. Não estava junto do marido quando ele se deparou com a moça, mas seus insistentes pensamentos criavam formas-pensamento iguaizinhas a Suzane diante de seus olhos, devassando o teor de sua mente.

— Só faltava essa — reclamou Lorena. — É por isso que dizem que uma desgraça nunca vem sozinha. Será possível que essa moça tinha que aparecer justo agora?

Quando Vítor entrou em casa, encontrou o pai sentado na poltrona da sala, bebendo uísque e consultando o relógio a todo instante.

— Oi, pai — cumprimentou o rapaz, virando a chave na porta. — O que faz acordado a essa hora? Algum problema?

— Estou com insônia.

— Por quê? Em que anda pensando, hein?

Gílson derramou um gole da bebida pela garganta, estalou a língua e indagou sem rodeios:

— Você esteve com Beatriz a noite toda?

— Estive. Por quê?

— Por nada. Curiosidade. Boa noite.

— Boa noite, pai.

Apesar de a pergunta ter parecido a Vítor despropositada, ele não disse nada e foi dormir. O dia seguinte era sábado, e havia combinado de se encontrar com a namorada na praia. Acordou cedo para aproveitar as ondas antes de os banhistas começarem a aparecer. Quando achou que já havia surfado bastante, saiu da água e sentou-se na areia para esperar por Beatriz. Ficou assim distraído, olhando o mar, e percebeu que algumas pessoas chegaram e preparavam a barraca um pouco mais atrás do lugar onde ele estava, o que não seria nada excepcional se ele não ouvisse a voz de uma moça muito parecida com a de Beatriz.

Virou-se rapidamente, achando que ela havia ido em companhia dos pais, e levou um susto ao perceber que não se tratava de Beatriz, mas de uma moça extremamente semelhante a ela, só que com cabelos pretos, cortados à chanel, e o corpo um pouco mais magro. Estava acompanhada de um rapaz e de um senhor. O rapaz ajudava o outro a armar a barraca e abrir uma cadeira na sombra, e eles nem perceberam o olhar de assombro com que Vítor fixava a moça.

Em dado momento, ela tirou a canga e falou algo para o rapaz, que meneou a cabeça e lhe deu um beijo rápido. Ela então partiu sozinha para a água, atraindo ainda mais os olhares de Vítor, que não conseguia desgrudá-los dela. Olhava-a fixamente, fascinado com o que via. É claro que não era Beatriz, mas a semelhança era incrível. A diferença de cabelo e de corpo era mínima, se comparada com a fisionomia idêntica à de sua namorada. Beatriz tinha um rosto muito bonito e marcante, e aquela garota parecia igualzinha a ela.

Quando ela saiu da água, Vítor desviou os olhos. Afinal, ela estava em companhia do namorado, e não pegava bem ficar com os olhos pregados numa mulher acompanhada. Teve vontade de se aproximar e falar com ela, mas o que iria lhe dizer? Que ela era igualzinha à namorada dele? Aquilo soaria como uma cantada vulgar. Ela poderia se aborrecer, o namorado ficaria furioso e trataria de tomar satisfações com ele. Não queria ser mal interpretado nem gostaria que Beatriz confundisse as coisas e acreditasse que ele estava flertando com outra.

Mas tinha que lhe mostrar aquela moça. A todo momento, verificava o relógio à prova d'água, mas nada de Beatriz aparecer. Pouco depois, a moça e o namorado se levantaram, falaram alguma coisa com o senhor que estava com eles e saíram de mãos dadas, possivelmente, para uma caminhada.

Vítor fez um muxoxo, desanimado, e olhou em direção à rua, mas Beatriz não aparecia.

Ela só chegou cerca de quinze minutos depois e encontrou Vítor em estado de patente agonia.

— O que foi que houve? — perguntou ela, entregando a cadeira para ele abrir.

— Você nem vai acreditar no que vi, Bia. Uma garota igualzinha a você.

— Igualzinha a mim, é? Como é que você sabe? Ficou paquerando?

— É lógico que não. Eu ouvi a voz dela e pensei que fosse você. Quando me virei, dei de cara com ela. É incrível, Beatriz, ela é idêntica a você. Só o cabelo era diferente: mais preto e mais curto. E era um pouco mais magra também.

— Está me chamando de gorda?

— É claro que não! Você é perfeita. Só que ela tem o corpo bem magrinho.

— Sei. Mas você pôde reparar no corpinho da outra. Isso porque ficou olhando.

— Não é nada disso! É que a menina é idêntica a você.

— Mas não sou eu. E não me agrada que o meu namorado fique olhando para outras garotas.

— Eu não estava olhando, está bem? Ela só me chamou a atenção porque é muito parecida com você.

— Tem certeza?

— É claro que tenho — afirmou ele, dando-lhe um beijo prolongado. — Bobinha. Não vê que você é única na minha vida?

Beatriz se acalmou diante da sinceridade que fluía de Vítor. Estava sendo ciumenta e sabia disso. Era preciso controlar o ciúme ou acabaria perdendo o namorado. Não queria ser possessiva nem cobrar nada dele, mas a verdade é que era ciumenta, e o fato de outra moça haver-lhe chamado a atenção deixava-a desconfiada e insegura.

— Deixe isso para lá, Vítor. Vamos cuidar de nós.

— Mas eu queria que você a visse! Ela estava com o namorado e aquele coroa ali.

Vítor apontou na direção onde eles haviam armado a barraca, mas Beatriz não os viu.

— Só vejo o coroa.

— É que eles saíram faz pouco tempo. Vamos esperar que voltem. Aí você vai ver se tenho ou não razão.

Beatriz deu de ombros e se sentou com o rosto voltado para o sol, experimentando aquele calor gostoso antes de passar o protetor. O tempo foi passando, e nada de Suzane aparecer.

— Acho que ela não vem — falou Vítor frustrado. — Que pena.

— Quem? Você marcou com alguém?

— Não, Bia. É a garota que se parece com você.

— Ah! Esqueça isso. Não vale a pena.

— Não, você precisa ver. Ela é igualzinha a você.

— Será possível que agora vou ser ameaçada por um clone?

— Você está brincando, mas tem uma sósia. Espere até eles voltarem para ver.

Enquanto isso, Suzane caminhava pela beira da praia, de mãos dadas com Leandro.

Notara o rapaz que a olhara fixamente, mas não dissera nada ao namorado para não despertar o seu ciúme. Leandro, contudo, também havia percebido e comentou ao acaso:

— Vi aquele cara olhando para você lá atrás.

— Que cara?

— O surfista que estava sentado na areia. Não acredito que você não o tenha visto.

— Eu vi — concordou ela, certa de que não adiantava fingir.
— Mas você não ficou com ciúmes, ficou?

— Não. Fiquei.

— Ficou ou não ficou?

— Fiquei. Onde já se viu olhar para você daquele jeito bem na minha frente?

— Ele não sabia que você é meu namorado.
— Duvido que não nos tenha visto chegar juntos.
— E daí, Leandro? E se ele estava mesmo olhando para mim? Olhar não tira pedaço.
— Não gosto que paquerem a minha namorada na minha frente. É falta de respeito.
— Bobagem. Ele não fez nada. Ficou só olhando.

Ela o abraçou e o beijou, e ele a apertou contra si.

— Você não ficou olhando para ele, ficou?
— É claro que não! Você sabe que só tenho olhos para você.

No momento em que disse aquilo, a imagem de René surgiu em seus pensamentos, e ela sentiu um leve tremor na espinha e um aperto na consciência. Não era bem verdade o que dizia, porque René mexera com ela talvez mais do que Leandro mexia. O surfista que vira olhando-a era bonitinho, mas ela não trocaria Leandro por ele. Envaidecera-se ao notar que chamava a atenção de outros rapazes, mas não que estivesse interessada. Com René, contudo, era diferente. Ele tinha uma beleza selvagem que a deixava vidrada, e ela não tinha certeza se conseguiria evitá-lo por muito tempo.

Suzane e Leandro custaram tanto a voltar, que Valdo se cansou, juntou as suas coisas e foi embora.

— Acho que o pai da minha sósia cansou de esperar — observou Beatriz, apontando para Valdo com o queixo.
— Não sei se é pai dela.
— E isso tem alguma importância?
— Não.
— Vamos embora também. Já está ficando tarde, e temos uma festa para ir à noite.

De mãos dadas, os dois saíram da praia, e a lembrança de Suzane esvaneceu-se na mente de Vítor.

CAPÍTULO 17

Graziela acordou assustada, suando frio e sentindo o coração acelerar. Tivera um pesadelo horrível ligado ao seu passado, algo que ela não suportava mais ocultar. Havia muitos gritos em seu sonho e tiros, e sangue por todo lado. E muita confusão. No entanto, parecia que uma inexplicável certeza ficara de tudo aquilo, e uma voz conhecida ficou ressoando na sua cabeça, afirmando que ela estava próximo da verdade.

Aquele sonho era uma loucura, e acreditar nele, algo mais louco ainda. Contudo, seu sexto sentido teimava em martelar que ela seguia as pistas certas, e de repente, todos os desencontros que se haviam sucedido até então pareciam lhe mostrar que estavam a serviço de seu destino. Seria sorte demais. Ou azar.

— Não existe sorte nem azar — disse uma voz dentro dela. — O que existe é a vida trabalhando para o nosso melhor.

— Tenho cada pensamento doido — falou ela em voz alta, atribuindo a si mesma aquela voz interior.

— Não são pensamentos doidos. São verdades que envolvem ligações do passado. Nada na vida acontece por sorte ou acaso. Não há elos presos aleatoriamente na corrente. Cada um está unido àquele que tem que ser o seu próximo e sucede ao que, necessariamente, há de ser o seu antecessor. Nada está fora de lugar ou foi colocado ali por acaso ou coincidência.

Graziela não sabia de onde vinham aquelas palavras, mas julgava estar falando consigo mesma, fazendo ponderações sobre o que estava vivendo.

— Não entendo de onde vêm essas ideias. Tudo ficou tão distante no tempo e no espaço...

— Mas não ficou esquecido nem apagado. Os efeitos ainda sobrevivem.

— Não. Seria sorte demais...

— A sorte vem do merecimento, mas com ausência dessa compreensão. É um acontecimento inexplicável que, aparentemente, é obra do acaso, mas que, na realidade, é fruto de toda uma movimentação espiritual. E por isso surpreende. Porque o fato não é esperado, embora desejado e merecido.

— Mas é impossível...

— Para os vivos, só é impossível o que se extinguiu nessa vida. Se há vida, e essa vida habita este mundo, há possibilidades. E se quem procura acredita e merece, encontra o que está buscando.

— Será que eu mereço?

— Isso, só você é quem poderá dizer.

Desfez-se a conexão com o mensageiro daquelas palavras sábias, e Graziela pensou em Aécio. Desde que passara por aquela provação, deixara de acreditar em Deus, anjos e espíritos. Ou pelo menos assim pensava. Só que agora, ouvindo em seu coração aqueles pensamentos que pareciam não lhe pertencer, não tinha mais certeza. Sua mente racional teimava em não acreditar, contudo, lá no mais íntimo de sua alma, sabia que aqueles pensamentos não eram seus, mas de Aécio.

E se fosse o seu desejo irrefreável, desesperado e insano que a estivesse fazendo pensar daquele jeito? De tanto desejar e sonhar, a esperança fora brotando dentro dela, fazendo-a acreditar em coisas que seriam impossíveis. Sim, porque era impossível. Por mais que aquele mensageiro invisível lhe dissesse que não, ainda tinha dúvidas. E se não fosse Aécio? Bem podia não ser Aécio. Era mais provável que não fosse. Mais provável que fosse mesmo a sua vontade desesperada que a estivesse fazendo imaginar e criar todas aquelas coisas, aquelas situações espantosas e coincidências mirabolantes.

Na luta entre a mente racional e a voz do coração, Graziela não sabia a quem dar ouvidos. Parecia que um anjo e um diabinho a estavam tentando ao mesmo tempo, como acontecia nos desenhos animados que vira na televisão. Só o que ela não sabia era que o anjo era Aécio, e não havia demônios exortando-a ao mal, apenas a sua própria mente, que procurava justificativas racionais para as inexplicáveis intervenções do invisível.

Com os pensamentos assim embaralhados, resolveu sair. Não aguentava mais ficar remoendo aquele problema, lutando sozinha para vencer as adversidades do mundo. Aécio, em vida, não conseguira ajudá-la, e talvez até estivesse tentando auxiliá-la depois de sua morte, mas isso era algo de que ela não podia se certificar.

Havia muito tempo, guardava um segredo terrível que agora se tornava pesado demais para carregar sozinha. Precisava dividi-lo com alguém. Uma pessoa amiga talvez estivesse em condições de ajudar. Ainda mais se fosse alguém influente e com muitos conhecimentos. A pessoa mais indicada lhe pareceu Amélia. O marido era um funcionário de prestígio e conhecia todo mundo ligado ao poder. Sim, Amélia era, decididamente, a opção mais acertada.

Graziela ligou para ela na esperança de poderem se encontrar mais tarde. Não foi, contudo, bem-sucedida, porque Laerte havia chegado de Brasília e Amélia não poderia se ausentar. Falar com os dois juntos parecia uma boa ideia, mas Amélia queria desfrutar momentos a sós com o marido, e Graziela não se sentiu à vontade para se oferecer a ir a sua casa ou marcar um encontro com os dois. O jeito era esperar.

Assim que desligou, o telefone começou a tocar, e ela ouviu a voz de Carminha do outro lado da linha:

— Como vai, Graziela? Tudo bem?
— Muito bem. E você?
— Bem, também. Estive pensando se você não gostaria de jantar comigo hoje. Renato vai chegar tarde, e pensei que talvez pudéssemos jantar e ir ao cinema depois. O que você acha?

Como não tinha mesmo nenhum programa, Graziela resolveu aceitar. Carminha era uma pessoa agradável, e talvez ela precisasse de uma boa distração. Às oito horas, encontraram-se no restaurante e pediram alguns drinques para esperar a comida. Enquanto bebiam, iam conversando:

— Você já se familiarizou bem com o Rio? — começou Carminha.

— Creio que sim. A violência ainda me assusta um pouco, mas estou me acostumando. Há lugares piores, com certeza.

— Deve ser difícil ficar viúva tão jovem, não é? Eu nem sei o que faria sem Renato, ainda mais com dois filhos. Você, pelo menos, não tem filhos para criar.

Uma sombra de tristeza anuviou a mente de Graziela, que sentiu a garganta apertar, e lágrimas lhe vieram aos olhos.

— Sinto muito — desculpou-se Carminha, notando que havia falado o que não devia.

Graziela olhou-a com um estranho brilho no olhar. Precisava muito se abrir com alguém, pedir ajuda para si mesma e para levar adiante o seu plano. Subitamente, Carminha lhe pareceu uma ótima escolha para desabafar. Talvez não tivesse a influência política do marido de Amélia, mas tinha bom coração e serviria, ao menos, para ouvi-la e aconselhá-la.

— Sabe, Carminha, cometi erros no passado que gostaria de esquecer, mas não posso.

— Todos nós temos as nossas faltas. É próprio do ser humano.

— Antes de conhecer Aécio, eu era outra pessoa. Foi ele quem me modificou.

— Quem é que não muda na vida, não é mesmo?

— Não falo em mudanças subjetivas nem de caráter ou temperamento. Refiro-me à mudança real.

— Como assim?

— Para começar, eu era pobre e me casei com um homem extremamente rico.

— Isso não é pecado.

— Não, não é. Mas a forma como tudo aconteceu... isso sim, foi um pecado muito grande, e é por causa dele que não encontro a paz.

Nesse ponto, Carminha se interessou sobremaneira e exortou:

— O que aconteceu? Por que não me conta?

— Foi há muito tempo... vinte anos, exatamente... — Graziela fez uma pausa, respirou fundo e prosseguiu: — Eu me chamava Severina Dias dos Santos, uma menina pobre e ignorante, perdida lá pelos sertões de Mato Grosso, numa cidadezinha minúscula chamada Barra do Bugres. Ainda não conhecia Aécio, mas era casada...

— Casada?

— Meu casamento não durou nem um ano. Logo engravidei, e essa foi a minha desgraça. Nós éramos muito pobres e mal tínhamos o que comer. Eu, de tão magra, mal conseguia sustentar a mim e a barriga, e Roberval se matava na roça para nos garantir algum dinheiro. Até que um dia, apareceu uma mulher, de nome Leocádia, vinda da cidade grande. Procurou hospedagem, alugou uma casinha e começou a vasculhar a cidade, até que deu de cara comigo. Rapidamente, se aproximou e se fez passar por minha amiga, dando-me conselhos e fazendo-me pequenos agrados. A vida era difícil, e ela veio com uma solução que parecia milagrosa. E se eu entregasse o meu bebê para adoção? Eu ganharia muito dinheiro, a criança seria bem-cuidada e teria um futuro melhor nas mãos de gente rica da cidade grande. A princípio, recusei, indignada com aquela proposta infame. Mas depois...

— Depois...

— A miséria me fez mudar de ideia. Procurei Dona Leocádia e disse que concordava em dar o bebê em troca de dinheiro. Nós precisávamos comer, e a quantia que ela me oferecia me pareceu muito alta. Eu era jovem e acreditava que poderia ter outros filhos. Tudo começou a melhorar desde então. Ela sempre aparecia com doces e punha comida dentro de casa. Roberval desconfiou, mas também era ignorante e ingênuo, e acreditou no que eu disse.

— Você não contou a seu marido o que pretendia fazer? — indagou Carminha, lutando para conter o pavor e a incredulidade diante do que ouvia.

— Não. Se contasse, ele não concordaria. Roberval era muito religioso e honesto. Jamais aceitaria uma proposta daquelas. De toda sorte, aceitei. Dona Leocádia era parteira e me fez um exame superficial. Veio a notícia: eu ia ter gêmeos. Pensei que a sorte não estava assim tão ruim. Eu podia vender um dos bebês, e ainda ficaria com o outro, mas Dona Leocádia me convenceu a vender os dois. Eu ganharia muito mais dinheiro e não teria preocupações por um bom tempo. Ambiciosa, concordei.

— Mas, quando os bebês nascessem, seu marido ia descobrir tudo — continuou Carminha, coberta de horror. — Você não pensou nisso?

— Pensei que a visão da dinheirama que ela me prometeu talvez o fizesse mudar de ideia.

— E fez? — indagou ela maquinalmente, movida por uma curiosidade mórbida e incontrolável.

— Não. Tudo corria bem, apesar das desconfianças de Roberval. Até que os bebês nasceram. Depois de longa agonia, Dona Leocádia conseguiu tirá-los com vida. Eu havia perdido muito sangue, estava fraca demais para me levantar e ir olhar as crianças. Eu nem queria vê-las, sentindo uma culpa cortante por vender meus bebês. Mas ficava me confortando, dizendo a mim mesma que eles teriam uma vida melhor e que Roberval e eu, com uma vida mais folgada, poderíamos ter outros filhos no futuro.

— Mas não foi isso que aconteceu.
— Não. Roberval irrompeu no quarto de repente. Nós não estávamos em nossa casa, mas na casa que Dona Leocádia havia alugado e que servia de consultório. Meu marido entrou nervoso, queria saber o que estava acontecendo. Foi para o berço e viu as crianças. Eram duas meninas lindas, iguaizinhas. Mas eu estava perdendo muito sangue, e Roberval ficou preocupado, sem entender por que Dona Leocádia não me socorria. Foi quando entrou o casal... — ela parou de falar e engoliu um soluço, enxugando os olhos cheios de lágrimas.

Nesse ponto, já bastante interessada na história, Carminha estimulou:

— Continue, Graziela, por favor.
— Você deve estar me julgando uma criminosa por ter feito o que fiz, não é?
— Quem sou eu para julgar alguém?
— Você é muito compreensiva, Carminha, mas eu fui uma criminosa infame. Vendi minhas filhas a um casal elegante de canalhas.
— Por favor, Graziela, conte o que aconteceu depois — pediu ela, agora mal conseguindo conter a excitação e o pânico.

Tomando fôlego, Graziela prosseguiu:

— Como eu disse, entrou aquele casal elegante e apanhou as meninas. Seguiu-se uma confusão e uma gritaria, com Roberval tentando arrancar as meninas deles. Foi naquele momento que compreendi que todo aquele dinheiro não valia nada sem as minhas filhas. Disse a Dona Leocádia que me havia arrependido e que o trato estava desfeito, mas ela não me deu ouvidos. Falou-me que era impossível desistir. Roberval ficou feito louco. Queria, a todo custo, tirar as crianças dos braços daquela gente. Mas não conseguiu. O homem e a mulher resistiam, e Roberval acabou dizendo que ia chamar a polícia. Foi quando o homem sacou aquela arma e atirou...

Graziela escondeu o rosto nas mãos e soluçou, e Carminha, entre perplexa e apavorada, perguntou com voz trêmula:

— Ele atirou em seu marido?

— Sim. Deu-lhe dois tiros pelas costas, e Roberval tombou no chão, morto. O que aconteceu depois, eu não consegui compreender muito bem. Estava muito fraca, quase desfalecida no lençol empapado de sangue. O homem ainda virou a arma para mim, mas parece que Dona Leocádia foi quem o impediu de atirar. Eu estava mesmo para morrer...

— Mas você não morreu.

— Não, claro. Lembro-me de ter desmaiado e só acordei muito tempo depois, no pequeno hospital da cidade.

— O que aconteceu? Quem salvou você?

— Um menino. Voltava correndo da caça aos tatus, surpreendido pela tempestade, quando ouviu os tiros. Ao se aproximar, viu a porta da casa se abrir e se escondeu no mato. Mais tarde, contou que os três entraram num carro carregando duas trouxinhas e sumiram pela estrada enlameada. Ele entrou correndo e ficou chocado com aquela sangueira, mas conseguiu se controlar e chamar a polícia, que me levou para o hospital ainda com vida. Passei seis dias entre a vida e a morte, e só quando recuperei a consciência foi que pude contar à polícia que as meninas tinham sido roubadas, mas então, já era tarde demais. Elas haviam sumido. Como não fiquei com o dinheiro, e Roberval morreu tentando salvá-las, omiti o fato de que as havia vendido. A polícia local alertou as autoridades da capital e das redondezas, mas ninguém conseguiu localizar as crianças. Seis dias era tempo mais do que suficiente para se sumir com dois bebês, e fui informada de que havia quadrilhas muito bem organizadas que sequestravam crianças para depois vendê-las. Quando, finalmente, a polícia arquivou o caso, resolvi que não podia mais viver ali. Arrumei uma pequena trouxa e fui embora. Vaguei muito pelo mundo afora, fazendo biscates aqui e ali. Até me deitei com alguns homens por dinheiro — falou em tom mais baixo e envergonhado. — Eu precisava sobreviver.

— Não precisa se envergonhar, Graziela — comentou Carminha, esforçando-se ao máximo para parecer natural e não revelar o que realmente sentia. — Qualquer uma teria feito isso.

— Não sei. Mas eu fiz. Não queria morrer. Ainda tinha esperanças de encontrar minhas meninas. Cheguei ao Recife, onde Aécio morava, e consegui me empregar em sua casa. Ele era uma pessoa muito boa, e quando ficou doente, fui eu quem cuidou dele. Depois nos casamos, ele me arranjou um novo nome e fez de tudo para encontrar minhas filhas, mas foi inútil. Não havia pistas, ninguém sabia de nada nem vira nada. Quando, finalmente, me convenci de que não mais as acharia, parti para a Europa com ele e lá fiquei, até a sua morte.

— Essa é uma história tocante, Graziela. Estou deveras chocada e comovida.

— Eu não pensava muito em reencontrar minhas meninas, até que Aécio morreu, e a inquietação foi tomando conta de mim, como se uma voz ficasse me dizendo que eu tinha que voltar. Eu ia para São Paulo, mas deu tudo errado, e vim parar aqui no Rio.

— E você pretende encontrar suas filhas aqui? — horrorizou-se.

— Algo me diz que este é o lugar.

— Mas talvez elas nem estejam mais no Brasil.

— Estão.

— Como é que você sabe?

— Eu sinto. Algo me diz que elas estão por perto e que eu ainda tenho chance de encontrá-las.

— Isso é loucura! E depois, ainda que fosse possível, você acha que seria mesmo conveniente reencontrá-las agora? Que idade elas teriam hoje?

— Vinte anos.

— Vinte anos! Pense bem. Já estão com a vida formada, provavelmente felizes com seus pais adotivos, sem nem imaginar que são adotadas. Que bem você lhes fará se lhes contar a verdade?

— Sou a mãe delas.

— Mas você as vendeu. Será que elas não vão acusá-la por isso? Não vão se revoltar e se voltar contra você?

Diante das palavras duras, porém verdadeiras, de Carminha, Graziela começou a chorar. Não havia pensado naquela possibilidade. Sempre se imaginava abraçando suas filhas e levando-as para viver com ela, envoltas numa aura de felicidade. Nunca lhe passara pela cabeça que elas podiam estar felizes com outras famílias e até preferissem não saber que tinham uma verdadeira mãe.

— Tenho que tentar — desabafou entre soluços. — Eu me arrependi. Nunca as tive em meus braços, mas sempre as amei.

— Acha que elas vão acreditar nisso?

— Têm que acreditar, porque é a verdade.

— Elas vão lhe dizer que você não tem esse direito. Que direito tem uma mãe que vende suas filhas de dizer que as ama?

O choro convulsivo de Graziela trouxe Carminha de volta à razão. Ela estava sendo implacável, porque aquela história combinava muito bem com a sua própria. A presença da outra a ameaçou, e ela sentiu vontade de fugir correndo dali ou de ter o poder de fazer Graziela desaparecer no ar. Será que ela era quem pensava que fosse?

Tinha que disfarçar. Era imperioso que Graziela não percebesse o mar de dúvidas que sufocava o seu coração.

— Desculpe-me, Graziela. Não quis acusar você nem magoá-la. Você tem todo o direito de procurar suas filhas.

— Estou tão cansada, Carminha! Nem sei por onde começar. Aécio passou anos tentando localizá-las e não conseguiu. Mas agora... não sei. Algo me diz que estou perto de encontrá-las.

Carminha gelou, mas conseguiu se conter e replicou:

— Como pode ter essa certeza? Tudo aconteceu há tanto tempo!

— Algo dentro de mim me diz que vou conseguir. Eu sinto isso. É uma sensação tão forte que penso que vou ver minhas filhas a qualquer momento. As duas. Juntas.

— Mas você nem as conhece! Nem sabe como elas são.
— Eu preciso tentar. Ah! Carminha, me ajude!
— Eu!? O que posso fazer?
— Não sei... Perdoe-me. Estou tão desesperada que procuro esperança em todos.

Carminha não disse nada. Se tivesse certeza de que Beatriz não era uma daquelas meninas, não hesitaria em auxiliar. Todavia, seu coração a alertava de uma ameaça, e havia uma grande chance de Beatriz estar envolvida, o que inviabilizaria qualquer tipo de auxílio.

Com aqueles pensamentos, Carminha olhou para Graziela e sorriu. Um sorriso frio e assombrado que a outra, imersa em sua própria dor, não percebeu. Graziela apertou a mão de Carminha e devolveu o sorriso com outro, banhado em lágrimas onde se via luzir um raiozinho tímido de esperança. Não sabia que o coração de Carminha se tornara turvo e refratário ao sol da sua esperança.

CAPÍTULO 18

Carminha entrou em casa em total descontrole. A história de Graziela trouxera de volta à sua mente um passado que não gostava de recordar. Uma dúvida atroz a consumia, e ela ficava dizendo a si mesma que era impossível. A história de Graziela podia ser parecida com aquela à qual estava ligada, mas não era a sua. Não podia ser.

Encontrou Renato recostado na cama, uma papelada do escritório espalhada sobre o lençol. Ele levantou os óculos de leitura quando ela entrou e abriu um sorriso, desmanchando-o em seguida, ao notar o ar de preocupação e dúvida que emoldurava as feições da mulher.

— Aconteceu alguma coisa? — indagou ele preocupado.

Ela ficou olhando para ele com ar de mistério, até que se aproximou e perguntou sem rodeios:

— Quando você foi buscar Beatriz lá naquela roça...

Ao ouvir aquelas primeiras palavras, Renato deu um salto da cama, fazendo sinal para que ela se calasse, e correu para a porta do quarto, trancando-a, não sem antes se certificar de que ninguém estava por perto.

— Ficou louca, Carminha? — censurou ele num sussurro. — Quer que as crianças escutem?

— Preciso esclarecer certas coisas — rebateu ela, no mesmo tom de murmúrio. — Tive uma conversa hoje com Graziela que me deixou estarrecida.

— Que conversa?

— Você sabia que ela teve duas filhas gêmeas, que foram tiradas dela no dia em que nasceram?

Renato gelou. Nunca antes havia conversado com Carminha sobre os detalhes da adoção de Beatriz. Dissera-lhe apenas que recebera um telefonema e partira para buscar a criança no interior de Mato Grosso.

— O que temos com isso, Carminha?

— Espero que nada. Mas eu preciso me certificar. Quando você foi buscar Beatriz, chegou a ver os pais dela?

O passado deslizou pela mente de Renato com a rapidez de um tufão, e ele apertou os lábios com força, como se quisesse espantar para longe aquelas lembranças indesejáveis.

— Você sabe que não fui eu quem a buscou.

— Mas você foi lá...

— Fui até Cuiabá e fiquei esperando no hotel. Levaram-me a menina lá.

— Quem levou?

— As pessoas que contatamos... as que — ele abaixou a voz e ciciou de forma quase inaudível: — nos venderam a criança.

— Havia uma menina só?

— É claro que havia só uma. Que ideia!

— Qual era o nome da cidade onde foram buscar a criança?

— E eu é que sei? Por que ia me preocupar com essas coisas? Nós pagamos por um bebê, e eu fui buscá-lo.

— Você passou quase uma semana fora. Lembro-me que quase morri de tanta aflição.

— Isso foi porque eu tive que esperar o bebê nascer. Acho que você se esqueceu de como foi o nosso trato com aquela gente. O combinado era que eles nos ligariam quando o parto estivesse próximo, para que eu aguardasse o nascimento e levasse a criança logo no seu primeiro dia de vida. Foi o que fiz.

— Aquela gente pode ter roubado uma criança — arrematou ela com rispidez.

— Olhe, Carminha, o que nós fizemos pode não ter sido lá muito honesto, mas foi o único jeito na época. Você estava desesperada, já tinha feito três abortos. Entrar na fila de adoção ia demorar muito, e eu estava preocupado com a sua depressão. Conversamos, e você aceitou. Não fizemos mal a ninguém.

— Nós compramos um bebê. Aliás, dois.

— Nícolas não foi comprado. Depois que Beatriz cresceu, ambos concordamos que podíamos entrar na fila e esperar. A adoção dele foi perfeitamente legal.

— Não foi tão legal assim, Renato. Sei que você mexeu os pauzinhos para passar na frente das outras pessoas.

As mandíbulas de Renato se contraíram, revelando o desagrado que aquela conversa lhe causava. Na primeira vez que tentaram a adoção, havia gente graúda na fila de espera, e ele não conseguiu passar na frente de ninguém. Mas, por sorte, quando chegou a vez de Nícolas, os pretendentes à adoção eram pessoas comuns, e não foi difícil subornar um ou outro funcionário para que sua ficha fosse privilegiada em relação às demais. Aquilo tudo, porém, era passado, e ele não queria mais reviver o que estava sepultado.

— Ouça, Carminha, vamos esquecer tudo isso. É passado. Nossos filhos são adotados, tivemos que pagar por eles, mas e daí? A quem foi que prejudicamos?

— Não sei. E se a mãe de Beatriz não quis realmente vendê-la?

— Isso não é problema nosso. Fizemos a nossa parte. Se a mãe se arrependeu, não temos nada com isso. Ela quis vender a menina, nós pagamos e ficamos com ela. Pode não ter sido legal, mas fomos honestos. Não sequestramos nenhuma criança. Pagamos a uma mãe e um pai, provavelmente desesperados ou irresponsáveis, para ficar com o seu bebê. Eles ficaram felizes com o dinheiro, e nós, satisfeitos com a criança. Chega. É só isso. Não temos que ficar especulando.

— Mas Graziela...

— Graziela é outra história. Nós nem a conhecemos direito.

— E se Beatriz for filha dela?

— Isso é impossível. Não acha que seria coincidência demais? Essas coisas só acontecem em filmes.

— Acontecem na vida real. O mundo é muito estranho, Renato. Deus faz coisas que nos fogem à razão.

— Acho que Deus não está envolvido nessa história. Por coincidência, Graziela vendeu as filhas. E daí? Não foi para nós. Só temos uma menina.

— Porque só pedimos uma. Eles podem ter vendido a irmã para um outro casal.

— Você está se deixando impressionar pela história mirabolante de Graziela. Afinal, o que foi que ela lhe contou?

Carminha tentou se lembrar de cada palavra que Graziela lhe disse, contando tudo a Renato em minúcias. Ele ouviu atentamente, franzindo o cenho a algumas passagens, como se aquelas palavras estivessem revelando imagens que ele mesmo vivera.

— A história é impressionante — comentou ele ao final —, mas não tem nada a ver conosco. Há alguns pontos em comum, mas isso não é o suficiente para concluirmos que Beatriz é filha de Graziela. Seria muita coincidência, e essa probabilidade é praticamente impossível.

— Praticamente não é certamente. Há uma possibilidade. Pode ser remota, mas há.

— Que eu saiba, ninguém morreu na adoção de Beatriz.

— Que eu saiba, você não estava lá. Você mesmo disse que esperou no hotel.

— Carminha, você está imaginando coisas. Volto a dizer que isso é impossível...

— Você tem que descobrir o nome da cidade em Mato Grosso. Não era Barra do Bugres?

Ele gelou novamente, mas conseguiu disfarçar.

— Já disse que não me contaram nada. Não participei da retirada da criança. Ninguém me informou de que cidade ela vinha.

— Era Barra do Bugres. Graziela falou que veio de lá.

— Graziela veio dessa cidadezinha, o que não significa que Beatriz tenha nascido lá.

— Mas é Mato Grosso! É muita coincidência!

— Você está chegando onde estou tentando chegar há muito tempo, mas não quer compreender. Tudo não passa de coincidência.

— Você não acha que há coincidências demais nessa história?

— Eu não quero achar nada. Quero encerrar essa conversa e prosseguir com a nossa vida, com nossos filhos. Eles são nossos.

— Por onde será que andam as pessoas que nos facilitaram a adoção de Beatriz? Eles devem saber.

— Pare com isso, Carminha! Está começando a ficar paranoica. Se começar a investigar essas coisas, nossos filhos vão descobrir.

— Talvez devêssemos ter lhes contado tudo desde o início.

— Mas não contamos. E agora é tarde demais. Eles não vão compreender.

— Eles vão. Conheço o temperamento deles.

— A reação deles pode ser dramática. E será que você está preparada para conviver com sua rejeição?

— Eles não vão me rejeitar.

— Você não pode saber uma coisa dessas. E se nos rejeitarem? Como vamos viver sem os nossos filhos?

— Você não entende, Renato. Eu preciso descobrir. Preciso ter certeza de que minha felicidade de mãe não está ameaçada.

— Você é quem está atraindo a ameaça para nossas vidas.

— Mas Graziela...

— Não temos que nos preocupar com isso. Graziela é adulta e pode muito bem resolver os seus problemas sozinha. Aliás, acho que você não deveria mais se envolver com ela. Não lhe fará bem, como já não está fazendo.

Apesar dos protestos de Carminha, Renato foi inflexível. Não queria mais Graziela em sua casa, e se a mulher insistisse, os dois acabariam brigando seriamente. A revelação de Graziela deixara-a muito perturbada, e ela precisava relaxar e se desligar de tudo aquilo. Por isso, Renato foi apanhar um comprimido e fez com que Carminha o engolisse. O remédio custou a fazer efeito, mas finalmente, depois de quase duas horas de discussão, o sono a dominou, e ela adormeceu com os pensamentos em tumulto.

Já passava das duas horas, e Renato foi para a sala beber um copo de uísque. Estava precisando de um trago bem forte. Sorveu a bebida a goles largos e apanhou o telefone. Ficou olhando para ele, pensando se deveria ou não ligar, até que recolocou o fone na base, desistindo daquela ideia. Não podia falar dali. Na manhã seguinte, ligaria do trabalho e marcaria um encontro com Gílson.

Desde que segurara Beatriz em seus braços, Renato tinha certeza de que ela seria para sempre a sua filhinha. A existência da outra criança não o fez mudar de ideia, e embora ele aventasse a possibilidade de ficar com as duas, Gílson lembrou-o de que o trato envolvia apenas uma criança, e que a outra já estava prometida a outro casal.

— Não quero duas crianças iguais circulando por aí — reclamara Renato, na época. — Imagine como vai ficar a minha filha ao se deparar com uma cópia sua no meio da rua.

— Isso não vai acontecer — garantira Gílson. — Vendi a outra para um casal na Alemanha que não tem a menor intenção de viajar para o Brasil.

Foi assim que ele ficou só com Beatriz. Houvera complicações com os pais da menina, mas Renato procurava não pensar no assunto e dizia a si mesmo que fizera um bem ao casal que só tinha de si a pobreza e a miséria, livrando-o de um fardo muito além do que sua capacidade poderia suportar. Depois viera Nícolas, e ele julgou completa a sua felicidade, com uma mulher a quem amava e dois filhos maravilhosos para preencher a sua vida. Será que toda essa felicidade estaria em risco agora?

    Muito cedo na manhã seguinte, Renato saiu. Queria evitar encontrar-se com Carminha e não esperou que ela acordasse. No escritório ainda vazio, apanhou o telefone de sua linha particular e ligou:

    — Alô? Gílson? É o Renato. Precisamos conversar.

    O assunto exigia urgência, e Gílson não questionou. Marcaram para se encontrar no restaurante de um hotel mais afastado, que ficava aberto ao público para o café da manhã. Chegaram quase ao mesmo tempo e apertaram-se as mãos formalmente, sentando-se de frente um para o outro.

    — Muito bem — começou Gílson pausadamente. — O que foi que houve dessa vez?

    — Quero saber que providências você está tomando com relação àquele assunto.

    — Já disse que não vou fazer nada. E você não devia se preocupar.

    — Não me preocuparia se a mãe de Beatriz não estivesse rondando por aí.

    — Que mãe de Beatriz?

    — Ora, que mãe! Só pode ser a mãe verdadeira.

    — Isso é impossível!

    — Também pensei que fosse. Mas as evidências indicam o contrário.

    — Que evidências? Do que está falando? Esqueceu-se de que a mulher morreu?

Com um gesto brusco, Renato o interrompeu:

    — Por acaso você viu o cadáver dela? Viu? Nem eu. Pois ela pode ter sobrevivido.

— Você deve saber disso melhor do que eu. E não entendo por que essa preocupação agora. Enterramos tudo isso no passado.

— Parece que o passado não ficou tão bem enterrado assim. Os mortos levantaram da tumba para me ameaçar.

Gílson queria afugentar aquele momento como se desperta de um sonho ruim. Mas Renato era um pesadelo vivo e concreto, e suas palavras representavam um perigo bastante real.

— Você deve estar ficando louco. A mãe verdadeira de Beatriz não poderia aparecer.

— Não tenho certeza de que é ela, mas a mulher contou uma história a Carminha que bate com a nossa.

— Quem é ela?

— Uma mulher chamada Graziela Martins. Já ouviu falar?

— Não.

— Era mulher de um cônsul. O velho morreu, e ela voltou ao Brasil.

Mantendo o nervosismo sob controle, Renato contou a Gílson a história fantástica que Graziela havia narrado a Carminha.

— Não pode ser... — balbuciou Gílson, estupefato. — Seria uma coincidência por demais extraordinária para existir no mundo real.

— Mas a história confere. Até o nome da mulher: Leocádia. Não era assim que se chamava a intermediária? — Gílson assentiu. — E o casal? Quais eram os nomes do casal?

— Não sei... — sussurrou Gílson. — Não me lembro.

— Não eram Roberval e Severina?

— Pode ser que sim...

— E a cidade? Era Barra do Bugres, disso tenho certeza. A mesma de onde Graziela diz ter vindo.

Gílson cerrou os olhos por uns instantes, tentando evitar que o passado ressurgisse em sua mente. Não tinha como contestar. Tudo na história conferia. O lugar, a época, as pessoas. O mesmo episódio funesto que levara embora sua mulher e que ele lutava para esquecer. E os nomes da cidade e das pessoas? Só aqueles nomes já eram suficientes para comprovar, de forma inequívoca, toda a história de Graziela.

— Como isso é possível? — lamentou-se Gílson. — Depois de tantos anos, quando julgávamos todos mortos!

— Não sei como é possível, mas aconteceu. E agora, precisamos fazer alguma coisa.

Gílson pensou por alguns instantes, até que perguntou:

— Você sabe onde essa mulher mora?

— Eu não, mas Carminha sabe. Posso tentar descobrir.

— Faça isso. Vou tentar me aproximar dela para ver se descubro algo.

— Era só o que me faltava! — irritou-se Renato, dando um soco na mesa e atraindo a atenção de algumas pessoas. — Ter que viver com uma espada sobre a cabeça. Não demora muito, e ela cai. Ainda bem que, pelo menos, a outra guria está longe.

Nesse momento, Gílson sentiu a cabeça rodar, e a vista falhou por um momento. Não podia ser! Não era possível. Uma coincidência fantástica como aquela já era demais. Duas, era inimaginável. Mas o que estava pensando? Se uma coincidência, aparentemente impossível, acabara de acontecer, por que não duas?

Lembrou-se da moça que vira no shopping, no outro dia, igualzinha a Beatriz. Podia ser parecida com qualquer outra moça, mas tinha que ser justo com Beatriz? Será que a gêmea, por uma ironia cruel e punitiva do destino, também fora bater à sua porta juntamente com a mãe? Parecia impossível, mas Gílson já não sabia ao certo o que seria possível ou não.

Era prematuro falar sobre a outra moça com Renato. Podia até ser mera coincidência, uma moça de feições semelhantes, que nada tinha a ver com Beatriz. Uma simples sósia. Não era tão incomum.

— Em que está pensando? — a voz de Renato penetrou seus pensamentos.

— Em tudo isso. Estou abismado com essa coincidência, mas ela existe.

— Precisamos de uma estratégia. Não podemos ficar desprotegidos nessa situação.

— Tem algo em mente?

— Você é quem tem que fazer alguma coisa. A responsabilidade é sua.

— É sua também. Você comprou as meninas, e não fui eu que dei aqueles tiros...

— Proíbo-o de falar sobre isso! — esbravejou Renato, completamente fora de si. — O nosso acordou foi o do silêncio.

Gílson não disse mais nada. Não havia mais o que dizer. Despediu-se de Renato e voltou para o jornal, pensando naquela fantástica sucessão de fatos. Lembrou-se de quando conhecera Renato e de como tudo havia começado, muito antes disso. Lorena e ele já estavam casados, e Vítor ainda não havia nascido. A vida era penosa, e o jornal que seu pai levara tantos anos para construir atravessava um período difícil naqueles tempos de inflação dos idos de 1970.

Na época, tinham uma empregada que viera do Norte e se envolvera com um marginal. A moça engravidara, e o rapaz sumira. Ela pensara em aborto, e eles concordaram em ajudar. Até que Lorena, numa conversa com um conhecido, ouvira-o dizer que a mulher havia perdido o bebê e não poderia mais ter outros filhos. O desespero dela era tão pungente que ele daria qualquer coisa para colocar uma outra criança em seus braços.

Foi aí que a ideia surgiu:

— Qualquer coisa? — indagara ela.

— Qualquer coisa — respondera o sujeito.

Lorena foi para casa pensando no assunto. Contou a Gílson sobre seus planos, mas ele foi radicalmente contra. Não queria se envolver em negócios escusos, muito menos criminosos. Mas Lorena tanto fez e tanto insistiu, que ele, embora a contragosto, acabou cedendo. Chamaram a empregada e lhe participaram seus planos:

— E se, ao invés de fazer o aborto, você tivesse a criança e a vendesse?

A moça, a princípio, relutou, mas acabou gostando da ideia. Gílson custeou todo o pré-natal e, quando o menino nasceu, recebeu vinte mil dólares do rapaz e deu à empregada uma boa quantia para que sumisse no mundo e tentasse refazer a vida. Daí em diante, tudo ficou mais fácil. O rapaz e a esposa ficaram satisfeitos com a criança e comentaram o assunto com um outro casal amigo, que também queria adotar um bebê. Gílson não tinha mais empregadas grávidas de que pudesse dispor, mas concordou em ajudar. Precisava do dinheiro para tentar levantar seu jornal.

Coube a Lorena a tarefa de encontrar os bebês, que precisavam ser recém-nascidos. Começou a procurá-los nos bairros mais humildes, onde as necessidades de sobrevivência eram mais fortes e um punhado de dinheiro seduzia muita gente. Não foi difícil. Logo surgiu uma jovem de seus dezesseis anos encrencada com a gravidez. Os pais queriam o aborto, mas Lorena os convenceu a aceitar o dinheiro. Depois surgiram outras jovens, e até algumas que se ofereciam para engravidar em troca de uns trocados.

O negócio começou a crescer e a ficar perigoso. Embora nenhuma das meninas se houvesse arrependido, Lorena passou a temer a polícia. Ninguém sabia onde ela morava, mas não seria difícil descobrir. Sempre buscava as crianças nos bairros pobres e nas favelas, e já estava começando a ficar conhecida. Numa conversa com Gílson, resolveram que seria melhor pegar os bebês em outros estados, em cidadezinhas do interior onde não houvesse fiscalização nem policiamento.

Arranjaram uma mulher para trabalhar para eles, uma senhora de nome Leocádia, que se dizia parteira, mas que, na verdade, manipulava ervas abortivas e as fornecia a mocinhas desesperadas. Quando jovem, auxiliava em alguns partos, tarefa que se tornou escassa com o desenvolvimento da sociedade e a preferência pelos hospitais. Como Leocádia precisava de dinheiro, assumiu a tarefa de encontrar as moças em cidades e vilas paupérrimas, convencer as famílias e cuidar das despesas e da saúde da gestante e do bebê.

Por acaso, Leocádia conhecia um perito em falsificações, chamado Geraldo, um velho aposentado da Casa da Moeda que lhes fornecia documentos falsos, inclusive carteiras de identidade, habilitações, certidões de nascimento e até passaportes.

Com a quadrilha formada por quatro pessoas, as buscas se estenderam por outros estados. Lorena tinha medo de envolver muita gente e achava que quatro eram mais do que suficientes. Ela e Gílson poderiam organizar tudo do Rio, Leocádia partiria para a ação e Geraldo lhes garantiria os documentos necessários. O dinheiro começou a brotar para Gílson e Lorena. Os gastos eram poucos, e o lucro, enorme. Vítor nasceu, e os negócios continuaram.

O combinado era que os bebês seriam entregues logo no seu primeiro dia de vida, a fim de evitarem o risco de serem surpreendidos com uma criança e presos. Com isso, evitavam também que a mãe se afeiçoasse à criança e desistisse de vendê-la, fazendo-os perder o dinheiro empregado com a saúde dos dois. Assim, os futuros pais adotivos eram contatados tão logo se aproximasse o fim da gestação, para aguardar o parto, quando então recebiam a criança das mãos de Lorena e Gílson e podiam partir sem levantar suspeitas. Para evitar problemas, as entregas eram realizadas em cidades de médio e grande porte, próximo ao local do nascimento, onde os compradores poderiam se misturar à multidão de habitantes e, no meio de tanta gente, passar despercebidos das autoridades locais. E os pais verdadeiros, ainda que arrependidos, não tinham condições de localizar os envolvidos para exigir de volta os filhos vendidos.

Tudo parecia correr bem, e Gílson injetava muito dinheiro no jornal, fazendo-o crescer e progredir. Mais alguns anos e poderiam parar com o tráfico de bebês. Um dia, Gílson recebeu um telefonema de um amigo, solicitando seus serviços para o cunhado. Ele e a mulher queriam, desesperadamente, uma criança que fosse ao menos parecida com eles. Iniciou-se a busca, e Leocádia logo informou que encontrara o que o casal procurava. Ela andava lá pelos lados de Mato Grosso, visitando cidades pequenas, quando conhecera a jovem Severina e seu marido Roberval.

A moça estava grávida de gêmeos, e o mais comum nessas raras situações era oferecer aos pretensos pais ambas as crianças, o que, em geral, era aceito. Mas Gílson fora procurado por outro conhecido, um deputado, que queria prestar um favor a um amigo em Brasília. O moço, também desesperado, oferecia o dobro do preço para conseguir uma criança o mais rápido possível. Quarenta mil dólares era muito dinheiro para se recusar, e Gílson, secretamente, vendeu a outra menina para o casal de Brasília.

Essa foi a última negociação que fizeram. Com a morte de Roberval, as coisas começaram a se complicar, e Gílson achou que já era hora de parar. Estavam ricos o suficiente e não precisavam se arriscar tanto. Lorena, contudo, não concordou, motivada pela ganância e a excitação que lhe proporcionava aquela vida obscura.

Mas aí, o pior acabou acontecendo. Geraldo já estava velho e acabou morrendo, deixando a quadrilha em dificuldades. Onde poderiam arranjar outro falsificador? Esse era mais um motivo para que Gílson insistisse em pararem. Até que Lorena acabou morrendo naquele acidente nefasto, e Gílson se desfez de Leocádia, que sumiu no mundo, encerrando, assim, sua longa trajetória de crimes.

CAPÍTULO 19

O ônibus seguia pela avenida ensolarada naquele final de tarde, e Suzane via sua vida passar correndo diante da janela. Tudo acontecia tão rápido que ela mal tinha tempo de refletir se aquilo era mesmo o que o seu coração queria. Colocara na cabeça que precisava recuperar o dinheiro roubado para se vingar de Cosme, mas será que valeria a pena? Se arranjasse sua vida no Rio de Janeiro, por que voltar a Brasília e reviver toda aquela humilhação? E depois, o que poderia fazer contra Cosme?

Quando o ônibus parou no ponto em que deveria descer, o coração de Suzane deu um salto. René estava parado lá, provavelmente à sua espera, e ela experimentou uma alegria conflitante, feliz e contrariada ao mesmo tempo. Saltou calmamente e fingiu que não o viu, pondo-se a caminhar em direção a sua casa, sabendo que ele a seguiria.

— Seu namorado não costuma trazer você em casa, não? — perguntou ele atrás dela, carregando na ironia. — Prefere deixá-la vir de ônibus a gastar a gasolina da sua Ferrari?

Ela se voltou indignada, sentindo toda a alegria por vê-lo esvair-se naquele sarcasmo.

— Para início de conversa, ele não tem uma Ferrari. E depois, ele não me traz em casa porque eu não quero.

— Por que não? Gosta de sentir a fornalha de dentro do ônibus?

— Pare com isso, René. Está sendo inconveniente e chato.

— Não fique brava comigo — retrucou ele, em tom mais conciliador. — Essa é a forma de demonstrar o meu ciúme e a minha inveja. Queria ter o que ele tem para que você fosse minha.

— Eu não seu dele, não serei sua nem de ninguém.

— Mas é com ele que você transa.

— Isso não me torna propriedade dele.

— Eu não me importaria em ser propriedade sua. Queria mesmo que você fosse a minha dona para fazer de mim o que bem entendesse.

— Que coisa horrível, René!

— Não é horrível. Esse é o ponto a que minha paixão por você chegou.

Ele a apanhou pelo pulso, tal qual fizera da outra vez, e beijou-a com ardor e volúpia. Ao contrário do que esperava, ela não o repeliu, mas devolveu o beijo com a mesma intensidade. O beijo logo deu lugar ao desejo, e ele a empurrou contra a parede, colando seu corpo ao dela e acariciando-a por inteiro, buscando o seu sexo por debaixo do vestido.

— Aqui não — sussurrou ela, com medo de que alguém os visse. — Vamos para a minha casa.

Chegaram ao seu apartamento em poucos minutos, ainda mais consumidos pelo desejo. René levou-a para o quarto, e os dois se amaram com paixão. Depois que terminaram, ele ficou olhando-a com ar apaixonado, puxando as pontas de seus cabelos e levando-as às narinas para absorver o seu perfume suave. Suzane sentia vontade de se entregar àquele deleite, mas a lembrança de Leandro transformava o encanto daquele momento em um tormento sofrido de culpa, embora sem arrependimento.

— Em que está pensando? — perguntou René.

— Em nada.

— Mentirosa. Aposto como está pensando naquele carinha rico, não é?

— Aquele carinha rico é meu namorado — retrucou ela, esforçando-se para parecer zangada.

— Você não o ama.

— Amo...

— Mas então, por que me trouxe para cá? — ela não respondeu. — Porque você gosta de mim, mas está tentando se convencer de que ama o ricaço.

— Pare com isso, René. Você não sabe nada dos meus sentimentos.

— Sei muito a seu respeito. Sei que você está tentando arranjar um marido rico, mas não está apaixonada por ele.

— Será que não podemos esquecer Leandro um pouco e nos concentrar em nós?

— Isso quer dizer que você gostou de transar comigo.

— Mas não quer dizer que vou ficar com você.

— Vai ficar enganando o cara?

— O cara se chama Leandro, e gostaria que você se referisse a ele pelo nome. Ele não é um qualquer.

— Está bem, mas não fuja do assunto. Vai ou não ficar enganando-o?

— Não se trata disso... — tornou ela, em dúvida. — Quer dizer, não quero enganá-lo... E isso não vai se repetir... Foi só hoje...

— Quer dizer que não vamos nos encontrar mais?

— É...

René ficou alguns instantes olhando o teto, pensativo, imaginando o que fazer para não a perder. Do jeito que a amava, poderia se sujeitar a muitas coisas, inclusive dividi-la com o riquinho.

— Não quero que essa seja a última vez — suspirou ele.

— Olhe, René, gostei muito de fazer sexo com você, mas não dá para ficar fazendo isso sempre. Não é justo com Leandro.

— Você está mesmo preocupada com ele?

— É claro que estou. Ele é uma pessoa muito legal, e não me sinto bem enganando-o. Por isso é que lhe digo que o que aconteceu hoje não pode se repetir.

— Mas eu a amo!
— Não! — cortou ela rispidamente. — Você não deve me amar, e eu não posso me apaixonar por você. Lamento muito, mas não é isso que eu quero para a minha vida. Por favor, vá embora agora.
— Dê-me uma chance. Eu vou estudar, vou ser juiz, você vai ver.
— Você não passa de um capacho de bicheiro, e isso não é vida para mim. Quero um marido que tenha uma profissão digna.
— Ser juiz não é digno, não?
— Duvido que você chegue a ser juiz. Você nasceu para a malandragem. Pode ser juiz de futebol ou de briga de galo.
— Está me julgando muito mal, Suzane. Ainda vou provar a você que serei alguém na vida.
— Tem razão — revidou ela, arrependida do que dissera. — Desculpe-me. Não queria julgá-lo nem quero que pense que estou torcendo contra você. Mas a verdade é que você me deixa confusa.
— Você tem medo de se apaixonar por mim.
— Tenho. Porque não posso. E agora, por favor, vá embora. Já é tarde, e amanhã tenho que acordar cedo para trabalhar.
— Amanhã é sábado.
— Então vou me encontrar com Leandro.
René foi embora a contragosto. Gostaria muito de subir na vida para impressionar Suzane e conquistá-la, afastando-a daquele ricaço metido de quem ela fingia gostar. Mas, por enquanto, era um pobretão, um joão-ninguém, um malandro, como Suzane mesma dissera, mero apontador de apostas do jogo do bicho, sem eira nem beira. Como podia competir com um mauricinho feito aquele Leandro?
Os sentimentos de Suzane, por sua vez, estavam cada vez mais confusos. Gostava de Leandro, mas o que sentia por René era diferente, estimulante e embaraçoso. O que sentira ao fazer amor com ele, não experimentara com mais

ninguém. Precisava, contudo, esquecê-lo. René não tinha condições de ajudar na sua vingança, e Leandro era o homem dos sonhos de qualquer mulher. Seria também o dela?

— Gosto de Leandro — disse para si mesma em voz alta, sentindo repentina ternura pelo namorado.

Com o pensamento em René e Leandro, Suzane adormeceu. Seu corpo fluídico permaneceu um bom tempo flutuando sobre o físico, até que um espírito se aproximou e despertou a moça para o mundo astral.

— Como está, Suzane? — indagou ele, puxando-a pela mão e sentando-se com ela no chão. — Lembra-se de mim?

Suzane olhou para o corpo físico adormecido na cama e respondeu de forma vaga:

— Lembro. É o Roberval, não é? Faz tempo que não o vejo. Desde Brasília. — Ele assentiu. — Por onde tem andado?

— Trabalhando. Há muitas coisas a fazer no lado de cá.

— Imagino.

— No lado físico, também há metas a se cumprir. Está cumprindo as suas?

— Eu? Sei lá quais são.

— O que você busca na vida?

— Vingança.

— Acha que se vingar é uma meta justa e evolutiva?

— Evolutiva pode não ser. Mas agora, justa...

— Você está alimentando dentro de si um sentimento que não lhe pertence. Se analisar bem, vai ver que não é uma pessoa vingativa.

— Até parece que você me conhece.

— Conheço-a muito bem e sei que você é uma boa pessoa.

— Boas pessoas se modificam quando dão de cara com a maldade.

— Ser bom é uma qualidade eterna. Só o mal se modifica. — Suzane não disse nada, e ele prosseguiu: — Vim aqui prepará-la para o reencontro.

— Que reencontro?

— Com sua mãe.

— Ela está aí com você? — questionou Suzane ansiosa, olhando por cima do ombro dele para ver se avistava a mãe adotiva.

— Refiro-me a sua mãe verdadeira, aquela que a colocou no mundo. Vai encontrar-se com ela na matéria.

— Vou? — espantou-se ela.

— Vai. Em breve.

— Mas... o que devo fazer? Como devo reagir ou me comportar?

— Deixe seu coração falar por você, e tudo vai sair direito — Suzane ficou pensativa, e Roberval acrescentou: — Só tem mais uma coisa.

— O que é?

— Você não precisa se dividir entre dois homens. Os dois, à sua maneira, são pessoas boas e gostam muito de você. Queira ou não, um dos dois vai ter que sofrer.

Ela não disse nada, e ele sumiu aos pouquinhos. No dia seguinte, ao acordar, a primeira imagem que lhe veio à cabeça foi a de Roberval, e a sensação de que algo importante estava para acontecer agitou seus pensamentos. Seria com relação a Leandro?

O namorado a chamara para um banho de piscina em sua casa, para estreitar seu contato com Amélia, a quem vira poucas vezes. A mãe havia convidado algumas amigas, mas ela não se importava. Gostava de conhecer pessoas, principalmente aquelas envolvidas na alta sociedade de que um dia fizera parte.

✿

Ainda era cedo, e Carminha andava de um lado a outro na sala, tentando arranjar uma desculpa para não ir ao almoço em casa de Amélia.

— Não estou com ânimo para tolerar fofocas — argumentou ela. — E depois, Graziela vai estar lá.

— Se é assim, então é melhor mesmo você não ir — concordou Renato. — Vai lhe evitar muita dor de cabeça.

— O chato é que prometi levar-lhe uma joia que ela me encomendou.

— Não pode ser outro dia?

— Ela pagou adiantado e quer usá-la esta noite. O marido chega de viagem, e ela programou um jantar especial para ele, algo assim.

— Eu poderia levar, mas marquei um jogo de tênis às dez horas, e já são quase nove. Não dá tempo de ir ao Joá e voltar.

— Se você quiser, mamãe, posso ir para você.

Os dois estacaram abismados, só então se dando conta de que Beatriz se encontrava na sala, vestida para ir à praia. A seu lado, invisível, o espírito de Lorena buscava uma chance de causar um desentendimento entre a moça e Vítor.

— Você, não! — exclamaram, juntos, Renato e Carminha.

— Credo! Mas o que é isso? Ficaram malucos, é?

Nenhum dos dois respondeu. Carminha olhava para Renato com ar de desconfiança, e a dúvida que ia em seu olhar desafiou uma pergunta que revelava o terror da resposta:

— Por que você não quer que Beatriz vá à casa de Amélia?

Era como quem dizia: mas não foi você mesmo quem disse que era impossível que Beatriz fosse filha de Graziela? Será que você está com medo do que possa acontecer se elas voltarem a se encontrar?

— Não é que eu não queira — balbuciou ele. — Mas a menina já está pronta para ir à praia. Não é justo estragarmos seu passeio.

— Que bobagem — protestou Beatriz, que não percebera a hesitação dos pais. — O trânsito agora está na direção oposta. Num instantinho, vou e volto.

Carminha não parava de olhar para Renato, que foi ficando embaraçado, com medo de se trair.

— Bom — acrescentou ele, sem tirar os olhos da mulher —, se é assim, não vejo problema algum.

A campainha da frente soou, e Beatriz abriu a porta para Vítor, que a beijou nos lábios e entrou, cumprimentando os dois.

— Vá logo buscar a tal joia, mãe — pediu ela.

— Que joia? — quis saber Vítor.

— Mamãe precisa que levemos uma encomenda de joia no Joá. Tudo bem?

— É claro.

— Vá buscar a joia, Carminha — repetiu Renato. — Os meninos ainda querem ir à praia.

Estarrecida, Carminha foi apanhar a joia e a entregou a Beatriz, juntamente com o endereço, e a moça se despediu da mãe com um beijo, atirando outro para o pai.

— Esperem um instante — pediu Renato. — Vou sair com vocês.

É claro que ele estava evitando ter que explicar a Carminha por que não queria que Beatriz fosse à casa de Amélia, onde, muito provavelmente, poderia se encontrar com Graziela.

✦

Beatriz tocou a campainha da casa de Amélia e foi recebida por uma criada, que os convidou a entrar e os conduziu até a piscina, onde Amélia recebia suas convidadas. Lorena, sem ser vista, seguia com eles.

— Bom dia, jovens — cumprimentou Amélia, com seu ar jovial de sempre. — Sua mãe não veio?

— Não, Dona Amélia, ela não está se sentindo bem, mas pediu que eu lhe entregasse a sua encomenda.

— Obrigada, minha filha — Amélia desembrulhou o pacote e retirou um belíssimo colar de ametistas, exibindo-o às amigas. — Está perfeito! Sua mãe é uma artista.

— Que bom que gostou. É mesmo uma peça muito bonita.

— O que tem sua mãe? — indagou Graziela, sinceramente preocupada.

— Acho que é gripe — mentiu Beatriz, no fundo feliz porque a mãe não estava ali ao lado daquela mulher que ela detestava.

— Espero que não seja nada sério — acrescentou Amélia.

— Não, não. São essas mudanças de tempo malucas.

— Diga a ela que a visitarei mais tarde — pediu Graziela.

— Direi, mas ela está descansando. Por que não telefona primeiro?

Beatriz se esforçava ao máximo para parecer educada diante de todas aquelas mulheres e não dar um fora em Graziela.

— Já sei! — exclamou Amélia subitamente. — Já sei com quem você se parece. Com a namorada do meu filho.

No mesmo instante, Lorena aguçou os sentidos, tentando identificar a imagem da moça nos pensamentos de Amélia.

— É mesmo? — tornou Beatriz polidamente, mas sem o menor interesse.

— Só que ela é mais magra e tem o cabelo curto, por aqui — ela passou as mãos pelo pescoço, mostrando a altura do corte de cabelo. — E não tem mechas.

— Engraçado — observou Vítor. — Outro dia mesmo vi uma moça assim na praia. Do jeitinho que a senhora está descrevendo. Pensei até que fosse Beatriz, mas, quando olhei, vi que não era. Até a voz era parecida.

— Devia ser a Suzane. Nossa, elas são idênticas!

— Pelo visto, tenho um clone por aí — comentou Beatriz, encabulada.

— Ou uma irmã gêmea — disparou Graziela, apenas para poder verbalizar o seu desejo distante e, aparentemente, tão impossível.

Guardando uma certa distância, Lorena olhava de Beatriz para Graziela, assombrada por estar diante de mãe e filha, surpresa por perceber que a gêmea também estava ameaçadoramente por perto. Queria se aproximar de Graziela, mas a lembrança da proteção luminosa que a afugentara da outra vez conseguiu mantê-la longe.

— Só tenho um irmão, Graziela — rebateu Beatriz —, e você o conhece.

Não havia nada que justificasse a inexplicável euforia que acometeu Graziela. Embora, em seu íntimo, a razão lhe dissesse que aquela seria uma coincidência por demais absurda para ser verdadeira, em seu coração de mãe luzia, tímida, uma pequenina chama de esperança. Nada que ela pudesse chamar de coerente ou lógico, mas uma sensação indizível que só o poder imensurável do sentimento materno sabia reconhecer, mesmo no mais profundo oceano da razão, que tenta, a todo custo, desmentir a expressão sem palavras do amor.

— Daqui a pouco ela vem aí — anunciou Amélia. — Leandro foi buscá-la e já deve estar chegando.

Beatriz deu um sorriso educado e interrompeu:

— Bom, vamos, não é, Vítor? O pessoal está esperando lá na praia.

— Mas já? — decepcionou-se Graziela, que naquele momento esperava poder ver as duas moças frente a frente.

— Como disse — tornou Beatriz —, nossos amigos nos esperam.

— Que pena — lamentou Amélia. — Queria muito que vocês conhecessem a Suzane. Verão se tenho ou não razão. As duas são iguaizinhas.

— Fica para uma outra vez, Dona Amélia.

— Eu já a vi e concordo com o que a senhora diz — confirmou Vítor. — Elas são mesmo idênticas.

Beatriz lançou a Vítor um olhar de reprovação e não respondeu. Despediu-se das senhoras e pediu licença para ir embora. Lorena ficou vendo-a afastar-se, oscilando entre a dúvida de segui-la ou permanecer na casa de Amélia, para esperar a chegada de Suzane. Resolveu esperar. Quando chegaram ao carro, Beatriz comentou:

— Será que agora todo mundo deu para ver um clone meu por aí?

— Sério, Bia, você não viu a garota. É igualzinha...

— Mas que besteira! Você nem sabe se se trata da mesma garota que você viu.

— Pela descrição de Dona Amélia, só pode ser. Duas iguais a você seria coincidência demais.

— Não existe ninguém igual a mim.

— Mas ela é muito parecida com você. E estava em companhia de outro rapaz, que deve ser o filho de Dona Amélia. E meu pai também viu.

— Todo mundo agora deu para delirar.

— Não é delírio. Você vai ver, Bia. Ainda vou lhe provar que tenho razão.

Beatriz encerrou o assunto com um muxoxo, ignorando a euforia oculta de Vítor. Para ele, tratava-se mesmo de um interessante caso de sósias, mas que valia a pena ser visto e mencionado. Ainda mais porque não fora só ele que vira a outra moça e, o que era mais incrível, ela estava pertinho deles.

CAPÍTULO 20

De repente, Suzane perdeu toda a vontade de ir ao almoço em casa de Leandro. Pela janela do apartamento, via René parado do outro lado da rua, as mãos resignadas postas nos bolsos da bermuda. Reviveu toda a emoção da noite anterior em seus pensamentos, e se René não estivesse ali, ao alcance de sua vista e na rota do seu coração, talvez conseguisse se recompor e lidar com Leandro como se nada tivesse acontecido.

Só que René não estava com vontade de lhe dar a chance de esquecer o que se havia passado entre eles. Ficava parado do outro lado, as mãos nos bolsos, olhando para ela com ar sério. Suzane tentava sair da janela, mas o magnetismo que vinha dele não lhe permitia afastar-se totalmente. Ela ia e vinha, ora espiando pela janela, ora correndo atarantada para atender a uma tarefa inexistente dentro do apartamento.

Até que Leandro apareceu em seu carro novo e estacionou bem em frente ao edifício. Instintivamente, Suzane se ocultou atrás da parede. Não queria que ele percebesse que estava ali não à sua espera, mas atraída por um homem que a fitava do outro lado da rua. Logo em seguida, ouviu uma buzina, respirou três vezes e surgiu na janela, pendurando um sorriso forçado no rosto cansado de fingir. Acenou para ele com um certo desgosto, pedindo-lhe que subisse.

— Oi, amor — cumprimentou ele, beijando-a nos lábios assim que ela abriu a porta.

— Oi... — foi a resposta evasiva.

— Ainda não está pronta?

— Sabe o que é, Leandro, eu estive pensando... Será que não dá para deixar esse almoço para outro dia? Não estou me sentindo bem.

— O que você tem?

— Nada de mais. Um pouco de cólicas, dor de cabeça... Acho que vou ficar menstruada.

— Quer que eu vá à farmácia comprar um remédio para você?

— Não precisa. O que quero mesmo é ficar quietinha aqui.

— Tem certeza? — ela assentiu. — Então está bem. Vá-se deitar, que fico aqui cuidando de você.

— Nada disso! Sua mãe está esperando por você. Não é justo deixá-la sozinha.

— Ela não está sozinha. Há uma porção de gente lá em casa.

— Mas você é filho dela, e ela espera que você esteja presente a esse almoço.

— Bobagem. Minha mãe não liga para essas coisas. Posso telefonar e avisar que não vou.

Tirou o celular do bolso, mas ela o impediu de ligar, apertando a sua mão com os olhos rasos de água.

— Não faça isso, por favor. Não quero que sua mãe fique chateada. Ela é uma boa pessoa, e sei que aprecia a sua companhia. Não custa nada você fazer a vontade dela.

— Já disse que isso é bobagem. Tem um montão de amigas dela lá em casa e, além do mais, meu padrasto chega hoje à noite.

— Você não entende. Quem vai ficar chateada se você não for serei eu. Não gosto de estragar os planos de ninguém.

— Não acha que está dando muita importância a esse almoço? Na verdade, nem é um almoço... É só um churrasco à beira da piscina, uma desculpa para reunir as amigas e fofocar. Nós dois não vamos fazer nenhuma falta.

— Ah! Leandro...

— Para com isso, sua bobinha — sussurrou ele, aproximando-se dela e tomando-a nos braços, enchendo seu pescoço de beijos. — Pensando bem, é melhor ficarmos os dois aqui, sozinhos.

Ele a beijava no rosto e na boca, e começou a acariciá-la por todo o corpo. O contato de seus lábios e suas mãos lhe causou uma mistura de prazer e repulsa gerada pelo remorso, e ela se afastou dele com um repelão.

— O que você tem? — indagou ele surpreso. — Está aborrecida comigo?

— Não tenho nada — afirmou ela, arrependida e voltando-se para abraçá-lo. — Deve ser a TPM.

— Eu nunca soube que você tinha TPM.

— Ah! Deixa para lá.

Colou o corpo ao dele e calou-o com um beijo longo. Ele a apanhou no colo e a levou para o quarto, e, dessa vez, ela se deixou conduzir passivamente, tentando não pensar em René do outro lado da rua. Passaram a tarde no apartamento dela. Leandro pediu comida num restaurante próximo, e os dois ficaram em casa vendo televisão, com ele a todo instante perguntando se ela havia melhorado de suas dores.

— Já passou — dizia ela com um meio-sorriso, e Leandro sequer desconfiou de que alguma coisa podia estar errada.

❦

Graziela consultava o relógio a todo instante, na expectativa de que Leandro surgisse em companhia da namorada. Desde que Amélia dissera que Beatriz se parecia muito com ela, fato confirmado pelo próprio namorado, não pensava em outra coisa senão na possibilidade de vê-las no mesmo dia para poder compará-las. Por mais que dissesse a si mesma que elas não podiam ser suas filhas, a fantasia que alimentava dava-lhe forças e ânimo para continuar procurando.

Se elas fossem realmente gêmeas, mesmo não sendo suas, significava que poderia haver outra mãe em situação semelhante à dela, sofrendo, em silêncio, pela separação de suas meninas. De qualquer forma, a dor daquela mãe desconhecida poderia ser também a sua.

Ao longe, sem poder se aproximar muito de Graziela, Lorena observava o desenrolar dos acontecimentos, distraindo-se, por vezes, com as fofocas que surgiam e os pensamentos maldosos das mulheres presentes. Uma criada se aproximou quase imperceptível e entregou um fone a Amélia, que atendeu a ligação.

— Leandro não vem almoçar — informou Amélia, devolvendo o telefone à criada. — A namorada não está passando bem.

— O que ela tem? — perguntou Graziela.

— Parece que está com muitas cólicas.

— Será que um remedinho não resolve?

Amélia deu de ombros e comentou:

— A bruxa está solta hoje. Carminha não veio porque está passando mal, e agora é a Suzane.

— Que pena — disse uma das senhoras.

— É realmente uma pena. Gostaria que vocês a conhecessem.

— Eu também queria muito conhecê-la.

Graziela disse isso com tanta ênfase que Amélia se surpreendeu e retrucou desconfiada:

— Queria?

— É... bom... Sempre é bom conversar com gente jovem. E depois, você falou da incrível semelhança entre ela e a filha de Carminha.

— É verdade. É impressionante. Parecem até gêmeas.

Ninguém deu muita importância ao comentário, exceto Graziela, que se tornou presa de uma inquietação crescente, e Lorena, que se contorcia de ódio no plano astral. Graziela queria acreditar, mas tinha medo. Uma coincidência daquela jamais poderia acontecer. Era impossível.

— O que essa menina faz mesmo? — redarguiu Graziela, tentando não parecer muito interessada.

— Agora está trabalhando com Leandro, na empresa dele. Ele tem uma firma de publicidade, sabia?

— Que maravilha... Mas ela é daqui mesmo, do Rio?

— Não. É de Brasília. Uma história muito triste, a da pobrezinha. Os pais morreram num acidente de carro.

Alguém perguntou uma coisa diferente, e um novo assunto foi introduzido na conversa. Não se voltou a falar em Suzane, e Graziela não pôde descobrir mais nada sobre ela. Foi preciso um enorme esforço para conseguir suportar aquele dia até o fim. Não conseguiu. Ou quase. Despediu-se mais cedo de Amélia. Queria ir para casa pensar.

— Você não está se sentindo mal também, está? — indagou Amélia, preocupada.

— Não. Estou apenas cansada.

— Quer que eu mande levá-la?

— Não, obrigada. Estou de carro.

Foi-se, com Lorena logo atrás. Ao invés de segui-la, Lorena partiu para a casa de Suzane, conduzida pelos pensamentos de Amélia ligados aos do filho. Encontrou-os agarradinhos no sofá, vendo televisão e comendo pipoca, e deu um grito estridente. Não havia a menor possibilidade de um engano. Aquela era, inequivocamente, a gêmea de Beatriz.

Com uma fúria incontida, Lorena se aproximou do casal e investiu contra a moça, que sentiu uma leve tonteira e súbito mal-estar.

— O que foi? — perguntou Leandro, notando a sua repentina palidez.

— Não sei. Fiquei tonta de repente.

— Será que é a TPM?

— Pode ser.

O mal-estar não durou muito. Em poucos minutos, Roberval apareceu, envolto num halo de luz branca que ofuscou Lorena.

— Mas que droga! — esbravejou ela, afastando-se do espírito recém-chegado. — Será que todo mundo por aqui é protegido dos bonzinhos?

— Por que está fazendo isso? — retrucou Roberval. — Que interesse você pode ter em afastar a mãe de suas filhas?

— Não lhe devo satisfações.

— Não, não deve. Mas não pode ficar aqui. Suzane está sob a minha proteção, e você não tem autorização para assediá-la. No entanto, se quiser, posso levar você comigo para um outro lugar.

— Muito obrigada, mas não quero. Sou feliz onde estou.

— Muito bem. Você é quem sabe.

— Acho melhor voltar para o lado de quem me quer.

— Seu lugar não é ao lado dos vivos. Devia procurar ajuda e se desapegar da matéria densa. Você não faz mais parte dela.

— Gosto de ficar por aqui. Tenho o meu marido e o meu lar.

— Seu marido precisa viver a vida dele, e você também está prejudicando a irmã de Suzane. Devia deixá-la em paz.

— Ela é uma tonta ciumenta e estressada. Me atrai porque quer.

— Ela tem bom coração e logo vai transformar a sintonia com você.

— Não sei como.

— Pelo amor. Você vai ver.

Lorena deu um muxoxo e fez um gesto obsceno para Roberval, saindo furiosa pela parede. O espírito se aproximou de Suzane e ministrou-lhe um passe revigorante, afugentando as energias odientas que Lorena havia espalhado pelo ar. Quando ela se sentiu melhor, Roberval deu-lhe um beijo paternal na face e saiu também.

※

Chegando a casa, Graziela ficou andando de um lado a outro na sala, esfregando as mãos nervosamente, pensando no que fazer para ver a menina. E se fosse à casa dela? Não,

não podia ir. Além de não saber onde ela morava, seria muito estranho se aparecesse de repente em sua casa, pedindo para ver o seu rosto.

De tão agoniada, resolveu tomar um remédio para acalmar os nervos e foi deitar-se, tentando raciocinar com mais clareza. Milhares de pensamentos se atropelavam em sua cabeça, que começou a latejar e a misturar as coisas. As pálpebras de repente começaram a pesar, pressionadas pelo efeito do calmante, e ela foi-se entregando aos poucos a um sono de alívio.

Parado a seu lado, Aécio observava suas reações e estendeu-lhe a mão assim que seu corpo fluídico se afastou do físico.

— Aécio! — exclamou ela, genuinamente feliz por ver o marido. — Quanta saudade!

— Precisamos conversar — disse ele gentilmente, envolvendo-a num abraço paterno e cheio de carinho.

Em poucos instantes, viram-se sentados em uma pedra no meio da floresta da Tijuca.

— Por que me trouxe aqui? — indagou ela, que não conhecia o lugar.

— Para que a energia da natureza possa limpar um pouco a sua mente e o seu coração, e você consiga raciocinar livre da influência das energias embaralhadas de todos os que vivem na cidade. Aqui há menos interferência energética e mais pureza de vibração.

— O que está havendo, Aécio? — desabafou ela, sem rodeios. — Será possível que esteja mesmo bem próximo de minhas filhas?

— Na verdade, está.

Ela soltou um gritinho de alegria e surpresa, e perguntou confusa:

— Mas como? É impossível.

— Por quê?

— Porque seria maravilhoso demais. Eu as perdi ainda bebês. Durante vinte anos, nada soube sobre elas. Você, com toda a sua influência e o seu dinheiro, não conseguiu encontrá-las, mesmo com os melhores detetives do mundo a seu serviço. Se todos os nossos esforços foram infrutíferos, como é possível que elas agora me apareçam assim, do nada?

— Você desejou.

— E isso basta?

— Basta quando é o momento certo de receber.

— Mas Aécio, como isso foi acontecer? Como explicar essa feliz coincidência?

— Uma coincidência não é obra do acaso. É uma programação do destino.

— Como assim?

— Não vivemos sozinhos, Graziela. Há seres superiores a nós que orientam a nossa vida, de acordo com os planos traçados antes de reencarnar.

— Você agora é um desses seres?

Ele sorriu e respondeu com jovialidade:

— Não. Sou apenas um espírito que a ama e está em condições de ajudar.

— É você que está me ajudando a encontrar minhas meninas?

— Estou ajudando porque essa era a programação da vida de vocês. É por isso que não há coincidências. Tudo o que acontece no mundo obedece a uma ordem predeterminada. Quando encarnamos, nossas vidas podem seguir por rumos aparentemente diferentes e distantes, mas se há o entrelaçamento do destino, mais cedo ou mais tarde os caminhos se cruzam, e o que parecia impossível se torna uma inexplicável coincidência.

— Quer dizer que fazia parte do nosso destino nos separarmos para agora nos reencontrarmos? É isso?

— Mais ou menos. A separação era possível e esperada, mas você poderia ter feito diferente, se não tivesse vendido as meninas. O destino estava em suas mãos.

— Eu mudei o meu destino?

— Não é bem assim. Você é um ser humano dotado da capacidade de raciocínio, logo, está apta a fazer escolhas. Mas, se levarmos em conta que nada acontece sem que seja da vontade de Deus, chegaremos à conclusão de que sempre fazemos exatamente aquilo que Ele espera de nós.

— Do jeito como você fala, parece até que somos teleguiados. Se fazemos sempre o que nos é determinado, então, na verdade, não fazemos escolha alguma.

— Deus sempre sabe o que vamos fazer ou escolher, ou pensar, ou sentir, e não interfere, para que possamos aprender com as nossas próprias atitudes. Ele nos dá a oportunidade de experienciar para que impulsionemos o nosso progresso. Nossas escolhas, portanto, nada mais são do que o resultado da vontade divina, que nos permite essa ilusão em favor do nosso aprendizado e crescimento.

Graziela ocultou o rosto entre as mãos e começou a chorar:

— Foi tudo culpa minha! Por minha causa, perdi meus bebês e meu marido foi assassinado.

— Não foi culpa de ninguém. As dificuldades de vocês foram muitas no passado, e nem sempre é fácil superar desavenças e ódios arraigados. É preciso muitas vidas e muito amadurecimento para vencer certos traumas.

— Que traumas? Do que é que você está falando, Aécio? O que foi que houve entre nós que justificasse o que fiz?

— Tudo a seu tempo, Graziela. Ainda não é o momento de falarmos sobre isso.

— Se eu não tivesse vendido as meninas, teríamos sido felizes?

— A vida se adapta a toda situação que surge, de forma a desvendar os caminhos do crescimento, onde se inclui a felicidade. Mas quem é que pode saber a não ser aqueles que vivem? É preciso experienciar para se ter certeza. Ninguém tem o direito de lhe dizer qual é o caminho para ser feliz. A felicidade é um estado da alma que pertence a cada um que a vivencia. O que é ser feliz para uns pode não ser para outros. Uns encontram a felicidade na família, outros, no trabalho, outros ainda no esporte, no amor ou na arte. Só você é que pode saber o que é felicidade para você.

Graziela tomou as mãos de Aécio e as beijou com amor.

— Você foi o meu amparo durante todos os anos em que vivemos juntos e continua sendo mesmo após a sua morte. Por quê?

— Porque eu a amo. Fui seu marido nessa vida e pai em outra. Aprendi a amá-la e compreendê-la.

— E Roberval? Também foi meu marido, mas nunca mais o vi. O que é feito dele?

— No momento certo, você irá encontrá-lo.

— Você sabe onde ele está?

— Sim.

— E minhas filhas? Por que não me conta onde estão minhas meninas?

— Não se esqueça de que estamos em planos diferentes. Nem tudo o que agora sei, tenho permissão para lhe dizer. E nem tudo a sua memória está em condições de captar ou reter.

— Conseguirei encontrar minhas filhas? Elas me aceitarão? Gostarão de mim?

— A vida vai lhe dar a resposta a todas essas perguntas. Não posso lhe dizer mais. Pense apenas nas muitas "coincidências" que estão acontecendo e reflita se vocês não estão no caminho do reencontro.

Aécio acompanhou Graziela de volta ao corpo físico e se despediu. Quando abriu os olhos, a tarde já chegava ao fim, e ela não se lembrou de quase nada. Levantou-se ainda zonza de sono e foi para a cozinha apanhar um copo de água. Pensou em Aécio, e era como se ele estivesse ali presente. Seu peito se encheu de esperança, e ela quase chegou a ver as filhas diante de si. De repente, teve a certeza de que iria conseguir.

Não sabia como nem onde, mas estava certa que reencontraria suas filhas.

Estava sentada bebendo água quando Roberval entrou, e Aécio lhe deu amistoso sorriso. Os dois trocaram abraços fraternos, e foi o primeiro quem falou:

— Lorena esteve em casa de Suzane hoje. Ela já sabe de tudo e não vai demorar muito para influenciar os outros.

— Precisamos agir rápido — observou Aécio. — Suzane deve se encontrar com Graziela o quanto antes.

— Sim. É necessário que tomemos providências para a realização desse encontro. E precisamos cuidar de Beatriz também. Lorena está com pleno acesso a ela.

— Beatriz é muito ciumenta e irritadiça. Precisa controlar as emoções para não se afinizar com Lorena.

— Ela é uma boa menina, e creio que isso irá ajudá-la. Com o tempo, ela mesma vai se modificar.

— Tenho certeza de que sim.

Roberval fixou os olhos em Graziela que, imediatamente, lembrou-se dele, e duas lágrimas lhe subiram aos olhos.

— Posso? — perguntou ele a Aécio, que lhe permitiu a passagem com um gesto das mãos.

Roberval se aproximou de Graziela e, tal qual fizera com Suzane minutos antes, pousou-lhe suave beijo na face, causando uma sensação, ao mesmo tempo, reconfortante e pungente na moça. De repente, as duas lágrimas se transformaram em muitas, e Graziela afundou o rosto entre as mãos e chorou.

CAPÍTULO 21

Assim que Gílson entrou em casa naquele princípio de noite, vozes altercadas vindas do quarto do filho chamaram-lhe a atenção, e ele foi para lá. A porta estava entreaberta, e ele viu o rosto furioso de Beatriz. Ficou contemplando-a por uns instantes, tentando refazer a imagem de Suzane em sua mente.

Lorena logo notou sua presença. Estava praticamente grudada em Beatriz, sugestionando-lhe as palavras agressivas com que ela extravasava a sua raiva na discussão. Em dado momento, Beatriz se virou de frente para a porta e levou um susto com a presença silenciosa de Gílson, cuja chegada ninguém, a não ser Lorena, percebera. Notando o olhar espantado de Beatriz, Vítor olhou na mesma direção e exclamou:

— Papai! Não ouvimos você chegar.

— Por que estão brigando? — indagou Gílson, sem desgrudar os olhos de Beatriz.

— Não estamos brigando — esclareceu Vítor. — É só uma bobagem de Beatriz. Só porque tem um clone dela andando por aí...

Gílson fechou o cenho, acabrunhado, e repetiu:

— Um clone?

— É brincadeira, pai. É que outro dia, vi uma garota igualzinha a Beatriz. Isso tem alguma coisa de mais?

— Não... — respondeu ele maquinalmente, evitando encarar Beatriz.

Os dois continuaram a discutir, e Gílson se afastou abatido. Devia ter mandado aquela outra menina para fora, para o exterior, mas a ganância, na época, superou a prudência. E agora, ao que tudo indicava, as duas estavam ali, na mesma cidade, bem próximas uma da outra e, o que era pior, da verdadeira mãe. Que destino implacável era aquele que juntava três mulheres que não se conheciam e que, ao mesmo tempo, estavam tão estreitamente ligadas?

Gílson ficou acordado até tarde naquela noite, esperando o filho chegar. Ele havia conseguido acalmar Beatriz e a levara ao cinema. Vítor voltou para casa por volta da meia-noite e estranhou ver o pai acordado na sala, sozinho, bebendo uísque à meia-luz.

— Está tudo bem, pai? — indagou o rapaz.

— Está. Na verdade, meu filho, queria lhe fazer umas perguntas.

— Que perguntas?

— Sobre a sua namorada.

— O que tem ela?

— As coisas andam bem entre vocês?

— Muito bem. A discussão de hoje foi só uma besteira de Beatriz.

— Não acho que seria bom você se apaixonar excessivamente.

— Já estou apaixonado, pai. Ela é a mulher da minha vida.

— Apaixonar-se é uma coisa. Ficar fixado numa mulher é outra.

— Quem foi que disse que estou fixado nela? Sou vidrado nela, isso sou. Mas fixação é algo que não tenho.

— Quando um homem chega ao ponto de ver a namorada no rosto de outras mulheres, isso é fixação.

— O quê? De onde tirou essa ideia?

— Você mesmo disse que anda vendo Beatriz por aí.

— Ah! Pai, que bobagem. É apenas uma garota parecida com ela.

— Tem certeza?
— Claro.
— E onde foi que você a viu?
— Na praia.
— Aqui, na Barra?
— Foi.
— Em que lugar da praia?
— Na altura do Posto 8.
— A que horas?
— Sei lá. Umas dez horas.
— Como ela era?
— Cabelos curtos, pretos, bem magrinha. Por quê?
— Ela estava sozinha ou acompanhada?
— Estava com um rapaz, que devia ser seu namorado, e um senhor de seus cinquenta e poucos anos.
— E você está certo de que ela era idêntica a Beatriz?
— Espere um pouco, pai. Por que está me fazendo tantas perguntas sobre essa garota?

Gílson se acalmou e procurou disfarçar:
— Não quero que você crie fantasmas dessa moça.
— Posso saber por que eu criaria fantasmas da Beatriz se ela está viva e é minha namorada?
— Já falei... Você está com uma fixação exagerada...
— Nada disso. Você é que, de repente, deu uma de louco e pareceu fixado não na Beatriz, mas na outra garota. Por quê? Qual o seu interesse em tudo isso? O que está acontecendo?
— Não está acontecendo nada. Você tem razão. É tudo bobagem do seu pai. Preocupação excessiva. Acho melhor eu ir dormir. Vá dormir você também.

Gílson foi para o quarto profundamente abalado. Deixara transparecer alguma coisa, e Vítor, que era esperto, não tardaria a desconfiar. O filho devia ter visto a mesma moça que ele vira no shopping, e ele precisava averiguar para ter certeza de que aquela era a gêmea de Beatriz.

O dia seguinte era domingo, e a praia logo estaria lotada. Gílson desceu para a areia e resolveu ir caminhando até depois do Posto 8, a fim de ver se encontrava a menina. Iria e voltaria quantas vezes fossem necessárias. Na primeira caminhada, não encontrou ninguém. A praia ainda estava vazia, e ele não viu nada, embora olhasse atentamente. Na volta, ninguém parecido com Beatriz chamou a sua atenção. Ele caminhou mais duas, três, quatro vezes, até que a praia encheu por completo e ficou muito difícil divisar as pessoas no meio da multidão de banhistas, cadeiras e barracas.

Além do mais, esquecera de passar protetor solar, tamanha a sua ansiedade, e a pele, queimada demais pelo sol, repuxava no rosto e nos ombros. Gílson saiu da areia e foi tomar um refrigerante no quiosque mais próximo, sentando-se à sombra de um guarda-sol. Ficou observando o movimento, tentando identificar alguém semelhante a Beatriz na calçada, entre os transeuntes. Nada. Ninguém parecido com ela passava.

Por volta do meio-dia, desistiu. Seria impossível encontrar a moça àquela hora e no meio de tanta gente. Já ia se levantando para ir embora quando o filho se aproximou, em companhia de Beatriz.

— Você está mesmo esquisito, pai — observou o rapaz, sentando-se junto a ele. — Que eu me lembre, você não gosta de praia. E olhe só o seu rosto. Está parecendo um camarão.

— O senhor se queimou demais, seu Gílson — concordou Beatriz. — Não passou protetor?

— Eu me esqueci.

— O que veio fazer na praia? — questionou Vítor, desconfiado.

— Ora, o que vim fazer na praia... O que todo mundo faz. Me divertir.

Nessa hora, algumas amigas de Beatriz se aproximaram, e ela se entreteve conversando com elas, dando a Vítor a oportunidade de falar mais reservadamente com o pai:

— Você não parece estar se divertindo. Sozinho, a pele toda torrada, bebendo refrigerante e observando o movimento? Isso não faz o seu feitio.

— E daí? Não posso mudar de ideia e vir à praia um dia?

— Pode. Mas acho muito esquisito você resolver fazer isso justo quando tivemos aquela conversa estranha. O que está pretendendo? Encontrar aquela moça?

— Esqueça a conversa que tivemos. Foi maluquice de um pai solitário e com medo de perder o filho. E eu resolvi vir à praia hoje justamente porque tivemos aquela conversa ontem. Foi então que percebi que estou ficando velho e paranoico. Preciso tomar sol e aproveitar o resto da vida.

— Olhe, pai, você nunca foi um homem solitário. Cadê as suas namoradas?

— Desisti delas. São todas fúteis e vazias, e só estão atrás do meu dinheiro.

— Sei. E por isso, você decidiu que já era hora de gostar de praia.

De repente, sem dar resposta ao filho, Gílson se levantou de um salto e saiu correndo para a areia, deixando o rapaz atônito, sem entender o que estava se passando. Gílson havia visto uma moça que correspondia à descrição da sósia de Beatriz, mas Vítor não percebera. Só vira o pai sair correndo, sem saber por que motivo.

Gílson desceu a areia escaldante com a rapidez de um cometa. A moça estava de costas, de mãos dadas com um rapaz, e ele se aproximou cautelosamente. Não podia correr o risco de levar um soco no queixo, porque o rapaz podia interpretá-lo mal e achar que ele estava flertando com a namorada. Andando bem devagarzinho, ele foi rodeando o casal, até que passou pelo lado da garota e olhou-a de perfil, ao mesmo tempo em que ela se virava de frente para o rapaz e voltava as costas para ele, dirigindo o rosto para o lado oposto ao sol.

Ele não desistiu. Continuou circundando-os lentamente, até que, postado atrás do rapaz e defronte à moça, olhou para ela, sentindo a vista cegar com os raios causticantes do sol do meio-dia. Instintivamente, estreitou os olhos, mal conseguindo identificar o rosto diante de si. Fechou os olhos rapidamente e, ao reabri-los, sentiu a vista falhar, ainda ofuscada pela luminosidade excessiva que incidira diretamente sobre ela. Piscou algumas vezes e, quando tornou a olhar, ela e o rapaz estavam se beijando, o que o deixou louco da vida.

Pacientemente, esperou até que o beijo terminasse, quando então ela se voltou para o mar. Mais aquela! Tinha que mudar de posição novamente. Estava parado ao lado do casal e se virou para o mar também, olhando-a de soslaio, maldizendo o rapaz, que estava posicionado entre eles. Durante alguns segundos, fingiu que apreciava as ondas, até que resolveu dar um mergulho rápido, rezando para que não fossem embora. Não foram. Gílson saiu da água caminhando lentamente em direção a ela e conseguiu, finalmente, encará-la de frente. Como quase foi para cima dela, a moça o olhou nos olhos, e o namorado deu um passo na direção dele, mas Gílson se recompôs rapidamente e balbuciou a meia-voz:

— Desculpe.

Não era ela.

CAPÍTULO 22

A convivência entre Graziela e Carminha foi ficando cada vez mais difícil. Renato ainda tentava ocultar os fatos da mulher e reforçou a ideia de que elas não deveriam mais se encontrar. Graziela lhe telefonava algumas vezes, mas ela sempre inventava uma desculpa para não atender. Carminha nunca mais compareceu à casa de Amélia e passou a evitar o convívio social.

— Você não deve agir dessa forma — protestou Renato. — Está exagerando. As pessoas vão desconfiar.

— De quê? De que Beatriz não é realmente nossa filha?

— Não diga isso! As crianças ainda vão acabar ouvindo você, e aí, tudo estará perdido.

— Oh! Renato, faça alguma coisa. Não deixe essa mulher estragar a nossa felicidade.

— Não me pressione, Carminha! O que posso fazer?

— Não sei, não sei!

O jantar foi servido, e os dois foram para a sala, onde os filhos já os aguardavam ao redor da mesa.

— Boa noite — cumprimentou o pai, tentando parecer natural.

— Oi — responderam os dois em uníssono.

Renato e Carminha sentaram-se para comer, e a mulher ficou olhando para os filhos com os olhos marejados. Se a história de Beatriz viesse à tona, ela se veria forçada a contar a verdade aos dois, e como é que eles reagiriam ao saber que não eram seus filhos legítimos?

— Está se sentindo bem, mãe? — perguntou Beatriz, notando o brilho em seu olhar.

— Estou — respondeu ela, tentando se recompor.

— Você tem andado estranha ultimamente. Está acontecendo alguma coisa que eu não saiba?

— Não está acontecendo nada — objetou Renato. — Sua mãe tem trabalhado demais e precisa descansar.

— Não sei. Mamãe anda esquisita. Quase não sai, parece estar sempre em sobressalto.

— É — concordou Nícolas. — Nem Graziela tem vindo mais aqui.

Renato e Carminha se entreolharam assustados, enquanto Beatriz respondia baixinho:

— Graças a Deus.

— Por que você não liga para ela? — sugeriu Nícolas inocentemente. — Vocês podiam ir ao cinema.

— Graziela tem andado ocupada — explicou Carminha. — Por isso não tem vindo nos visitar.

— Ocupada tentando roubar o marido de alguém? — perguntou Beatriz ironicamente.

— Graziela não precisa disso — defendeu Nícolas.

— Como é que você sabe?

— Muito bem, agora chega de falar de Graziela — censurou Renato. — Terminem de jantar que é melhor.

— O que foi que ela lhe fez, mãe? — insistiu Beatriz. — Não gosto dela, mas você gostava. Por que, de repente, pararam de se ver?

— Como disse seu pai, ela anda ocupada.

— Será que você finalmente abriu os olhos e percebeu que ela estava dando em cima do papai?

— Chega dessa conversa, Beatriz! — ralhou Renato. — Vamos jantar em paz e deixar Graziela de lado.

Ninguém mais insistiu, mas Beatriz ficou profundamente desconfiada. A repentina mudança de atitude da mãe era muito estranha. Como, porém, não gostava de Graziela, preferiu não questionar mais e torceu para que ela e a mãe tivessem brigado e não voltassem mais a se falar.

Carminha não conseguia pensar em nada além dos filhos, em especial, Beatriz. Lembrava-se do quanto desejara ser mãe e da frustração de seus sonhos quando descobriu que tinha problemas para engravidar. Sentiu-se desesperar, chegou mesmo a adoecer. Na época, Renato ficou transtornado, apavorado ante a possibilidade de perder a mulher.

A ideia da adoção partiu dela, mas ele não concordou a princípio. Queria filhos gerados por eles, para que pudesse ter aquela sensação de que seriam partes deles próprios. Mas não foi possível. O desespero de Carminha chegou a tal ponto que ele acabou reconsiderando, lutando desesperadamente para evitar que a esposa sofresse ou que definhasse até morrer.

As filas de adoção, contudo, eram imensas, e ela não podia mais esperar. A cada dia, foi ficando mais e mais acabrunhada e deprimida, e Renato foi obrigado a levá-la ao psiquiatra. O médico tudo fez para ajudar Carminha, mas a única ajuda realmente eficaz seria a adoção. Carminha queria ter filhos e fizera desse desejo tudo em sua vida.

Foi quando o cunhado colocou Renato em contato com o pessoal do tráfico de bebês. Após várias reuniões, ficou tudo acertado. A adoção não seria legal, mas Carminha se consolava dizendo a si mesma que estaria fazendo um bem a alguém, livrando uma jovem mulher de um fardo pesado e dando uma vida melhor a uma criança inicialmente sem futuro.

Tudo ficou acertado, e Renato foi buscar a criança recém-nascida. Eles não sabiam se seria menino ou menina, mas não se importavam. Só o que ela queria era ter um bebê em seus braços e dar-lhe todo o amor que vinha guardando para ele. Renato foi sozinho, e ela ficou aguardando ansiosamente. Quando, dias depois, ele surgiu com Beatriz em seus braços, ela se sentiu a mulher mais feliz e completa do mundo.

Anos depois, começaram a pensar em nova adoção. Beatriz já estava ficando crescidinha, e a casa começava a parecer vazia sem a algazarra dos pequenos. Dessa vez, a sugestão partiu de Renato. Queria um filho para dar continuidade a seu nome, e ela sorriu animada. Quanto mais crianças tivesse, melhor. Nícolas foi adotado pelas vias legais, exceto pelo fato de que Renato havia comprado meia dúzia de funcionários para conseguir passar a frente de outros casais na fila de adoção. Embora ela não concordasse com isso, a chegada do bebê fez com que relevasse aquele pequeno deslize. O amor dos filhos valia qualquer sacrifício.

Por tudo isso, não podia permitir que uma estranha viesse agora estragar a sua felicidade. Queria se livrar de Graziela, mas não via como. Não podia nem suborná-la, porque ela era muito rica. Talvez, se lhe sugerisse uma adoção, ela sossegasse e aceitasse uma criança pequenina para criar desde cedo. Graziela, contudo, deixara claro que não era a favor de adoção, e ela agora compreendia o porquê.

— Olhe lá o que o urso está fazendo! — a voz de Nícolas surgiu límpida em seus ouvidos, trazendo-a de volta ao presente e àquela realidade de mãe que não poderia mais abandonar.

Era sábado, e ela havia levado o filho e um amiguinho ao zoológico, já que Renato estava viajando a negócios. Os meninos se divertiam vendo o urso de óculos nadando em sua jaula a céu aberto, e ela sorriu e deu um abraço apertado no filho, só o soltando quando ele reclamou.

— Vamos ver os felinos — sugeriu o amigo. — E a girafa.

Seguiram para a jaula dos felinos, após visitarem a girafa, as zebras e o elefante. Já estavam no final do passeio, e Carminha não via a hora de terminarem para se sentar à sombra e beber um refresco. As jaulas dos felinos eram as mais concorridas. Várias pessoas se aglomeravam para ver a pantera negra, que caminhava de um lado a outro, nervosa, aparentemente esperando o almoço que devia estar demorando a chegar.

— Ela deve estar pensando que nós somos o almoço — disse uma voz bem-humorada ao lado deles.

Carminha mantinha a atenção presa no animal e falava com Nícolas e o amigo:

— Ela está realmente nervosa, vocês não acham? Olha para nós como se quisesse nos devorar.

Nícolas deixara de prestar atenção. Olhava tão fixamente para a moça ao lado deles, que o rapaz que a acompanhava, provavelmente seu namorado, disse em tom de gracejo:

— Está paquerando a minha garota, rapazinho?

Nícolas ficou sem jeito. É lógico que o rapaz estava brincando, mas ele ficou envergonhado por ter sido surpreendido olhando fixamente para a moça.

— Não é isso, não. É que ela se parece tanto com a minha irmã...

Carminha só ouviu a última frase. Virou-se bruscamente para o lado e deu de cara com o sorriso familiar de Beatriz. Quase desmaiou. Não era Beatriz. Era uma moça igualzinha a ela. O mesmo rosto, a mesma boca, o mesmo nariz, a mesma estatura e os inconfundíveis olhos castanhos riscados de um verde escuro e brilhante... Só os cabelos e a silhueta eram diferentes. Aquela moça era mais magra e usava os cabelos negros e mais curtos, do mesmo tom dos de Beatriz antes que ela começasse a pintá-los e fazer mechas.

Foi preciso se segurar para não cair. Carminha sentiu o estômago revirar e a vista fraquejar. As pernas foram amolecendo, e seu corpo escorregou até quase tocar o chão. Só não caiu porque os braços fortes do rapaz a ampararam.

— A senhora está bem? — perguntou Leandro, o semblante carregado de preocupação.

— Estou... — balbuciou ela, lutando consigo mesma para se recompor.

— Deve ser o calor — ponderou Suzane. — O sol está muito forte.

— Eu disse a ela para colocar um boné — comentou Nícolas. — Mas ela não quis.

— Quer que eu vá comprar alguma coisa? — indagou Suzane. — Uma água, um refrigerante?

— Pode deixar que eu vou — falou Leandro. — Fique aqui com ela, que eu já volto.

— Não acha melhor irmos todos? — prosseguiu Suzane. — Aqui não tem lugar para sentar, e acho que ela devia descansar um pouco.

Carminha não conseguia dizer nada, mas ouviu a vozinha inocente do filho:

— Impressionante! Até na voz você se parece com Beatriz. Não parece, Pedro?

O amiguinho olhou para Suzane de cima a baixo e concordou:

— Parece, sim. É uma gata feito ela.

— Hei! — zangou Nícolas. — Mais respeito com a minha irmã!

Leandro e Suzane se divertiam com a ingenuidade dos meninos, mas Carminha ficava cada vez mais estarrecida. Aquela moça era, sem dúvida, a irmã gêmea de Beatriz, e os garotos, embora não soubessem disso, reconheciam a semelhança, o que poderia ser extremamente comprometedor. Era preciso fazer alguma coisa, tomar alguma providência. Mas o que fazer para silenciar duas crianças?

— Não precisam se incomodar — Carminha conseguiu, finalmente, dizer. — Eu estou bem. Foi só um mal-estar passageiro.

— A senhora está pálida — observou Suzane. — Tem certeza de que não quer nada? Uma água de coco? É bom para evitar desidratação.

— Engraçado... — disse Leandro. — A senhora também não me é estranha... Ah! Já sei. A senhora é amiga de minha mãe.

— Sua mãe? — repetiu ela atônita.

— Sim. Amélia Souto Bastos. A senhora não é a Dona Carmem?

— Sou...

— Quanta coincidência, hein? — tornou Nícolas, sem desconfiar de nada. — Sua namorada é a cara da minha irmã, e você conhece a minha mãe, que é amiga da sua. Parece até coisa de novela.

Aquilo não parecia cena de novela, mas de algum filme de terror de muito mau gosto. Carminha estava apavorada, louca para sair correndo dali carregando seu filho. Não queria envolver-se com aquela moça e tinha até medo de olhar para ela. Era como se o reflexo de Beatriz de repente houvesse ganhado alento e saído do espelho com vida própria.

— Sabem que um amigo meu também falou que me viu outro dia? — lembrou Suzane despreocupadamente. — Não era eu, é claro. Ele deve ter-me confundido com a sua filha.

— Com a minha filha, nunca! Ela não se parece com ninguém.

— Nossa, mãe, o que deu em você? Por que ficou tão brava de repente? Só porque ela é parecida com a Bia?

— Ela não é parecida com a Beatriz, meu filho — objetou Carminha, agora conseguindo se reequilibrar.

— Como não, tia Carminha? — contrapôs Pedro. — É a cara dela!

— Vamos deixar isso para lá, crianças. Vamos continuar nosso passeio e ir embora. Já está ficando tarde.

A pantera se havia acalmado, entretida em devorar um imenso pedaço de carne que alguém havia atirado na jaula.

— Que pena — lamentou Nícolas. — Não vimos quando colocaram a comida na jaula.

— Vamos deixá-la comer sossegada.

— Depois do almoço elas se aquietam — comentou Leandro. — Ficam moles e vão dormir.

— Então, vamos terminar de olhar tudo e vamos embora — decidiu Carminha. — Estou ficando cansada, e vocês já pegaram muito sol também.

— A senhora melhorou? — indagou Suzane.

Carminha evitava olhar para ela, mas respondeu polidamente, fitando um tigre do outro lado:

— Estou melhor, obrigada. Agradeço a preocupação e a atenção de vocês, mas agora precisamos ir. Já está ficando tarde.

Despediram-se e foram terminar de ver os felinos, enquanto Leandro e Carminha seguiam em outra direção. Graças a Deus que eles haviam começado por caminhos opostos, senão ela se veria obrigada a seguir em companhia daquela moça.

— Que coisa estranha, não é, Leandro? — disse Suzane assim que se afastaram. — Aquele garotinho me achar parecida com a irmã dele.

— Isso acontece.

— Mas um amigo meu falou que me viu outro dia. Até brincou comigo, perguntando por que eu estava de peruca. Deve ter sido a filha dela.

— É possível. E o mais engraçado é que você não tem um rosto comum. Só esses olhos são diferentes de tudo o que já vi. Enfim... — ele deu de ombros e apanhou a mão dela, continuando a caminhar.

Mais tarde, Leandro deixou Suzane em casa e voltou para a sua. O episódio do zoológico tinha ficado em sua cabeça, e ele se pegou curioso para conhecer a sósia da namorada. Sim, porque só podia ser um surpreendente caso de sósias, desses que só se vê nos filmes de Hitchcock.

Estava entrando com o carro na garagem quando a mãe chegou também. Estacionaram lado a lado, e Leandro ajudou Amélia a carregar as bolsas de compras para dentro. Levou tudo para o quarto da mãe e colocou em cima da poltrona que ficava embaixo da janela.

— Ufa! — exclamou ela. — Estou exausta!

— Mãe, queria lhe fazer uma pergunta — falou Leandro, enquanto ela se encaminhava para o banheiro e ligava o chuveiro.

— Sim? O que é?

— No outro dia, você me disse que achou a filha de Dona Carminha parecidíssima com Suzane. Não foi?

— Foi. Uma coincidência e tanto. As duas são iguaizinhas. Tirando a silhueta e o cabelo, o resto é idêntico.

— Suzane e eu fomos ao zoológico hoje. E sabe quem encontramos? — ela meneou a cabeça. — Dona Carminha. Estava com o filho e um outro garotinho.

— Suzane estava com você?

— É claro. E o filho de Dona Carminha ficou espantadíssimo, dizendo que Suzane era a cara da irmã dele.

— Carminha também viu Suzane?

— Viu, mas não reconheceu a semelhança. Como pode?

— Considero isso impossível. A semelhança entre as duas é surpreendente e inegável.

— Queria conhecer essa moça, filha de Dona Carminha.

— Beatriz esteve aqui outro dia mesmo. Pena que você não a viu.

— Mãe, se lhe contar uma coisa, você jura guardar segredo?

— Juro — falou Amélia, aproximando-se do filho coberta de curiosidade.

— Você sabia que Suzane foi adotada?

— Foi?

— Foi. Ela me contou. E você nem imagina em que circunstâncias ela descobriu.

— Como assim?

Brevemente, Leandro contou à Amélia sobre o tio de Suzane, e ela ficou abismada.

— Mas esse Cosme é um canalha!

— Sim, é. Mas o pior, para mim, é a adoção.

— Bom, ser adotado não é nenhum fim de mundo.

— Não. Mas eu me pergunto: e se Suzane tinha uma irmã gêmea? E se elas foram separadas ao nascer? E se essa irmã for Beatriz?

— Isso é loucura. E, que eu saiba, os filhos de Carminha não são adotados.

— Ela pode nunca ter-lhe contado. Ou então, Dona Carminha pode ter tido gêmeas e ficado apenas com uma das meninas, dando a outra para adoção.

— Carminha jamais faria uma coisa dessas. Imagine! Se ela tivesse tido gêmeas, teria criado as duas, você não acha?

— Ou Suzane pode ter sido roubada na maternidade. Ou foi a própria Carminha que roubou Beatriz...

— Ou ela pode ser um clone da outra — ironizou Amélia.

— Ouça, Leandro, você está indo longe demais. Isso já é imaginação.

— Pode ser. Mas que tem alguma coisa estranha nessa história, tem. Você precisava ver a reação de Dona Carminha ao dar de cara com Suzane. Ela quase desmaiou e negou terminantemente a semelhança entre as duas, quando o próprio filho ficou espantado. Não é estranho?

— As pessoas são estranhas mesmo. O que não quer dizer que a sua história seja verdadeira.

— Pode ser.

— O que Suzane disse?

— Nada. Ficou surpresa, ainda mais porque um amigo dela também já a confundiu com outra garota. Não poderia ser a filha de Dona Carminha?

— Provavelmente...

— Embora adotada, Suzane não pensou na possibilidade de a outra ser sua irmã. Acho que ela nem imagina que possa ter tido uma irmã gêmea.

— Você fala como se fosse certo que ela tem.

— Não sei... Mas estou com a pulga atrás da orelha. Fiquei desconfiado. Essas coisas acontecem, você sabe.

— O que você pretende fazer?

— Descobrir. Deve haver algum jeito de ver a outra menina. Você podia me dar o endereço de Dona Carminha, para que eu veja Beatriz pessoalmente e tire logo essa história a limpo.

— Ah! É? E fazer o quê? Dizer-lhe que ela tem uma irmã gêmea de quem nunca ouviu falar? Olhe, meu filho, acho que você está exagerando. Se Suzane é mesmo irmã de Beatriz, seria uma coincidência extraordinária que elas estivessem vivendo justo aqui, no Rio de Janeiro, e tão próximas uma da outra. Isso é impossível.

— Não é. Já que o mundo é finito, as possibilidades de encontro entre as pessoas também o são. Pode até ser improvável que elas se encontrem, mas não é impossível.

— Eu sei. Mas acho difícil...

— Difícil não é impossível. Pense bem, mãe. Elas são iguaizinhas. Como se explica tamanha semelhança, até na voz?

— É, concordo que é esquisito. E se isso for verdade, vai ser uma bomba para as duas. Aliás, para as três. Carminha não vai aceitar.

— Eu vou descobrir.

— Você comentou alguma coisa com Suzane?

— Não. Sei que ela gostaria de encontrar os pais verdadeiros, mas não quero que ela se iluda com uma fantasia. É preciso, primeiro, ter certeza.

— Muito sábio, meu filho. Deixe para falar com Suzane depois que você descobrir. Se elas são gêmeas, conte tudo. Se não, não precisa falar nada, e ela nunca ficará sabendo.

CAPÍTULO 23

Renato encontrou Carminha andando de um lado a outro no quarto, as lágrimas escorrendo, abundantes, de seus olhos. Fora obrigado a cancelar a viagem de negócios por causa do telefonema que ela lhe dera, dizendo que era urgente e que tudo estava perdido. Precisou instruir seu assessor às pressas sobre os detalhes e apresentar uma desculpa convincente para voltar.

— Mas o que foi que houve? — indagou aflito, vendo o estado deplorável em que a mulher se encontrava.

— Eu a vi, Renato, eu a vi! — desabafou ela, encarando-o com os olhos vermelhos e inchados de tanto chorar.

— Você viu quem?

— A gêmea de Beatriz.

— Carminha... Isso é impossível.

— Não é! Eu a vi. Ela é um pouco mais magra e tem os cabelos cortados à chanel e negros, da cor original dos de Beatriz.

— Você deve ter-se enganado. O medo e a preocupação pregam peças na imaginação.

— Não foi imaginação! Nícolas também a viu, e Pedro, o amigo dele.

— Nícolas a viu?

— E falou com ela! Não venha tentar me convencer de que eu não vi a moça, porque conheço bem o rosto da minha filha. E aquele era o rosto de Beatriz!

Não adiantava mais tentar convencer Carminha de que Beatriz não tinha uma irmã gêmea. Negar o óbvio era bobagem. Embora ele achasse que havia coincidências demais naquela história, os fatos apontavam para o improvável e, por uma ironia mordaz do destino, a menina gêmea, sem saber, entrelaçara sua vida à deles, levando-lhes uma ameaça visível e extremamente perigosa.

— Conte-me o que aconteceu — pediu ele, sem poder esconder a consternação.

Carminha contou em minúcias o que se havia passado no Jardim Zoológico, e Renato afundou o rosto entre as mãos, sua cabeça tentando ordenar os pensamentos de forma a lhes dar coerência.

— Você ainda vai negar que Beatriz tem uma irmã gêmea?

Ele ergueu a cabeça, com os olhos cheios de dor, e retrucou vencido:

— Não posso mais. O inevitável aconteceu.

— Você sabia, não é mesmo? O tempo todo soube que havia duas meninas. Por que não me disse nada?

— Não achei que fosse necessário. Queria evitar-lhe preocupações.

— Como foi que isso aconteceu, Renato? Como você pôde permitir separar as gêmeas? Então não sabia que isso ainda podia acabar acontecendo?

— O que você queria que eu fizesse? Eu bem que tentei ficar com as duas, mas o pessoal da adoção não permitiu.

— Como você ficou sabendo das duas? Chegou a ver a outra?

— Não... Mas ouvi um comentário da mulher que me entregou Beatriz.

Carminha quase quebrou os dedos de tanto apertá-los, até que tornou com angústia:

— E agora, Renato, o que vamos fazer?

— Não sei. Estamos em uma situação difícil. Não vai levar muito tempo para Graziela descobrir a verdade. Assim que ela souber que há duas meninas idênticas circulando pela cidade, vai desconfiar e apurar os fatos.

— Por que você foi deixar isso acontecer? — explodiu ela, partindo para cima de Renato e socando-lhe o peito. — Por quê? Por que, meu Deus, por quê?

Carminha desabou num pranto desesperado, e Renato aparava os seus golpes, até que a abraçou e tentou sustentar o seu corpo sacudido pelos soluços.

— Não se desespere, Carminha. Daremos um jeito.
— Vou perder os meus filhos...
— Não vai. Prometo que não vou deixar isso acontecer.
— O que você vai fazer?
— O que for preciso para proteger a nossa família — Renato coçou o queixo e considerou: — Ainda tem aquela mulher...
— O que faremos a respeito dela também?
— Estive pensando. Não podemos comprar Graziela, porque ela é rica e está doida atrás das filhas. Mas a outra moça pode estar precisando de dinheiro. Podemos oferecer-lhe uma boa quantia para ela sumir e nunca mais aparecer.
— E se ela não aceitar?

Renato a fitou com aflição e respondeu lacônico:
— Vai ter que aceitar.

Pouco depois, Renato encontrou-se com Gílson no restaurante de sempre. Estava transtornado e foi direto ao assunto, assim que o garçom se afastou com os pedidos:
— O que você fez com a outra menina?
— Como assim?
— Você disse que vendeu a gêmea para um casal alemão. Isso é verdade?

Gílson não aguentava mais a pressão, e não adiantava mais fingir que a outra não existia. Por isso, encarou Renato de forma incisiva e respondeu friamente:
— Não.

A sinceridade direta pegou Renato de surpresa, e um choque percorreu todo o seu corpo.

— Não é verdade? — constatou estarrecido. — E onde ela está?

— Pelo visto, aqui no Rio.

Renato o fitou boquiaberto e retrucou:

— Você sabia? Sabia que ela está aqui?

— Tenho minhas desconfianças. Eu a vi no Barrashopping uma vez, e Vítor encontrou-a na praia.

— Por que não me disse nada? — enfureceu-se Renato.

— Porque não achei necessário. Não até ter certeza.

— E você tem?

— Já disse que desconfio, mas ainda não pude comprovar.

— Pois eu não desconfio. Estou certo! Carminha a viu, e Nícolas também.

— Onde?

— No zoológico. Estava com o namorado.

— Você o conhece?

— Carminha disse que é filho de Amélia Souto Bastos. Conhece-a?

— De nome.

— Agora, mais do que nunca, precisamos separar nossos filhos.

Gílson não disse nada, e Renato estendeu-lhe um papelzinho dobrado, que o outro pegou e leu.

— O que é isso?

— O endereço de Amélia. Vai poder encontrar a gêmea ali.

— Para que você acha que eu quero encontrar essa moça?

— Você vai oferecer-lhe dinheiro.

— Para quê?

— O que você acha? Para ela sumir das nossas vidas e nunca mais aparecer.

— E se ela não aceitar?

— Cuide para que aceite.

— Por que não faz isso você mesmo?

— Porque não fui eu que deixou uma gêmea de Beatriz solta por aí.

— Não tenho culpa de a mulher ter engravidado de duas.
— Se você sabia que a mulher estava grávida de gêmeas, não podia ter oferecido a criança a outra pessoa. Então não viu que isso ainda ia acabar mal? Que o mundo é pequeno e dá muitas voltas?
— Não tive escolha...
— Ninguém o obrigou. Aposto que foi a sua ganância que o fez vender a menina a outro casal.
— Isso agora não vem ao caso. O que precisamos é resolver essa questão.
— Você é que tem que resolver. O que nós fizemos no passado foi crime. Eu posso me safar, mas você... É você o traficante de bebês, não eu. E além disso, um homem morreu.... e ninguém pode me acusar de nada.
— O crime já prescreveu, Renato. Aconteceu há mais de vinte anos. Ninguém mais pode ser acusado pelo homicídio.

Renato tamborilou na mesa do restaurante a que estavam sentados e retrucou:

— E o roubo das crianças? Também prescreveu?
— Foi sequestro. Pelo que entendi, o crime continua sendo praticado e só prescreve quando for desfeito.
— Que ótimo — ironizou de mau humor. — Eu só quis adotar uma criança. E agora me vejo envolvido num crime que se renova a cada dia.
— Quem escolhe o caminho da adoção segue os trâmites legais. Você preferiu o caminho do tráfico.
— Está tentando colocar a culpa em mim? O que fiz foi movido pelo desespero. Minha mulher estava sofrendo, nós precisávamos desesperadamente de uma criança. Criamos essa menina com todo amor, demos-lhe tudo. E você? O que levou com isso? — ele não respondeu. — Dinheiro. Você foi movido pela ganância. Nós, pelo amor.
— Essa discussão não vai levar a lugar nenhum. E eu não quero mais tomar parte em nenhuma ação ilícita.
— Quanta honestidade! Desde quando você virou adepto da licitude? — Gílson não respondeu, e Renato esbravejou: —

Você precisa encontrar essa moça! Eu é que não posso mais me envolver nessa história.

— Acho que não vale a pena remexermos nessa sujeira. Talvez seja melhor deixarmos o destino agir.

— Deixe o destino agir na sua vida, mas não arraste a minha com você — rosnou Renato entre os dentes. — Tenho mulher e filhos, uma vida estável e tranquila, uma reputação a zelar. Não quero perder o que conquistei ao longo desses anos.

— Estamos lutando contra o inevitável. As coisas se encaminham para o desvendamento da realidade.

— Você é um tolo, Gílson! Arrisca-se a perder tudo, inclusive o respeito de seu filho, por causa de um sentimentalismo barato. Arrependimento agora não leva a nada. Culpa também não.

— Não fale dos meus sentimentos. Você não sabe nada sobre eles.

— Sua mulher morreu, e você ficou sozinho com um filho para criar. Desistiu do negócio porque era um fraco e um covarde. Pensa que não sei que quem resolvia tudo era sua mulher?

— O que você sabe sobre minha mulher? — exasperou-se ele. — Lorena morreu por sua culpa, por causa do que você fez!

— Não venha agora me acusar pela bebedeira da sua mulher. Ela morreu porque estava bêbada, cansada de aturar um homem covarde e inútil. Você não tinha coragem nem para assumir o seu papel de homem da família.

A vontade de Gílson era desferir um murro no queixo de Renato, mas conseguiu se conter, embora um sentimento de raiva desenfreada fosse se instalando dentro dele. É que, nesse exato momento, atraída pelos pensamentos dos dois, Lorena se aproximou. Ao ver Renato, hesitou, mas acabou se aproximando, fuzilando de ódio.

— De que adianta você perturbar Gílson com essas palavras? — gritou ela, os olhos chispando de ódio. — Canalha!

Gílson e Renato mal se despediram, e cada um tomou o seu rumo. Lorena nem teve dúvidas. Encheu-se de coragem, engoliu a repulsa e saiu atrás de Renato. Enquanto ele dirigia, ia pensando em seu passado, sem se aperceber da presença de Lorena sentada no banco ao lado com as pernas pousadas sobre os seus joelhos.

— Você vai ver, idiota — rosnou ela. — Vou acabar com a sua vida.

Lorena cruzou os braços, recostada na porta, e ficou acompanhando os pensamentos de Renato, que retomaram os fatos pretéritos como se houvessem acontecido no dia anterior.

A operação não saíra exatamente como esperado, mas, mesmo assim, fora um sucesso. Leocádia dera o outro bebê para o casal de Brasília, enquanto Lorena entregava a gêmea para Renato. Depois que tiraram as meninas de Barra do Bugres, seguiram direto para seu destino, sem paradas ou desvios.

Em Cuiabá, Leocádia foi para o aeroporto, onde deveria efetuar a entrega da criança e receber o dinheiro. Sentou-se num banco mais afastado, e logo um homem bem-vestido sentou ao seu lado. Trocaram beijinhos e puseram-se a conversar feito velhos amigos. Leocádia deixou a bolsa cair aberta no chão, e o homem se abaixou para apanhá-la, enfiando um pacotinho lá dentro sem que ninguém percebesse. Leocádia pegou a bolsa e remexeu em seu interior, fingindo ajeitar suas coisas, mas, na verdade, contando as cédulas embrulhadas no pacote. Cinco minutos depois, colocou o bebê no colo dele e entrou no banheiro. Quando saiu, ele não estava mais lá. Havia tomado o avião para Brasília. Leocádia, por sua vez, partiu para o Rio de Janeiro, onde aguardaria Lorena para obter novas instruções.

Nesse ínterim, Lorena e Renato seguiam outro rumo. Ela ficara com o carro, comprado por Leocádia sob uma de suas muitas falsas identidades. Seguiriam para Campo Grande, e de lá para São Paulo, onde pegariam o avião para o Rio de Janeiro.

— Por que não pegamos o avião aqui mesmo? — questionou Renato.

— Porque Leocádia está no aeroporto com a outra menina. Não quero me arriscar.

— E se formos parados em alguma blitz?

— Somos casados, e a menina é nossa filha. Tenho documentos falsos para você e para mim.

Renato não disse nada. Com certeza, era uma quadrilha muito bem organizada, pronta para qualquer eventualidade.

— Será que já avisaram a polícia? — indagou Renato.

— Não sei. Mas quem irá contar à polícia o que aconteceu? Estão todos mortos. Não era para estarem mortos, mas estão.

— Foi um acidente.

— Ninguém atira num homem pelas costas por acidente.

— Ele ia me impedir de levar as meninas.

— Olhe, não estou com pena do sujeito nem da mulher. Tampouco estou acusando você por ter livrado o mundo de mais dois caipiras inúteis. O negócio é que isso pode colocar a polícia atrás de nós, e até hoje, nunca me vi ameaçada pela polícia.

— Você mesma disse que não havia ninguém para contar o que houve.

— Esquece-se de que há dois cadáveres naquela cabana? E que a polícia não vai demorar para descobrir que a infeliz teve um filho e que ele sumiu?

— Você acha, realmente, que alguém vai dar muita importância ao filho roubado de dois matutos mortos?

— Pode ser que não. No entanto, é bom não arriscar.

Renato silenciou novamente e prosseguiu dirigindo pela estrada poeirenta. Alguns carros da patrulha rodoviária cruzaram por eles, mas ninguém os parou. Em Campo Grande, resolveram se hospedar num hotel. Lorena trocou a fralda da menina e alimentou-a com a mamadeira que Renato havia trazido.

— Não é perigoso para um bebê recém-nascido viajar tantas horas?

— Não é o ideal, mas não temos escolha. Ou temos?

— Não sei. Você é a profissional — ele fez um gesto de aspas com os dedos —, não eu.

— Se é assim, não devia ter feito nada sem me consultar. Não o mandei matar ninguém.

— Na hora, você não me pareceu muito aborrecida.

Para surpresa de Renato, Lorena começou a se despir na sua frente, deixando-o embaraçado e sem saber o que dizer. Calmamente, e sob seu olhar atônito, ela tirou toda a roupa e ligou o chuveiro.

— Preciso de um banho. Parece que tenho dois quilos a mais só de poeira.

A atitude despreocupada de Lorena deixou Renato confuso e perturbado. Ela tomava banho de porta aberta, e ele, de onde estava, podia ver o contorno de seu corpo perfeito delineado na cortina do box. O desejo foi crescendo dentro dele, e Renato tentou desviar os olhos e pensar em Carminha, na aflição que devia estar sentindo com a sua demora.

Olhou a menina adormecida entre os travesseiros e ficou tentando imaginar a alegria da mulher quando recebesse a criança nos braços. Sua ida a Barra do Bugres não fora propriamente planejada, mas fora obrigado a ir devido a circunstâncias inesperadas. Gílson, o responsável pela operação, estava preso a uma cama de hospital, vítima de um enfarto, e ele se oferecera para buscar a criança com a mulher dele. A princípio, Gílson fora contra, mas Lorena, que era uma mulher prática e decidida, aceitou prontamente a sua oferta e partiu para a pequenina cidade em companhia de seu mais novo comparsa.

Matar os pais das meninas não era o planejado, e ele se arrependia. Contudo, não podia permitir que um joão-ninguém roubasse de sua mulher a chance da felicidade. Lamentava ter que matá-lo, mas não houve jeito. E quem sentiria falta de dois roceiros ignorantes e desdentados, que só serviam para aumentar ainda mais o número de miseráveis jogados no mundo?

Seus pensamentos foram interrompidos pela saída de Lorena do banheiro. Ela vinha enrolada numa toalha, os cabelos molhados caídos sobre os ombros morenos. Sem cerimônia ou constrangimento, parou defronte a um espelho preso na parede e soltou a toalha, pondo-se a enxugar os cabelos.

— Por que não se veste? — indagou ele confuso e consumido pelo desejo. — Não fica bem você posar nua na frente de um homem casado.

— Sou casada também. Mas hoje, nós dois somos marido e mulher.

Ele não resistiu. Puxou-a para si e beijou-a ardentemente, deitando-a sobre o tapete felpudo que encobria todo o chão. Com uma quase selvageria, amaram-se por toda a noite. Renato estava impressionado com a volúpia daquela mulher, tão diferente de sua doce e meiga Carminha. Lorena, por sua vez, gostava de experimentar coisas novas, e aquela não era a primeira vez que traía o marido.

Quando terminaram, ambos estavam exaustos e saciados. Renato nunca havia experimentado sexo daquela maneira com a esposa, e Lorena não se satisfazia com o jeito afável e pouco agressivo de Gílson. Renato, a princípio, se mostrara tímido e recatado, mas, à medida que ela o provocava, ele ia respondendo com uma intensidade ousada e animal.

Na manhã seguinte, seguiram viagem para São Paulo e, no outro dia, estavam no Rio de Janeiro. Ambos embarcaram e desembarcaram do avião como dois estranhos. Desde o momento em que deixaram o hotel, em São Paulo, não se falaram mais. Lorena foi se livrar do carro, e Renato pegou o avião sozinho com o bebê. A seu lado, sentou-se uma senhora de cara gorda que ficou fazendo gracinhas para o bebê, que sequer tomava conhecimento de sua existência. Apesar de irritado, Renato não disse nada, e foi a mulher quem perguntou:

— Tão novinho! Onde está a mãe?

— A mãe morreu — retrucou ele de mau humor, fazendo silenciar a mulher.

Carminha o esperava no aeroporto, e a primeira coisa que fez foi tomar a criança dos braços do marido. Por telefone, ele havia lhe dito que tudo correra bem e que em breve estaria em casa com a sua filha. Ela mal conseguia se conter. Já estava tudo pronto para a chegada do bebê na nova casa. Renato e Carminha haviam comprado uma casa num condomínio de luxo na Barra da Tijuca, bem defronte ao mar, e iriam se mudar para lá assim que a criança chegasse. Venderam o apartamento em que moravam, na Praia do Flamengo, e partiram para o novo bairro, onde ninguém os conhecia. Ela podia tirar a barriga postiça que passara a usar para fingir-se de grávida e justificar, sem levantar suspeitas, a chegada do bebê.

Lorena também desceu do avião e passou por eles sem lhes prestar atenção, e Renato fingiu que não a vira. Ela tomou um táxi e foi direto para casa, ainda se lembrando dos momentos de prazer que vivera ao lado de Renato. Ao chegar, foi ver como estava o pequeno Vítor, tomou um banho e foi ao hospital visitar Gílson, vítima de um enfarto que quase lhe roubara a vida.

Não se passou muito tempo até que Renato voltasse a procurar Lorena. Marcaram de se encontrar e deram início a um tórrido e apaixonado romance, carregado das mais variadas loucuras sexuais. Seus encontros eram sempre em motéis afastados, onde se entregavam ao sexo irresponsável, atraindo inúmeras criaturas que se compraziam com a energia liberada no momento do ato sexual.

Tanta volúpia acabou cansando Renato. Sossegado o fogo da paixão, ele se viu farto de Lorena e desejoso de viver em harmonia com a mulher e a filha recém-nascida. Voltou-se para a família e o amor que sentia por Carminha, deixando Lorena louca da vida. Começou a escassear os encontros, até que não a viu mais.

— Preciso falar com você — disse ela ao telefone. — E antes que você diga não, quero avisá-lo de que estou disposta a fazer um escândalo na sua casa e provocar o fim do seu casamento.

Renato desligou. Dali a poucos minutos, encontrava-se com ela em um bar no centro da cidade. O garçom se aproximou, mas ele o mandou embora com um aceno de mão.

— Muito bem — começou ele. — Primeiramente, quero avisá-la de que não gosto de ameaças nem tenho medo delas. Segundo, não se esqueça de que, se eu tenho a perder, você tem muito mais do que eu. Não me importo de ir à polícia e contar o que você faz para viver.

— Você não se atreveria!

— Não? Experimente tentar destruir a minha vida.

— Você matou um homem. Posso mandá-lo para a cadeia.

— Não tenho medo de ameaças, já disse. Se eu me ferrar, levo você e seu maridinho banana comigo. E, com bons advogados, posso muito bem me safar. Mas você, com todas essas crianças vendidas na clandestinidade, não tem escapatória. Vai mofar na cadeia. Por isso, quem lhe dá um aviso sou eu: pense bem no que vai fazer e não se meta comigo ou com a minha família!

Nem esperou resposta. Levantou-se furioso e saiu feito uma bala, deixando Lorena a remoer um ódio descomunal. Não fosse o perigo de ser presa, teria ido dali direto ao encontro de Carminha para lhe contar tudo. Mas ele parecia ter falado sério quando dissera que não tinha medo, e ela não se atreveu. A única coisa que não poderia suportar era a cadeia.

Dali em diante, o ódio de Lorena por Renato se transformou em repulsa. Tinha o seu orgulho e não permitiria ser rejeitada novamente. Em breve, arranjou outro amante e deixou Renato de lado. Queria, ela também, prosseguir com a sua vida. Só que o rumo que a vida queria tomar não era aquele por ela pretendido. Gílson insistia para que parassem com o tráfico de bebês e vivia atormentando-a por causa disso. As brigas foram aumentando e chegaram a um ponto quase insustentável. Até o dia em que ele pediu o divórcio, e ela, tomada de repentina e incontrolável fúria, causou o acidente que lhe extinguiu a vida física.

CAPÍTULO 24

Pelas informações que Amélia dera, Leandro ficou sabendo que Beatriz estudava comunicação social na PUC e foi para lá esperá-la na saída. A mãe não soubera precisar o horário, de forma que ele não compareceu ao emprego naquele dia e foi postar-se diante da faculdade por volta das onze da manhã, a fim de esperar a saída do primeiro turno.

Aguardou por mais de uma hora. Por fim, os alunos começaram a sair em grupos, e ele ficou prestando atenção. Muitas moças olhavam para ele e davam risinhos abafados, fazendo comentários engraçados com as amigas, mas ele não se importava. Não estava ali para paquerar ninguém, e as garotas não lhe interessavam. Olhava atentamente para o rosto de cada uma, mas nenhuma se parecia com Suzane.

Alguns instantes depois, avistou quem procurava. A moça vinha abraçada a um rapaz, provavelmente o namorado, e ele precisou se cuidar para não arranjar confusão. Contudo, queria falar com ela, certificar-se de que era, realmente, idêntica a Suzane.

Esperou até que eles se aproximassem e correu ao seu encontro, dando um esbarrão proposital nos dois e se deixando cair ao chão.

— Meu Deus! — gritou Beatriz. — O que é isso?

Leandro fez uma careta de dor e apertou o tornozelo.

— Você está bem, cara? — perguntou Vítor, ajudando-o a levantar-se.

— Estou bem — respondeu Leandro, erguendo-se e olhando discretamente para Beatriz. — Desculpem-me o mau jeito. Estava atrasado para o trabalho, mas esqueci o material na sala e voltei correndo para buscar... Não vi vocês. Perdoem-me.

— Está tudo bem — consolou Beatriz.

— Você se machucou? — indagou Leandro, fitando-a diretamente e estudando seu rosto com atenção.

Ela sentiu o seu olhar perscrutador e respondeu confusa:

— Eu estou bem. Parece que foi você quem levou a pior.

Ele continuava olhando-a, até que Vítor intercedeu:

— Bom, já que estamos todos bem, acho que vamos andando. Você não estava atrasado para o trabalho?

— Claro... — balbuciou ele. — Desculpem-me novamente. Até mais.

— Até — respondeu Beatriz.

Para disfarçar, Leandro entrou na faculdade e foi se esconder atrás de uma pilastra, olhando os dois à distância.

— Cada um que aparece... — comentou Beatriz.

— Ele estava paquerando você.

— Ah! Pare com isso, Vítor. O coitado se esborrachou no chão...

— Estava, sim, mas não me importo. Isso é que dá namorar a garota mais linda da faculdade.

Beijaram-se e continuaram caminhando até o estacionamento. Assim que sumiram de vista, Leandro saiu de seu esconderijo e, certificando-se de que eles não estavam mais por perto, entrou em seu carro tomando a direção de casa. Precisava dividir aquela descoberta com a mãe. Quando chegou, Amélia estava ao telefone, e ele pediu que ela desligasse. Pelo seu nervosismo, a mãe percebeu que devia ser muito importante.

— O que foi que houve? — foi logo perguntando.

— Você nem vai acreditar! — exclamou ele, completamente eufórico. — A tal de Beatriz é mesmo idêntica a Suzane.

— Você a viu?

— Fui à faculdade em que ela estuda. Vi-a saindo com o namorado. Até falei com ela. A semelhança é incrível.

— Você teve coragem de falar com ela? — ele assentiu. — E o que lhe disse?

— Nada de mais. Dei um esbarrão neles e inventei uma história. Mas deu para fixar bem o seu rosto. É igualzinho ao de Suzane. Até a voz é parecida.

— Eu não falei?

— É incrível, mãe. Suzane tem uma irmã gêmea e nem sabe disso.

— Espere aí. Você nem sabe se elas são mesmo irmãs.

— Só podem ser. São gêmeas idênticas. Têm o mesmo rosto, o mesmo nariz, a mesma boca. E os olhos, então? Aqueles olhos castanhos riscados de verde musgo não são comuns. E os olhos de Beatriz são assim mesmo. Como os de Suzane.

— Mas como é que pode uma coisa dessas? Será que a filha de Carminha também é adotada?

Leandro deu de ombros e prosseguiu:

— E será que Carminha sabe que a filha tem uma irmã gêmea andando por aí?

— Não creio... — ela parou de falar e tornou pensativa. — Ou será que sabe? Carminha tem agido de forma muito estranha ultimamente. Sem falar que não quis vir ao nosso último encontro e não aceita mais meus convites. E também mudou com Graziela. Nem atende mais às suas ligações. E antes parecia tão interessada na amizade com ela!

— Aí tem coisa, mãe. Para mim, Dona Carminha está escondendo algo.

— É claro que deve estar, se adotou a filha. Mas será que desconfia de que há uma outra? Se é que há mesmo outra.

— Há. Tenho certeza. Conheço bem Suzane, e a moça que eu vi hoje bem poderia se passar por ela. É igualzinha a ela, sem tirar nem pôr.

— O que você pretende fazer?

— Contar tudo a Suzane. Ela precisa saber.

— Você acha que é prudente? Quero dizer, Suzane pode fazer alguma besteira.

— Que besteira? Irromper pela casa de Carminha e exigir o seu lugar na família?

— Não sei. Na verdade, nós nem sabemos se ela seria mesmo daquela família. Mas pode ser... Carminha pode ter tido gêmeas e perdido uma.

— Perdido como? Ninguém perde uma filha. Ou ela a deu para adoção, ou a menina foi roubada. Ou Beatriz, assim como Suzane, também foi adotada.

— É... Essa é a hipótese mais provável. E imagine como Carminha vai ficar quando descobrir a gêmea da filha.

— Será que Beatriz sabe que foi adotada?

— Não faço ideia.

— De qualquer forma, Suzane tem o direito de saber. E vou contar a ela agora.

— Acho que você não devia se precipitar. Podemos estar enganados.

— Mas mãe, não há engano algum! Beatriz é gêmea de Suzane. Só pode ser.

— Ouça, Leandro, há casos assombrosos na vida. Você nunca viu na televisão pessoas que se fazem passar por artistas, que são iguaizinhas, verdadeiras sósias, mas que não têm parentesco algum com eles? Pois bem. É muito provável que Suzane seja irmã de Beatriz, mas nós não temos provas suficientes. A semelhança é surpreendente, mas a vida está cheia de coisas que surpreendem. Pode ser que elas sejam apenas sósias.

— Não são!

— E se forem? O que é que você vai dizer a Suzane depois? Vai enchê-la de esperança, deixando-a acreditar que tem uma família, para depois, se estiver enganado, tirar-lhe tudo de novo? Pense bem. Como acha que ela vai se sentir?

— ele não respondeu. — Vai ficar arrasada. Sem falar na confusão que você poderá causar na vida de Beatriz. Se ela não for adotada, vai gerar um desconforto familiar sem igual.

— Você mesma disse que Dona Carminha vem agindo de forma estranha ultimamente. E depois, a reação dela no zoológico foi bastante reveladora. Ninguém fica do jeito que ela ficou se não tem um motivo forte.

— O que não significa que seja por causa disso.

— Você não viu a cara dela, mãe! Ela ficou desesperada, negando que Suzane fosse parecida com a filha.

— Mesmo assim, isso não prova nada. Ouça o que estou dizendo, Leandro. Espere mais um pouco para contar tudo a Suzane. Espere até ter certeza.

— Mas como vou ter essa certeza? As únicas pessoas que sabem a verdade são Dona Carminha e o marido. E eles não vão contar.

— A verdade sempre aparece. Se Suzane e Beatriz são realmente gêmeas, a vida vai se encarregar de mostrar.

— Mas a vida pode não estar com pressa.

— A vida não tem pressa nem anda devagar. Faz as coisas no momento certo. E o momento certo pode não ser esse.

Leandro olhou para a mãe com ar cansado. Não via motivo algum para não contar tudo a Suzane imediatamente, mas achou que o melhor seria fazer a vontade dela.

— Está bem — concordou ele, por fim. — Não vou dizer nada. Por enquanto.

— Muito sensato. Você vai ver como as coisas vão se encaixando aos pouquinhos. Se Suzane for mesmo gêmea de Beatriz, a verdade logo vai aparecer.

— Espero que você tenha razão. Mas, se demorar muito, vou lá e lhe conto tudo.

— Que seja.

Foi muito difícil para Leandro guardar segredo sobre aquela descoberta. Ao encontrar-se com Suzane, quase fraquejou, mas conseguiu se controlar e adiar a revelação por mais algum tempo. Até que tudo se esclarecesse por completo.

CAPÍTULO 25

Enquanto Leandro se ocupava com Beatriz, Gílson se preocupava com as ameaças veladas de Renato e tentava descobrir mais a respeito de Suzane. Renato dissera que o namorado dela se chamava Leandro e era filho de Amélia Souto Bastos. Pesquisando na internet, descobriu que o rapaz era sócio em uma agência de propaganda na Barra da Tijuca, de onde poderia começar a segui-lo, até chegar à casa da namorada.

Fazia aquilo contrariado, por insistência de Renato, de quem pretendia se ver logo livre. Se fosse para afastá-lo de vez da sua vida, até que valeria a pena. E depois, teria que cuidar de Vítor. Melhor seria se o filho rompesse o namoro com Beatriz, mas ele não podia pressioná-lo. Só lhe restava esperar que a paixão se dissolvesse e ele voltasse os olhos para outras moças.

Parado na porta da agência, Gílson viu quando Leandro e Suzane saíram ao final do dia e pôs-se a segui-los à distância. O carro tomou a direção do subúrbio, e ele foi atrás. Algum tempo depois, estacionou defronte a um edifício decadente, e Gílson parou à distância. *Ótimo*, pensou ele. A moça, pelo visto, era pobre, o que facilitaria sua investida.

— Não entendo por que você não se muda daqui — disse Leandro a Suzane. — Já me ofereci para ajudá-la a pagar o aluguel de um apartamento na Barra ou no Recreio.

— Não, Leandro — protestou ela veementemente. — Você já me arranjou um emprego. Não quero que faça tudo por mim. Nós não somos casados.

— Ainda não. Mas você é minha namorada, quase noiva. Não fica bem morar num lugar como esse.

— O que ganho ainda não é o suficiente para me manter sozinha. Quando for, sairei daqui.

— Posso lhe dar um aumento.

— Obrigada, mas não quero.

— Você é a primeira pessoa que vejo recusar um aumento.

— Não estou recusando. Só quero conquistá-lo por meu mérito próprio.

— Tudo bem. Mas por que não moramos juntos? Meu pai tem um apartamento vazio na Barra. Tenho certeza de que nos cederia.

— Não sei. E se você enjoar de mim e me colocar na rua?

— Isso nunca vai acontecer. Sabe o quanto a amo.

Ele a beijou com emoção, e ela correspondeu ao beijo com uma pontinha de remorso. Na verdade, relutava em sair dali por causa de René, resistindo à ideia de deixá-lo.

— Vou pensar nessa proposta — considerou, dando-lhe novo beijo nos lábios. — Mais tarde lhe direi minha decisão.

— Amanhã.

— Não sei. Mais tarde.

Desceu do carro e lhe jogou um beijo. Leandro ligou o motor e seguiu vagarosamente pela rua.

— Finalmente! — Gílson disse para si mesmo, assim que o carro de Leandro dobrou a esquina.

Já ia abrindo a porta de seu carro quando um outro rapaz se aproximou de Suzane, e Gílson ficou onde estava, apenas observando. O moço disse alguma coisa ao seu ouvido, e ela lhe deu um leve empurrão e tentou entrar no prédio. Mas o rapaz foi mais rápido e a puxou pelo braço, fazendo com que ela se voltasse para ele. Em seguida, encostou o corpo dela contra a parede e beijou-a sofregamente, alisando os seus seios.

De onde estava, Gílson não ouvia o que diziam, mas de uma coisa tinha certeza: Suzane não estava recusando as carícias do rapaz nem parecia ofendida com a sua atitude. Em poucos minutos, ela alisou o rosto dele e segurou a sua mão, e os dois entraram apressados no edifício. Gílson sorriu satisfeito. Seria mais fácil do que imaginara. Além de pobre, ela era infiel, e estava óbvio que só namorava Leandro porque ele era rico, mas gostava mesmo era do malandro do subúrbio.

    Gílson olhou para cima e viu uma luz se acender no segundo andar e, em seguida, outra. Não viu a silhueta dos dois nas janelas, mas não tinha dúvida. Suzane e o rapaz haviam entrado no apartamento, passado pela sala e agora estavam no quarto, entregues ao desejo e à paixão. Não seria nada difícil subornar e chantagear uma pessoa desse tipo.

    Somente por volta das onze horas foi que René deixou o apartamento de Suzane. Gílson não perdia um movimento sequer dos dois e esperou pacientemente até que o rapaz desaparecesse de vista para sair do carro. Olhou para cima e notou que apenas uma luz estava acesa, provavelmente, a do quarto. O prédio não tinha porteiro, e ele ficou olhando os números dos apartamentos no interfone. Havia seis por andar, e ele deduziu que o dela seria o 202, pela posição das janelas.

— Quem é? — ele ouviu a voz dela por cima do chiado do aparelho antigo.

— Gostaria de lhe falar um instante.

— Quem é você? — tornou ela, agora desconfiada.

— Um amigo.

— Que amigo?

— Um amigo de Leandro — silêncio. — Preciso lhe falar.

— Os amigos de Leandro não sabem onde moro.

— Venha até aqui um minuto, por favor. Não vou lhe fazer mal.

— De jeito nenhum! Olhe, moço, não o conheço, nem Leandro me falou de nenhuma visita de amigos. Que história é essa? O que está pretendendo?

— Tenho assuntos do seu interesse a tratar.

— A essa hora da noite?

— Não tenho culpa. Cheguei cedo, mas foi só a essa hora que o seu amiguinho saiu. Um pouco tarde também, não acha? Principalmente para quem tem namorado.

Ela estremeceu, mas não se deixou convencer:

— Não sei o que está pretendendo, mas comigo não vai arranjar nada. O que faço com os meus amigos e a que horas não é problema seu.

Ela era esperta, e Gílson quase desistiu. Admirava mulheres que tinham malícia e não se deixavam dominar ou enganar facilmente.

— Se está com medo de vir até aqui agora, podemos nos encontrar amanhã.

— Por quê? Por que eu iria encontrar um estranho cujas intenções desconheço?

— Porque eu descobri o seu segredo. E um segredo partilhado deixa de ser segredo.

— Você não descobriu nada. Não sabe nada a meu respeito.

— Mas sei muito sobre o seu namorado. Ele é bem rico, não é? — ela não respondeu. — E é por isso que você gosta dele.

— O que você está querendo, afinal? Se é dinheiro, pode esquecer. Não tenho um tostão.

— Não, minha cara. É você quem precisa de dinheiro, não eu.

— E daí? O que quer dizer? Olhe, moço, vou desligar. Já está ficando tarde e tenho que trabalhar amanhã cedo.

— Não vai me deixar subir?

— Não.

— Tudo bem. Mas me encontre amanhã, ao meio-dia no Campo de Santana. Sabe onde fica?

— Não.

— No centro da cidade. Pergunte e lhe informarão. Amanhã, ao meio-dia.

— Por que acha que eu iria a um encontro com você se nem o conheço nem sei do que se trata?

— Porque você é uma moça muito ambiciosa e não vai querer perder tudo o que tem, não é mesmo?

Desligou antes que ela respondesse, odiando a si mesmo pelo que fazia. Aquele não era o seu estilo, mas sim o de um criminoso, e o crime era algo que parecia distante em sua vida. Mas não tão distante que não pudesse retornar. Só que agora já era tarde demais. Poderia não aparecer no lugar marcado, mas temia as consequências. Temia Renato muito mais do que tudo, porque sabia que ele era capaz de matar.

No dia seguinte, ao meio-dia, Gílson estava sentado num banco do Campo de Santana quando a avistou pelo lado de fora das grades, pedindo informação a um transeunte. Aquele rosto era inconfundível, e ele ficou tomando conta de seus movimentos.

Suzane entrou no Campo de Santana com cuidado e medo, olhando para todos os lados e fixando o rosto de cada um que passava por ela. Foi caminhando sem saber aonde ia e, por uns momentos, se distraiu vendo as cotias que corriam pelo gramado. Foi quando sentiu que um homem se aproximava e se virou bruscamente.

— É você? — perguntou ela, espantada com a aparência distinta de Gílson.

— Venha comigo — falou ele, conduzindo-a a um banco próximo.

Os dois se sentaram, Suzane mantendo uma certa distância do desconhecido.

— O que quer de mim? — prosseguiu ela.

— Você é uma garota muito corajosa e direta. Gosto disso.

— Quem é você? Por que foi a minha casa no meio da noite?

— Não a chamei aqui para responder a suas perguntas, embora compreenda que elas sejam muitas. Mas você é uma moça muito direta, e como sou direto também, vou logo ao que interessa. Quanto você quer para sumir deste país?

— O quê? — indignou-se ela, que não esperava aquela oferta.

— Você me ouviu muito bem. Quanto quer para desaparecer?

— Você é maluco ou o quê? Como é que um homem que eu nem conheço aparece na minha frente me oferecendo dinheiro para sumir?

— Sem perguntas, garota. Apenas considere a minha oferta. Um milhão de reais não é pouco para ninguém, você não acha?

— Um milhão de reais? — repetiu ela atônita. — Por quê? Qual o seu interesse em mim?

— Já disse que não vou responder a suas perguntas. É pegar ou largar.

— Como é que você espera que eu aceite uma oferta dessas sem saber por que ou quem a está oferecendo?

— Você precisa de dinheiro. Ontem à noite vi bem onde você mora. E sei que você não ama o seu namorado. Se amasse, não teria deitado com outro.

— Isso é um absurdo! — zangou-se ela, levantando-se de súbito. — Você não sabe nada de mim. Nada!

— Sei muito mais do que você imagina. E muito mais do que Leandro supõe.

— Isso só pode ser alguma brincadeira. Por que alguém teria interesse em afastar-me daqui?

— Você se meteu onde não devia.

— Quem está fazendo isso? É a mãe de Leandro?

— Não é ninguém que você conheça.

— Mas por quê? Qual o interesse dessa pessoa misteriosa?

— Digamos apenas que é uma pessoa que gosta muito de Leandro e que não quer vê-lo desperdiçar a vida com uma aventureira feito você.

— Que pessoa? Uma antiga namorada? — ele deu de ombros, dando a entender que era. — Quem é? Qual o nome dela?

— Não interessa. Então? Aceita ou não a minha oferta?

— Não — respondeu ela segura. — Não sou a mulher venal que você pensa.

— Não é? E se o seu namoradinho souber da noite de amor que você teve com o playboyzinho do subúrbio?

— Você está blefando. Recebi um amigo em casa ontem, e só. Não transamos, como você está afirmando.

— É assim que você recebe os amigos? Esfregando-se neles na parede do edifício? Acho que Leandro gostaria de saber disso.

— Você é um idiota. Quem foi que disse que Leandro vai acreditar em você? Um desconhecido. E você não tem prova alguma. Ou será que grampeou o meu apartamento? — ele não respondeu, e ela se levantou. — Pois eu acho que você não sabe de nada. Está jogando verde, mas não vou cair nessa. Gosto de Leandro e vou me casar com ele, e você pode dizer a essa idiotinha que o contratou que está perdendo o seu tempo. Diga-lhe que pegue o seu dinheiro e enfie... você sabe onde.

Gílson sentiu o rosto arder e não revidou. Estava envergonhado com o papel que desempenhava e tinha vontade de sair correndo dali. Ele era um homem conhecido, não devia ter deixado Renato convencê-lo a fazer aquela oferta. A moça era diferente do que ele imaginara e agora podia reconhecê-lo a qualquer momento nos jornais. E como ficaria a sua reputação?

Sem contar que ela não se deixara comprar com facilidade. Além de tudo, o perigo de serem descobertos persistia, precisavam tomar alguma outra providência. O que fazer? Gílson foi sentindo um desespero se insinuar pelo seu corpo, mas conseguiu se controlar. Suzane já não estava mais ali, e ele ficou observando o molejo excitante do seu corpo esguio passando pelos visitantes do Campo. Os homens se voltavam para olhá-la, mas ela não lhes prestava a menor atenção. Estava chorando de ódio e frustração, de medo e arrependimento. Queria retroceder no tempo e recusar as carícias de René, mas não podia.

Só conseguia pensar em Leandro, que não merecia uma decepção como aquela. Uma dor aguda perpassou-lhe o peito, e ela abafou os soluços, tentando imaginar como seria se ele rompesse com ela. Ficaria sem o dinheiro e perderia a chance de se vingar de Cosme. Mas o pior de tudo era perder a confiança e o amor dele, e foi só naquele momento que percebeu como Leandro era importante na sua vida.

CAPÍTULO 26

Suzane ficara abismada com aquele encontro. De onde aquele homem havia surgido, não sabia, mas ele fora audacioso o bastante para lhe causar medo. Ela não era mulher de se deixar intimidar, contudo, sentia no ar o perigo daquela abordagem intempestiva. E se o homem, realmente, falasse alguma coisa com Leandro? Ele podia não acreditar, mas veria despertar a sombra atroz da desconfiança.

E quem seria a garota misteriosa que tinha tanto interesse em Leandro a ponto de pagar alguém para intimidá-la e fazê-la sair do país? Que mulher seria aquela que surgira do nada e de repente? Suzane chegou ao trabalho mais tarde, tentando não demonstrar o medo e a preocupação, e Leandro foi logo ao seu encontro:

— Por onde foi que você andou? Fiquei preocupado. Liguei para você a manhã inteira, mas o seu celular estava desligado.

— Deixei recado para você. Avisei que ia chegar mais tarde.

— Tudo bem, mas por quê?
— Precisei resolver uns assuntos.
— Que assuntos?
— Coisas minhas. Não interessam a você.
— Está me escondendo algo?
— Está me vigiando?

— Eu apenas me preocupo com você — defendeu-se ele, em tom magoado. — Não tenho a menor intenção de tomar conta da sua vida. Se foi isso o que pareceu, perdoe-me.

Imediatamente, ela se arrependeu e puxou-o pela mão.

— Não. Sou eu que lhe peço desculpas. Estou sendo rude e mal-agradecida. É que ando muito triste. Sinto falta dos meus pais...

Não era mentira, e ela se sentiu à vontade para dar aquela desculpa.

— Quer conversar? — retrucou ele, interessado e compadecido. — Podemos ir almoçar.

Foram ao shopping, mas Suzane não falou nada a respeito, e ele não lhe fez perguntas.

— Minha mãe vai dar outro daqueles almoços no sábado — anunciou ele, tentando fazer com que ela se animasse. — E dessa vez não teremos desculpas para faltar.

— Por que não?

— Porque é o aniversário dela. Laerte está viajando e não vai poder ir, e ela faz questão da sua presença.

— Está bem. Nós iremos.

O convite lhe causou um certo medo, mas não teve como recusar. E se a ex-namorada fosse filha de uma das amigas de Amélia e estivesse presente ao almoço? Ela, sem dúvida, estaria em desvantagem, pois não a conhecia, ao passo que a outra parecia saber muita coisa sobre ela.

No dia do almoço, Graziela foi uma das primeiras a chegar. Na véspera, havia telefonado para Carminha, que dera uma desculpa para não ir. O almoço, como de costume, seria servido à beira da piscina, após os drinques e coquetéis. Havia muitas pessoas presentes, e Graziela conversava com um e com outro, sem saber o que estava prestes a acontecer.

Quando Leandro e Suzane chegaram, o almoço estava para ser servido. Havia garçons por toda parte, carregando bandejas e servindo as pessoas, e ele entrou trazendo a namorada pela mão. Graziela estava sentada a uma das mesas, com o prato de comida à frente, quando Suzane surgiu diante dela. Sim, efetivamente, tratava-se de gêmeas. Suzane e Beatriz, sem sombra de dúvida, eram irmãs, o que não significava, em absoluto, que eram suas filhas. Mas então, por que aquela voz incoerente soprava em seu coração que as meninas eram justamente quem ela queria que fossem? Não. Era impossível.

Leandro vinha apresentando a moça aos convidados, até que parou diante de Graziela.

— Graziela, esta é minha namorada...

Não conseguiu terminar. Graziela sentiu o corpo fraquejar e as pernas bambearem, e era como se não tivesse mais o domínio sobre si mesma. Seus olhos subitamente reviraram nas órbitas, o ar lhe faltou e a cor fugiu de sua face. Desmaiou.

— Meu Deus! — gritou Amélia. — O que será que aconteceu? Ajude-me, Leandro, vamos carregá-la para dentro.

Totalmente aturdido, Leandro ergueu o corpo inerte de Graziela e levou-a para o quarto de hóspedes, deitando-a gentilmente na cama. Amélia e ele trocaram um olhar rápido, e Suzane indagou aflita:

— Será que não é melhor chamar um médico?

— Ela não precisa de médico — protestou Amélia, dando-lhe tapinhas na mão. — Mas se você quiser ir apanhar um copo de água lá embaixo, eu agradeço.

Suzane assentiu e foi buscar a água, e Amélia olhou novamente para o filho.

— O que será que aconteceu? — indagou Leandro.

— Nem imagino.

Antes que Suzane chegasse com a água, Graziela voltou a si. Abriu os olhos lentamente, como se sobre eles pesassem todas as dores do mundo, e fez um esgar de espanto ao reconhecer o lugar onde estava.

— O que foi que houve? — perguntou, erguendo-se nos braços e se recostando na cama.

— Você desmaiou, querida — explicou Amélia.

— Desmaiei?

Nisso, Suzane entrou com a água, e Graziela fixou nela os olhos úmidos, recebendo o copo de suas mãos e sorvendo o líquido a goles lentos, sem tirar os olhos dela.

— Aconteceu alguma coisa? — indagou Suzane espantada.

Ninguém respondeu, mas todos fitavam Graziela, à espera de que dissesse algo. Ela, porém, terminou de beber a água e pousou o copo na mesinha ao lado, buscando se recompor. Sentou-se na cama e alisou o vestido, fazendo menção de que ia se levantar. Mas o esforço foi inútil. Graziela arriou na cama novamente, ocultou o rosto entre as mãos e liberou o pranto, chorando sem cessar.

— Acho melhor fazermos alguma coisa — sugeriu Suzane, achando que ela estava realmente muito mal. — Não tem nenhum pronto-socorro por aqui?

— Não! — protestou Graziela, de forma veemente. — Eu estou bem. É só que...

Novamente aquele olhar estranho para Suzane, e um sorriso amargo aflorou nos lábios de Graziela. A menina se esquecera por completo do medo de reencontrar a ex-namorada ameaçadora, envolvida que estava com o estado de Graziela, com quem simpatizara de imediato.

— Não quer alguma coisa? — perguntou Amélia. — Um chá, uma bebida?

— Não quero nada, obrigada. Gostaria apenas de conversar um pouco a sós com você, se fosse possível.

— É claro. Leandro, por favor, leve Suzane lá para fora.

Quando a porta se fechou, Graziela permaneceu um tempo olhando para o lugar onde Suzane estivera, até que se virou para Amélia e a fitou com emoção.

— Amélia, eu... não sei como começar. Nem sei se tenho o direito de pensar o que estou pensando, e talvez tudo isso não passe de uma ilusão absurda criada pelo meu desejo desesperado de mãe.

— Não entendi — surpreendeu-se Amélia com sinceridade. — Eu nunca soube que você era mãe.

— Fui mãe um dia... há muito tempo. E esse talvez seja o meu maior e mais vergonhoso segredo, a quem sempre temi contar, mas que agora não posso mais esconder. Até então, só o havia revelado a Carminha e me arrependo de tê-lo feito de forma tão impensada. Creio que ela me julgou mal e se afastou de mim por me considerar uma mulher mesquinha e má. Agora, contudo, não sei mais o que pensar. Essa menina é idêntica à filha de Carminha...

— O que isso tem a ver com você?

— Talvez nada. Talvez seja mera coincidência ou um sonho absurdo e impossível.

— Minha cara, em minha vida aprendi que nada é impossível nesse mundo, e o que parece absurdo, muitas vezes, nada mais é do que o destino que insiste em se fazer cumprir.

Graziela respirou fundo, pôs a mão no peito e perguntou indecisa:

— Posso confiar em você?

— Sempre. Sou muito alegre e adoro uma história engraçada, mas sei guardar segredos.

— Você já se perguntou por que Suzane é tão parecida com a filha de Carminha?

— Muitas vezes.

— E a que conclusão chegou?

Amélia deu de ombros e respondeu em tom de dúvida:

— Bom, como a clonagem humana ainda não foi alcançada, ela só pode ser uma sósia ou irmã gêmea.

— Para uma sósia ela é parecida demais, você não acha? — Amélia assentiu. — Então, só nos resta a hipótese de as duas serem gêmeas.

— Onde, exatamente, você está querendo chegar, Graziela?

— Esse é o ponto do meu sofrimento e da minha angústia. Foi por isso que voltei ao Brasil.

— Por quê?
— Para reencontrar minhas filhas — Amélia arregalou os olhos e escutou atentamente: — As gêmeas que vendi quando era uma moça pobre e burra do interior de Mato Grosso.

Dessa vez foi Amélia quem levou a mão ao peito e exclamou com espanto:

— Minha Nossa Senhora!
— Procure não me julgar, Amélia. Eu mesma já me acusei e condenei durante esses anos todos.
— Não a estou julgando. Foi apenas o susto. Mas como isso é possível? O que foi que houve?

Mais uma vez, Graziela contou toda a sua história, e Amélia a ouviu com atenção e surpresa.

— Nunca ouvi história tão fantástica!
— Acha impossível, não é? Um delírio, uma fantasia alimentada pela culpa e o meu louco desejo de reencontrá-las. Não é assim?
— Eu não disse isso. Como falei há pouco, acho tudo possível. Mas tenho que admitir que seria uma coincidência espantosa.
— Seria. Mas uma coisa agora me ocorreu: por que Carminha mudou tanto comigo depois que eu lhe contei a minha história? Não será porque adotou a filha e tem medo de que eu seja a sua mãe verdadeira e tenha surgido para reclamá-la?
— É verdade. A reação de Carminha tem sido mesmo muito estranha. Você sabia que ela viu Suzane e negou sua semelhança com Beatriz? Segundo Leandro, ela ficou desnorteada e teve uma reação semelhante à sua.
— Viu só?
— Leandro e eu já desconfiávamos de que Suzane e Beatriz podiam ser gêmeas. Suzane foi adotada em Brasília, mas Beatriz tem família. Essas coincidências são difíceis, mas acontecem. O mais surpreendente é você ser a mãe delas. Surgiu aqui no Rio praticamente na mesma época que Suzane e foi se tornar amiga justamente de Carminha. É impressionante!

— Você acredita em mim?

— Quem sou eu para não acreditar? O mundo é tão cheio de surpresas incríveis! Considero tudo possível.

Graziela começou a apertar as mãos nervosamente e falou com ansiedade:

— Gostaria de falar com Suzane. Se ela sabe que foi adotada, talvez seja mais fácil me entender e me aceitar.

— Ela perdeu os pais num acidente de carro e gostaria de conhecer seus pais verdadeiros. Se você estiver enganada, vai ser um choque ainda maior para ela.

— Não estou enganada. Sinto que ela é minha filha.

— Mesmo assim, é arriscado. Mexer nos sentimentos de uma menina fragilizada, dar-lhe esperanças e depois destruí-las pode causar um efeito daninho na sua estrutura. Ela pode não aguentar e ficar transtornada.

— Vou falar com cuidado. Contarei a minha história e falarei da minha desconfiança. Por favor, não me impeça de falar com ela.

— Quem sou eu para impedi-la de fazer o que acha certo, não é mesmo? Eu só me preocupo com Suzane.

— E acha que eu não me preocupo? Ainda que ela não seja minha filha, não quero vê-la sofrer. Mas só o fato de ela ter sido adotada é o suficiente para aproximar-me dela. Serei, no mínimo, sua amiga.

— Muito bem. Seja feito como você quer. Irei chamá-la para você.

Graziela apanhou a mão de Amélia e tornou agradecida:

— Jamais vou esquecer o que está fazendo por mim.

Com um sorriso, Amélia saiu e foi encontrar Suzane e Leandro conversando na sala.

— E então, Dona Amélia, como é que ela está? — quis saber Suzane.

— Está passando bem. Pediu para falar com você.

— Comigo?! Por quê?

— Ela tem algo importante a lhe dizer.

O corpo todo de Suzane começou a tremer, e ela teve que se segurar no encosto do sofá para não cair. Apesar de ter simpatizado com Graziela, seu chamado não a agradava, e uma desconfiança atroz martelou a sua mente. Seria possível que a ex-namorada de Leandro fosse Graziela, uma mulher mais velha, receosa dos comentários da sociedade e, por isso mesmo, extremamente desesperada e perigosa?

— O que uma desconhecida pode ter de importante a me dizer? — indagou Suzane, aterrorizada.

— É, mãe, o que ela pode querer com Suzane? — concordou Leandro.

A reação de Leandro era ainda mais reveladora, e Suzane agora tinha a certeza de que também ele temia um encontro entre as duas.

— Vá falar com ela e você vai descobrir — afirmou Amélia.

— Olhe, Dona Amélia, sinto muito, mas não vou, não — protestou Suzane. — Eu nem sequer conheço essa mulher. O que ela pode querer comigo?

— É um assunto do seu interesse.

— Que assunto?

— Não é nada com que você deva se preocupar.

— Por que a senhora não conta?

— Eu não posso. Não me diz respeito.

— Ela... por acaso foi alguém importante na sua vida, Leandro?

— Como? — replicou Leandro. — O que você quer dizer com isso?

— Pare de imaginar bobagens, menina — censurou Amélia —, e vá falar com Graziela. Ela não é nenhum bicho de sete cabeças nem vai morder você.

Suzane olhou para Leandro em pânico. Estava certa de que aquela mulher, com quem simpatizara a princípio, tinha alguma coisa a ver com o outro homem. Ela também devia estar ali para atirar na sua cara que descobrira sobre seu relacionamento com René e oferecer-lhe dinheiro para que sumisse, sob ameaça de fazer um escândalo e humilhá-la na frente de todo mundo. Instintivamente, ela se encolheu ao lado de Leandro e objetou:

— Não tenho nada a conversar em particular com essa desconhecida. Acho melhor eu ir embora.

— Não faça isso! — protestou Amélia.

— Por que está agindo dessa forma, Suzane? — replicou Leandro, sem entender. — Até parece que está com medo dela.

A reação aparentemente ingênua de Leandro a surpreendeu, e ela ficou em dúvida:

— Não estou com medo.

— Pois então, vá falar com ela — insistiu Amélia. — Garanto que não vai se arrepender.

Não havia outro remédio. Amélia insistia, e Leandro também. Era preciso engolir o medo e enfrentar a realidade. Se Graziela estivesse ali para desmascará-la, não havia mais como fugir.

— Está bem — concordou ela temerosa. — Vou falar com ela.

Suzane deu um beijo rápido nos lábios de Leandro e subiu as escadas, rumo ao quarto de hóspedes onde Graziela a estava aguardando. Bateu duas vezes na porta e inspirou fundo, olhando de relance para a escada, por onde subiam as vozes de Amélia e Leandro. Girou a maçaneta e entrou.

CAPÍTULO 27

A primavera trouxe sol e muitas flores que desabrochavam nos jardins do engenho de cana-de-açúcar do barão de Valverde. O barão, de nome Abelardo, se tornara um homem muito rico. Casado com Dona Ismália das Dores, tinha um filho, Euclides, o futuro promissor de todos os seus negócios. Euclides era um rapaz inteligente e bonito, embora desligado do trabalho e dos assuntos da fazenda. Gostava de farras e de bebida, mulheres e jogos de azar.

Não demorou muito para Euclides se encantar com uma das escravas da fazenda. Era uma menina de seus dezesseis anos, a quem cabia o serviço doméstico de arrumar as camas e limpar os quartos. Aparecida era filha de uma escrava e de um ex-capataz da fazenda, um português beberrão que perdera o emprego quando o barão de Valverde descobriu o caso entre os dois. Mas ficou com a menina, para ajudar as criadas de dentro nos cuidados com a casa.

Quando Euclides a viu, não pôde pensar em mais nada nem ninguém. Apenas Aparecida ocupava seus pensamentos e seu coração. Mandou que ela fosse ao seu quarto à noite e ordenou que se deitasse com ele. Chorando e com medo, Aparecida obedeceu, mas logo se afeiçoou ao rapaz e ia aos seus aposentos praticamente todas as noites depois disso.

Um dia, porém, Aparecida engravidou, e Euclides destruiu todos os seus sonhos. Ao contrário do que ela esperava, ele se afastou horrorizado, com medo, principalmente, da reação do pai. Se o barão não aceitara a relação entre o capataz branco e a mãe de Aparecida, o que diria de um relacionamento entre seu próprio filho e uma escrava? Quando o ventre de Aparecida começou a inchar, Euclides logo tratou de se desvencilhar dela. Mandou-a de volta para a cozinha e trancou a porta do quarto, de forma que ela não pudesse mais entrar à noite.

Em alguns meses, não foi mais possível ocultar a gravidez. Ao perceber a gestação, Ismália e Abelardo pressionaram a menina para que lhes contasse a verdade. Ela só chorava e não dizia nada, com medo da reação do barão. Mas a ameaça do chicote acabou convencendo-a, e Aparecida terminou revelando:

— Foi o sinhozinho Euclides...

— O quê!? — disparou a baronesa, indignada. — Não minta, menina!

— Não estou mentindo. Foi o sinhozinho Euclides, já disse.

— Mentirosa! — berrou Ismália. — Meu filho jamais se deitaria com uma negra!

— Ele se deitaria sim — falou o barão entre os dentes. — Euclides é jovem e não pode ver um rabo de saia.

— Não pode ser — protestou Ismália. — Euclides é um rapaz de princípios.

— Vá chamá-lo.

— Não. Recuso-me a crer numa barbaridade dessas.

— Vá chamá-lo, já disse!

Ismália obedeceu. Euclides estava no quarto ressonando, às dez horas da manhã, porque havia voltado tarde de mais uma de suas noitadas. Apareceu na sala esfregando os olhos, em mangas de camisa, no rosto o sinal da farra da noite anterior. Olhou para Aparecida ali parada, segurando o ventre volumoso, a cabeça baixa, o peito arfante dos soluços reprimidos, e entendeu tudo.

— Sente-se — ordenou o pai secamente.

Euclides fez como ele mandou. Queria fugir correndo dali, mas não podia. O pai estava diante dele, aos berros, apontando o dedo acusador para ele e para a barriga de Aparecida. A mãe, a um canto, chorava de mansinho, o nariz enfiado no lenço bordado de cambraia.

Depois de dado o sermão, Abelardo se acalmou. Mandou que Aparecida saísse e sentou-se ao lado do filho, que temia até encará-lo.

— Vou mandá-lo estudar em Coimbra — anunciou ele incisivo. — Dentro de, no máximo, um mês, você parte para Portugal.

— Não! — protestou Ismália, toda chorosa. — Não pode me separar de meu único filho.

— Nós falhamos na educação desse menino. Dezenove anos e não faz nada da vida. Só quer saber de se deitar com as negras e ficar na cidade, farreando até tarde da noite. Isso tem que acabar.

— Mas nós podemos dar um jeito nisso. Não o mande para longe, Abelardo, ou morrerei de tristeza.

— Deixe de bobagens, mulher. Ele pode vir nos visitar nas férias e no Natal. E vai ser bom para ele. Já é um homem, tem que tomar um rumo na vida.

※

Um mês depois, Euclides se foi, sob o pranto sentido da mãe e o desespero de Aparecida. Seu futuro era incerto, e ela temia pelo bebê.

— O que faremos com a menina? — indagou Ismália, assim que se recuperou do choque da viagem de Euclides.

— Esperemos que ela tenha a criança — disse o barão. — Depois, vendemos a cria. Não posso me dar ao luxo de sustentar um bastardinho mestiço aqui na fazenda.

— E quanto a ela?

— Vai embora também. Só não a vendo agora porque ninguém vai querer comprá-la assim buchuda do jeito que está. E de que me serve uma negrinha chorosa que não dá conta direito do serviço?

Ismália concordou. Não queria um neto bastardo e negro circulando pela fazenda, seguindo-a com os olhos remelentos e aspirando, em segredo, a ser reconhecido como membro da família.

O parto de Aparecida correu sem maiores complicações, e ela deu à luz duas meninas gêmeas bivitelinas. A primeira a despontar foi Sebastiana, pele morena, e a segunda, Dalva, branca feito o pai, de feições delicadas e cabelos finos e alourados.

Ao bater com os olhos em Dalva, Ismália apaixonou-se por ela. Era parecida com Euclides e bem poderia se fazer passar por filha de gente branca, e não de escravos. Quis ficar com ela. Abelardo recusou veementemente, mas Ismália tanto insistiu, que ele acabou cedendo, para compensá-la da perda do filho.

— Mas a outra, vamos vender — anunciou ele em tom bravo.

Não venderam. Sebastiana nascera com uma das perninhas mais curta do que a outra, o que a impossibilitaria para o trabalho na lavoura. E, por mais que Abelardo tentasse convencer os compradores de que ela serviria para o serviço doméstico, ninguém quis gastar dinheiro com uma aleijada.

O barão pensou em atirá-la no rio, contudo, temendo a repreensão do vigário, Ismália não permitiu.

— Deixe-a viver na senzala com Aparecida — sugeriu ela. — Só a proíba de chegar perto da casa-grande. Não a quero influenciando a pequena Dalva.

Assim foi feito. O barão desistiu de vender Aparecida e Sebastiana, e as duas foram conduzidas à senzala. À medida que as meninas cresciam, mais se acentuavam as diferenças entre elas. Dalva tinha os cabelos lisos e castanho-claros, com grandes cachos nas pontas, o nariz afilado, lábios delicados e bochechas rosadas, ao passo que os cabelos de Sebastiana eram crespos como os da mãe, seu nariz era largo e os lábios grossos, de cor bem morena, mais chegada para o jambo.

Nenhuma das duas sabia de sua real procedência. Aparecida e os demais escravos foram proibidos de falar, sob pena de terem a língua cortada, e ninguém se atreveu a dizer nada. Como os abusos contra as escravas eram comuns, Sebastiana achava que era filha de um ex-capataz da fazenda, assim como sua mãe. A Dalva, disseram que o pai viajara para a Europa, após a morte da mulher, deixando a menina aos cuidados dos avós. De vez em quando, as duas avistavam-se à distância, e Sebastiana sentia uma inveja contida da sorte de sinhazinha, que tinha tudo o que queria, enquanto Dalva desprezava aquela menina escrava e defeituosa.

Euclides conseguiu se formar e voltou ao Brasil, casado com uma portuguesa de nome Mimosa, moça sem cultura e de reputação comprometida. O barão fora informado daquele enlace e, apesar de contrariado, nada pôde fazer. Recebeu a nora de forma comedida e fria, dispensando-lhe um tratamento formal e repleto de ressentimentos ocultos. Abelardo queria que o filho tomasse por esposa alguma moça culta e fina da região, e não uma mulher deselegante e de pouca instrução.

Euclides e Dalva se entenderam muito bem, deixando Mimosa um pouco contrariada.

— Essa é minha mãe? — indagou a menina, fitando Mimosa com curiosidade.

— Não, meu bem — esclareceu Ismália. — Sua mãe morreu quando você nasceu. Essa é sua madrasta, segunda esposa de seu pai. Mas será como sua mãe.

Quando se viram a sós no quarto, Mimosa interrogou Euclides:

— Por que não me disse que tinha uma filha? — ele não respondeu. — Eu nem sabia que você já tinha sido casado.

— Não fui.

— Ah! Então a menina é bastarda? — ele não respondeu. — E quem é a mãe?

— Isso não vem ao caso.
— Aposto como é alguma prostituta. Ela morreu?
— A mãe dela não era prostituta.
— Uma parenta, então? Uma prima, talvez?
— Não é nada disso, Mimosa. Por que não esquece esse assunto? Minha mãe e meu pai adoram essa menina, e ela é minha filha. É o que basta.
— Estranho você nunca ter falado dela em sete anos.
— Não falei porque não interessava.
— Como um fato dessa natureza podia não interessar à sua noiva? Você devia ter-me contado antes de nos casarmos.
— Por quê? Teria desistido?
— Não se trata disso.
— Não sei por que essa revolta. Não se esqueça de que fui eu que salvei a sua reputação. Até me conhecer, você era uma mulher sem prestígio e sem respeito. Eu conquistei de volta a sua dignidade.
— Você sabia quem eu era antes de se casar comigo. E o que estou lhe pedindo não é nada de mais. Não acha que eu, como sua esposa, tenho o direito de conhecer o seu passado?
— Muito bem, Mimosa, vou contar-lhe tudo. A verdade é que Dalva é filha de uma escrava da fazenda.
— Uma o quê?
— Escrava.
— Mas como, se ela é branca feito você?

Em breves palavras, Euclides narrou tudo sobre Dalva. Contou de suas farras, de Aparecida, da gravidez e da ida para Portugal. Contou até que Dalva tinha uma irmã gêmea, mas diferente, que vivia na senzala em companhia da mãe, sem saber de sua procedência. Mimosa ficou chocada. Queria ter os seus próprios filhos, mas como permitir que eles brincassem e convivessem com a filha de uma escrava?

Aquela ideia era repugnante. Misturar seus filhos legítimos à filha de uma negra não era propriamente o seu sonho. Se fosse para a menina cuidar deles, até que valeria a pena. Ela era branca e limpinha, ao contrário das demais escravas, por quem sentia uma certa repulsa. Mas tratá-la como irmã dos seus próprios filhos era pedir demais.

    Ela, contudo, nada podia fazer para impedir aquela catástrofe. Euclides fora bem claro, e o barão e a baronesa tinham muito apreço à menina. E ela, o que é que tinha? Nada. Não fosse por Euclides, ainda estaria em Portugal, trabalhando naquela quitanda de secos e molhados e saindo com um cliente ou outro, de vez em quando, em troca de uns tostões.

CAPÍTULO 28

A chegada de Mimosa não passou despercebida por Aparecida, que morria de ciúmes cada vez que ouvia falar no nome da nova sinhá. Em segredo, pôs-se a observar a esposa de seu amado, tomando conta de seus passos e alimentando por ela um ressentimento cada vez maior, principalmente quando a via perto de Dalva.

Um dia, Aparecida foi postar-se na entrada da fazenda, e quando Euclides entrou a cavalo, ela se atravessou na frente do animal, que quase a atropelou. O cavalo relinchou e deu um pinote, mas Euclides conseguiu controlá-lo.

— Ficou maluca, Aparecida? — ralhou ele. — Quer se matar?

— Ai de mim, sinhô Euclides, que vivo a dor da tristeza desde que você partiu — ele sentiu um certo constrangimento, mas não disse nada. — Primeiro tiram minha filha, e agora tenho que conviver com aquela portuguesa esnobe que você tomou por esposa.

— Olhe lá como fala, insolente! — esbravejou ele, ameaçando-a com o chicote do cavalo. — Mimosa é minha esposa, e você, uma escrava. Apenas uma escrava. Ponha isso na sua cabeça.

Aparecida se encolheu aterrorizada e contrapôs entre soluços:

— Perdoe, sinhô, não falei por mal. Mas a situação não é justa. Dalva tem tudo o que quer, ao passo que Sebastiana...

— A menina nasceu defeituosa e puxou aos negros. O que você queria?

— Sua mãe podia se interessar por ela também.

— Minha mãe? Não seja louca, menina. Dalva é como nós, pode se passar por branca. Mas Sebastiana é... é repulsiva.

Ele fez uma careta de nojo, e Aparecida objetou com tristeza:

— Mas ela também é sua filha.

— Não, não é. Sebastiana, assim como você, é propriedade do barão de Valverde. Vocês são coisas, objetos, no máximo, animais. Não podem querer mais do que recebem.

— Quando se deitou comigo, o sinhô não pensava assim.

— Isso é diferente. Deitar-me com você não lhe dá o direito de se julgar uma igual. O direito é meu de usá-la como bem quiser. Só que agora sou um homem casado e não me interesso mais por negrinhas.

Euclides empurrou Aparecida com o pé, afastando-a do flanco do cavalo, e partiu em disparada na direção da fazenda, deixando-a aos prantos no meio da estrada. Queria se conformar, mas não conseguia. Não era justo que suas duas meninas tivessem sorte tão distintas. Sebastiana era muito ligada a ela, mas Dalva sequer sabia da sua existência. Aquilo, porém, era tolerável, porque a filha estava sendo bem tratada pela sinhá Ismália. Com Mimosa era diferente. Ela era uma intrusa e, não fosse a sua presença ali, talvez o sinhô Euclides a procurasse de novo.

Mas não era apenas Aparecida quem se queixava da situação, que também não agradava a Ismália. A mãe de Euclides ficava aborrecida com a intromissão de Aparecida, pois percebia os olhares da escrava para os donos da casa, como se estivesse a lhes cobrar alguma coisa.

— Aparecida está se tornando um problema — comentou Ismália com o marido. — Vive cercando a casa grande com aquela sua filha aleijada.

— Eu bem que avisei que essas duas ainda iam dar problema.

— Estou preocupada. E se Aparecida contar a verdade a Dalva? Já imaginou o choque que a menina vai levar? Criada feito uma princesa e descobre que tem sangue de negro?

— Se ela fizer isso, corto-lhe a língua e depois a amarro no tronco.

— Mas o estrago já estará feito e será irreversível. Dalva não pode, em hipótese alguma, descobrir a verdade.

— Não vai descobrir.

— Não as quero mais perto de nós. Depois que Euclides voltou, Aparecida vive a persegui-lo. Soube até que tentou fazer intrigas com Mimosa.

Abelardo suspirou fundo e coçou o queixo. Olhou para a esposa e perguntou preocupado:

— O que você quer que eu faça, Ismália?

— Quero que se livre dela. Que se livre das duas.

— Quando quis jogar a menina no rio, você não deixou. E agora pede para livrar-me dela. Quer que a castigue no tronco?

— Para que Dalva faça perguntas? Não.

— Então o que você sugere?

— Quero que venda Aparecida. Ela é uma negra jovem e forte. Pode trabalhar por muitos anos.

— E a menina? Já imaginou o trabalho que vai dar longe da mãe? Quem é que vai cuidar dela?

— Ninguém precisa cuidar dela. Simplesmente expulse-a da fazenda. Sem comida e sem abrigo, ela logo pega uma doença e morre. Ou, com um pouco de sorte, ela pode ser comida por uma onça ou picada por uma cobra.

O barão suspirou desanimado. Não lhe agradava se desfazer de uma escrava vigorosa justo agora que as coisas não iam tão bem na fazenda e ele precisava de toda mão de obra disponível. Mas enfim... Se era para agradar Ismália, então faria a sua vontade.

Como Aparecida era muito engraçadinha, logo arranjou comprador. Abelardo ainda tentou empurrar a menina para o novo dono, mas ele foi peremptório: não queria um aleijão para lhe dar trabalho. A mãe serviria na cozinha e na cama. Mas a menina não prestava para nada.

Aos nove anos, Sebastiana não compreendia o que estava acontecendo nem por que o barão estava fazendo tamanha maldade com elas. Mãe e filha choraram muito na hora de se separar, mas a venda foi consumada. O infortúnio de Sebastiana não acabou por aí. Dois dias depois, apareceu o capataz e lhe mandou arrumar suas trouxas. Ia levá-la até sua mãe. Sebastiana só não pulou de contentamento porque a perna deficiente não permitia. Fez uma trouxinha com os poucos trapos que tinha e saiu claudicante atrás do capataz.

Caminharam muito, até que, ao anoitecer, estavam embrenhados bem fundo na floresta. Sebastiana não podia mais andar e se sentou numa pedra, arfando e chorando.

— Falta muito? Não aguento mais.

José, o capataz, olhou para ela e colocou a mão na cinta, onde o facão jazia preso, e ajeitou ainda a espingarda que levava às costas. Sebastiana nada percebeu e continuou sentada, tomando fôlego, só pensando na hora em que estaria novamente nos braços de sua mãezinha. Em dado momento, o capataz aproximou-se dela e segurou-a pelos ombros, falando dolorosamente:

— Você incomodou mesmo a baronesa, não foi? — ela não entendeu. — Ao ponto de ela mandar-me trazê-la para a floresta e deixá-la entregue à própria sorte.

— Mas senhor, a floresta é perigosa. Tem cobras... e onças!

— Por isso mesmo é que recebi ordens do barão para largá-la aqui. As onças e as cobras podem cuidar de você.

— O quê? — tornou ela abismada, sem saber se chorava ou se atirava no chão para implorar piedade.

Por uns instantes, ele fitou Sebastiana, penalizado, e a menina, sem entender, começou a chorar e soluçar:

— Você não veio me trazer para minha mãe?
— Não.
— Mas por quê? Que mal eu fiz ao barão?

— Já que você não vai mesmo voltar, não importa saber a verdade. O barão vendeu a sua mãe e mandou soltar você aqui porque Aparecida é também mãe de Dalva. Conhece Dalva? — ela assentiu, ainda sem compreender. — Pois é. Dalva é sua irmã gêmea, e vocês são filhas do doutor Euclides. Como nasceu branca e linda, os patrões ficaram com ela. Mas você, feia e aleijada, ninguém quis.

— Senhor, deve haver algum engano — contestou ela abismada. — Dalva não pode ser minha irmã. Ela é tão diferente de mim! E o sinhô Euclides é filho do patrão. Como pode ser o meu pai?

— Não há engano algum. Você não entende porque ainda é muito jovem. Mas também por que é que Aparecida tinha que ficar perturbando o doutor e amolando a esposa dele? O que ela queria? Só podia dar no que deu.

— Ai, moço, o senhor está fazendo uma maldade muito grande comigo. Eu não quero ser filha do sinhô nem irmã da sinhazinha. Eu só quero a minha mãe.

Sebastiana chorava sem parar, mas um estalo na mata fez cessar o seu pranto, e ela olhou assustada para José. Compreendendo o seu temor, ele apontou a espingarda para o vazio e ficou à espera, mas nada aconteceu.

— É a onça! — gritou ela aterrada, agarrando-se às pernas do capataz.

Novo estalo se fez ouvir, e ele apontou a arma novamente. Como da vez anterior, nada aconteceu, embora ele tivesse a certeza de que estavam sendo observados pelo faminto felino. Agarrada a suas pernas, Sebastiana tremia, e uma piedade sem igual tomou conta do coração do capataz. Ele iria embora e a onça daria conta do recado, devorando a menina viva e acabando com os problemas da baronesa. Foi quando a ideia lhe surgiu. Não era a mais humana, mas deveria ser a mais piedosa. Servir de comida para onça seria uma morte muito mais dolorosa do que experimentar a lâmina afiada de seu facão.

Quando puxou Sebastiana pelos ombros foi que ela compreendeu. O facão estava bem próximo de seus olhos, e uma umidade estranha no olhar do capataz indicou que ele estava ali para matá-la. Tentou se libertar dele, mas em vão. Além do cansaço, a perna deficiente lhe retirava a agilidade e a rapidez.

— Pelo amor de Deus, seu capataz, não me mate! — implorava ela aos prantos.

— Você não vê? — tornou ele, hesitante. — Se eu não o fizer, as onças o farão.

— Leve-me daqui com o senhor! Prometo que não direi nada a ninguém, mas por favor, deixe-me viver.

As lágrimas e os soluços eram tantos que o capataz quase cedeu. Morria de pena da menina, mas precisava do emprego. Se a levasse de volta, o barão se enfureceria e o mandaria embora, e como faria ele para sobreviver naqueles tempos difíceis? Talvez fosse melhor mesmo soltá-la ali e deixar o seu destino por conta das feras. Já ia quase tomar essa decisão quando novo ruído ecoou no silêncio da floresta a sua frente. A onça estava à espreita, e assim que ele soltasse a menina, daria um bote sobre ela.

A imagem de Sebastiana sendo devorada viva pela onça o encheu de terror, despertando nele uma piedade estranha. Não pensou mais. Repôs a espingarda no ombro, sacou o facão da cintura e, num gesto rápido, cortou a garganta de Sebastiana, que se debateu uns instantes, apertando o pescoço como se quisesse prender lá dentro o sangue que se esvaía.

— Sinto muito — suspirou ele, segurando-a até que a energia de vida se esgotou, e ela tombou inerte, os cabelos presos nas mãos do capataz.

Ao sentir o peso de seu corpo morto, ele a jogou no chão e pôs-se a caminhar para trás, a espingarda em punho apontando em todas as direções. Foi recuando devagar, girando o corpo para se proteger de um possível ataque, até que o cadáver de Sebastiana não fosse mais visível no meio da mata.

Logo ouviu outro barulho, e um rugido alto gelou seu coração. A fera estava sobre o corpo de Sebastiana, e ele virou as costas, fazendo apressado o caminho de volta. Não queria ter que presenciar aquilo.

Chegou à fazenda ainda abalado, mas nada deixou transparecer para o barão.

— Fez o serviço? — indagou Abelardo.

— Fiz, sim, senhor.

— Soltou-a bem longe?

— Tão longe que ela nunca mais vai encontrar o caminho de volta.

O barão e a baronesa deram-se por satisfeitos e puderam retomar a vida com normalidade. Dalva estava segura e sequer deu pela falta de Aparecida ou Sebastiana.

Quando desencarnou, Sebastiana se viu dominada por um ódio imensurável do capataz, do barão e da baronesa, e passou a frequentar a fazenda em busca de vingança. Seu espírito era visto vagando pela senzala e pela casa-grande, causando indescritível mal-estar, principalmente, em Ismália e no capataz. Os escravos mais antigos percebiam a presença da menina e, com os seus cultos, conseguiram esclarecê-la. Ela não era má, apenas ignorante, e em pouco tempo, espíritos de luz a levaram para um local de tratamento no astral.

Anos mais tarde, todos se reuniram na mesma cidade no espaço. Era preciso diluir tanto ódio e procurar transformá-lo em sementes de amor. Os envolvidos estavam arrependidos e buscavam o perdão. Sebastiana queria muito reencontrar a mãe, pois só a seu lado poderia haurir forças para enfrentar de novo a vida. Foi-lhe dada a chance de reencarnar junto a ela e a Euclides, seu pai, para que ele tivesse também a oportunidade de criar a filha enjeitada e a quem poderia ter amado como amara Dalva.

Foi assim que reencarnaram e vieram a ficar na mesma família: Aparecida como Carminha, Euclides como Renato e Sebastiana como Beatriz.

Quanto a Dalva, cresceu cada vez mais arrogante e orgulhosa, muito ligada à avó, que a tratava com todos os mimos. No entanto, o arrependimento posterior de Ismália levou-a a buscar para si situação semelhante à que provocara, na tentativa de entender o valor e o respeito à maternidade e aos laços de família, reencarnando então como Graziela. Dalva, por sua vez, pediu a oportunidade de se libertar do orgulho e voltou como Suzane.

O capataz sentiu imenso remorso pela sua distorcida piedade. Tirara a vida de Sebastiana e queria devolver-lhe a oportunidade de viver. Aceitou ser Roberval, o pai das gêmeas, e assumiu o risco de ser assassinado na tentativa de sequestro dos bebês, o que, efetivamente, veio a ocorrer.

O barão de Valverde e Mimosa, por sua vez, custaram um pouco a abrir os olhos para as verdades divinas. Passaram a vida nutrindo uma antipatia mútua. Abelardo não aceitava a condição humilde e um tanto rude de Mimosa, e esta se ressentia da indiferença do barão. Nunca se deram bem.

Tamanha antipatia gerou para ambos o desejo de uma reconciliação mais profunda. Nem um, nem outro, logo ao desencarnar, reconheceu a impropriedade do que havia sido feito a Aparecida e Sebastiana. Para Abelardo, a morte da menina não era responsabilidade sua, mas do capataz, que desobedecera suas ordens e lhe cortara a garganta. Para Mimosa, a atitude do barão estava condizente com suas necessidades na época, já que ela não poderia mesmo conviver com a filha bastarda e negra de seu marido. Foi por isso que optaram por reencarnar como marido e mulher, nos corpos de Gílson e Lorena.

Todos esses fatos e sentimentos levaram ao envolvimento de pessoas tão diferentes e, aparentemente, sem nenhum vínculo do passado. Mas as afinidades iam-se formando e, no momento em que viu Graziela, Suzane sentiu reacender o antigo amor pela avó que a havia criado no passado. E foi por isso que, mesmo sem saber, venceu o medo e entrou no quarto onde Graziela a aguardava.

CAPÍTULO 29

Graziela estava de costas, distraída com o movimento dos convidados à beira da piscina. Ao ouvir o barulho da porta, voltou-se para Suzane e deu um sorriso amistoso.

— Não tenha medo — disse. — Você não precisa ter medo de nada.

— Não estou com medo — mentiu Suzane. — Apenas não entendo o que você possa ter para me falar.

— Sente-se. O que tenho a lhe dizer é surpreendente e demorado.

Suzane se sentou e ficou olhando para Graziela, que pigarreou e se sentou ao seu lado, tentando encontrar as palavras certas para definir uma situação totalmente inusitada.

— O que você tem a dizer tem algo a ver com Leandro? — sondou Suzane.

Graziela a olhou surpresa, mas respondeu calmamente:

— Não. Eu nada sei sobre o seu namorado.

Suzane suspirou aliviada e continuou:

— Muito bem. Seja lá o que for que tenha para me dizer, diga logo. Já passei por muita coisa na vida e acho que nada mais me espanta.

— Uma moça tão jovem e com tantas desilusões. Posso saber o que houve?

— Não creio que a história da minha vida vá lhe interessar.

— Ao contrário. Interessa-me, e muito.

— Por quê?

Graziela não respondeu e retrucou com outra pergunta:

— Você foi adotada, não foi?

A pergunta a incomodou, e Suzane olhou fundo nos olhos de Graziela, como se estranho e indecifrável pressentimento se apoderasse dela.

— Como é que sabe disso?

— Eu sei de muitas coisas. E há outras que estou tentando descobrir.

— Já sei. Foi Dona Amélia.

— Quem me contou não vem ao caso. O que importa realmente é que você foi adotada e seus pais adotivos morreram num acidente de carro. — Suzane não disse nada, e ela prosseguiu: — Nunca lhe passou pela cabeça conhecer os seus verdadeiros pais?

— Já... — balbuciou ela, uma inquietação formigando a sua pele.

— E por que não fez isso?

— Sinceramente, não entendo por que está me fazendo essas perguntas — objetou Suzane, um tanto quanto contrariada. — O que você tem a ver com a minha vida?

Graziela se levantou e deu a volta no quarto, parando de frente para ela.

— Pode ser que não tenha nada — afirmou ela, estudando o rosto de Suzane. — Ou pode ser que tenha tudo.

— Não estou entendendo.

— Até eu estou tentando entender. Assim como você, também passei por muitas coisas. Você sabia que fui casada com um diplomata?

— Ouvi falar.

— Ele era um homem muito rico e influente. Quando me casei com ele, eu era uma jovem viúva, pobre e desiludida da vida. — Suzane ergueu as sobrancelhas, mas não disse nada. — E havia perdido duas filhas... gêmeas.

— Elas morreram? — retrucou Suzane interessada.

— Não. Elas foram tiradas de mim.

Nesse momento, Suzane sentiu uma estranha emoção e deu um salto da cama, afastando-se de Graziela como se a verdade que ela estava prestes a dizer pudesse feri-la.

— Como assim, tiradas de você?

Graziela não respondeu. Colocou-se novamente defronte a Suzane e rebateu com ar enigmático:

— Você disse que já passou por muitas coisas.

— Passei...

— E que não há nada mais que a choque.

— Olhe, Graziela, não sei onde você está querendo chegar, mas essa conversa já está ficando monótona. Se tem alguma coisa a me dizer, diga logo.

— Muito bem. E se eu lhe dissesse que sei onde está sua verdadeira mãe?

— Você sabe? — espantou-se Suzane, entre incrédula e esperançosa.

Graziela não respondeu. Segurou as mãos dela com delicadeza e encarou-a com lágrimas nos olhos. Seus lábios entreabertos sustinham as palavras que temia dizer, mas Suzane, ligada a ela por um fio energético de amor conquistado e indissolúvel, ouviu as palavras não ditas e replicou com uma quase certeza:

— É você?

Graziela apenas assentiu levemente com a cabeça, deixando que as lágrimas caíssem livres pelo seu rosto.

— Isso é impossível... — contestou Suzane com visível descrença, retirando as mãos das de Graziela.

— Não é impossível. Só Deus sabe há quanto tempo venho procurando vocês.

Suzane afastou-se dela momentaneamente e, segurando-a pelos ombros, perguntou aturdida:

— Vocês?

— Eu disse que tive duas filhas gêmeas — Suzane assentiu maquinalmente, a boca aberta num assombro mudo. — Quer conhecer toda a verdade?

Durante o resto do dia e o começo da noite, Graziela contou a Suzane tudo o que havia acontecido desde o momento em que se casara com Roberval, na cidade de Barra do Bugres, no interior do Mato Grosso. Suzane ouvia a tudo atentamente, sem perder uma palavra, oscilando entre a surpresa, a revolta e a alegria. Quando Graziela terminou de contar sua história, as duas estavam chorando, e Suzane perguntou, ainda em dúvida:

— Como você pode ter certeza de que eu sou uma dessas crianças?

— Tudo se encaixa, principalmente o fato de que Carminha passou a me evitar depois que lhe contei a minha história. Por quê? Porque combina com a história da menina que ela adotou. Você não vê?

— Por duas vezes fui confundida com outra pessoa. Primeiro foi um amigo, que afirmou ter-me visto no carro num lugar onde eu não estava. E depois, um garoto me confundiu com a irmã dele no zoológico. E a mãe dele se chamava Carminha.

— Eu não lhe disse? — exultou Graziela. — Você é idêntica à Beatriz, filha dela. E é por isso que ela está me evitando e negando a semelhança entre vocês.

— Mesmo assim, isso não é suficiente — protestou Suzane, andando nervosamente de um lado a outro do quarto. — Nós duas podemos ser gêmeas e ter sido adotadas, mas não há nenhuma certeza de que sejamos as suas filhas. Podemos ser filhas de outra mulher.

— Quer fazer um teste de DNA? Tenho certeza de que dará positivo.

— Não sei se terei coragem para enfrentar novas desilusões.

— Não acha que vale a pena correr o risco? A não ser que você não me aceite como mãe.

— Não sei. Tudo é muito estranho. Descobrir que fui adotada foi um choque, e é claro que desejo conhecer a minha mãe verdadeira, ainda mais depois de tudo por que passei. Mas assim... tenho medo de me deixar convencer e estar alimentando nova ilusão. Se eu não for sua filha, terei me enchido de esperança à toa e estarei mais só do que antes.

— Creio que há coisas na vida pelas quais vale a pena se arriscar. Se você fizer o teste e der positivo, sua vida ganhará novo rumo. Se não, você não terá tido mais desilusões do que já teve. De toda sorte, repito, é um risco que vale a pena correr. É melhor do que permanecer na dúvida, a vida toda sem saber se desperdiçou a chance de ter um novo lar e uma nova família. A não ser, volto a dizer, que você não me aceite pelo que fiz.

— Confesso que achei a sua atitude estranha, mas depois de tudo por que passei, não sei se estou em condições de julgar. As dificuldades da vida às vezes nos impulsionam por caminhos que, em outras circunstâncias, jamais pensaríamos em seguir. Talvez, no seu lugar, eu tivesse feito a mesma coisa.

— Você não imagina como foi duro. Ver meu marido morrer e perder minhas duas filhas de uma vez — ela chorou baixinho, e Suzane se emocionou. — Sei que agi mal, mas já dei à vida a minha parcela de sofrimento pelo que fiz. Creio que está na hora de reencontrar a paz.

Durante alguns minutos, Suzane permaneceu de costas para ela, fazendo refletir as lágrimas na luz do luar que começava a avançar pela janela. A história de Graziela a chocara no início. Como podia uma mãe, por mais dura que fosse a vida, desfazer-se de suas filhas por um punhado de dinheiro? Aquilo parecia inadmissível, e uma mãe que agisse assim só merecia o desprezo das filhas e da sociedade.

Contudo, revendo sua própria vida, pensou se lhe caberia o direito de julgar. Afinal, não estava, ela também, se desfazendo de sua dignidade e dos valores que aprendera na infância para se entregar a um homem por dinheiro? Graziela vendera as filhas. Ela vendia seu corpo toda vez que dormia com Leandro na esperança de um futuro melhor. Não havia, portanto, muita diferença entre as duas.

— Você tem razão — concordou Suzane, após a conclusão desses pensamentos. — Não tenho nada a perder. Pior do que está, não pode ficar.

— Garanto que você não vai se arrepender.

— Espero que não. Mas há uma coisa que não posso lhe esconder.

— O que é?

— O amor que senti e ainda sinto por meus pais adotivos. Eles foram como anjos do céu na minha vida, e seria pedir demais que eu renegasse tudo o que senti e vivi ao lado deles.

— Eu jamais lhe pediria tal coisa! Ao contrário, acho muito bonito o amor que unia vocês. Apenas posso desejar que você, um dia, sinta algo semelhante por mim.

— Gosto de você — disse Suzane sorrindo. — Mesmo sem saber nada sobre você, senti uma simpatia espontânea ao vê-la.

— Perdoe-me pelo que fiz, Suzane — revidou Graziela em tom de súplica. — Prometo compensar você por todos os dissabores da sua vida.

As duas se abraçaram numa aura de emoção, deixando fluir por seus corpos toda aquela vibração nova de amor, amizade e compreensão. E foi só muito tempo depois que Suzane tornou a falar:

— Se você for mesmo minha mãe, o que fará a respeito de minha irmã gêmea?

— Espero poder me aproximar dela também. O problema é que Beatriz não gosta de mim.

— Por que não?

— Não sei. Talvez, inconscientemente, ela saiba o que eu fiz. — Suzane ficou pensativa, e Graziela tornou interessada — E quanto a você? Quero saber tudo a seu respeito.

— Meus pais morreram num acidente de carro, você sabe. E meu tio Cosme ficou com toda a herança.

Novamente, Suzane contou a história de como o ganancioso Cosme havia roubado sua fortuna, e Graziela ficou chocada.

— Será que não há meios de reavermos sua herança?

— Não sei. Mas uma coisa lhe digo: ainda vou me vingar de tio Cosme.

— A vingança não é boa companhia, Suzane. Se houver meios legais de você reaver o que perdeu, ótimo. Se não, deixe para lá. Você não precisa mais disso.

As duas tornaram a se abraçar. Realizava-se o primeiro reencontro bem-sucedido planejado pela espiritualidade. Ismália e Dalva, avó e neta na outra existência, apesar de suas dificuldades e ilusões quanto às verdades da vida, eram almas afins e se amavam há muitos anos. Ninguém podia negar que Ismália nutrisse pela neta um sentimento verdadeiro, que era correspondido pela menina em igual intensidade. E foi isso que possibilitou a compreensão imediata e o reconhecimento mútuo de suas almas, pois o amor que um dia é conquistado, mesmo ferido, não deixa de subsistir, compreender e perdoar.

CAPÍTULO 30

O coração de Graziela estava tão leve que parecia que ia se desprender do peito e flutuar até as alturas, levando para o céu a felicidade que inundava todo o seu ser. Havia conseguido uma grande vitória naquele dia, e embora ainda faltasse aproximar-se de Beatriz, a compreensão e o perdão de Suzane haviam-lhe dado novo ânimo, e ela se sentia mais fortalecida para continuar.

Assim que saiu o resultado positivo do teste de DNA, Suzane foi morar com Graziela. Parecia que o pesadelo em que se transformara a sua vida, de repente, virara um sonho cor-de-rosa e alegre. Tinha algumas coisas a fazer, como arrumar seus pertences e entregar o apartamento alugado. A única coisa que Suzane lamentava era ter que deixar René. Todavia, era chegado o momento de pôr um basta naquela loucura e concentrar-se apenas em Leandro. Era com ele que estava seu futuro.

Graziela a ajudava a arrumar as malas quando o interfone tocou. Suzane já sabia quem era e pensou em não responder, mas a vontade de ver René ao menos uma última vez foi maior, e resolveu atender.

— Você vai viajar? — perguntou René, vendo a mala aberta em cima da cama e olhando para Graziela com curiosidade.

Suzane também se virou para Graziela, que compreendeu tudo rapidamente e falou com suavidade:

— Acho que vou esperar na sala.
Depois que ela saiu, René voltou a indagar:
— Quem é essa mulher? É mãe do seu namoradinho?
— É claro que não.
— Então, quem ela é?
— Ninguém que lhe interesse.
— Por que o mistério, Suzane? Por acaso, ela é alguma dona de bordel para quem você vai trabalhar?
— Não seja idiota, René. Desde quando sou mulher de me prostituir?
— Desde que resolveu subir na vida.

A vontade de Suzane era contar toda a verdade a René, mas não tinha tempo nem paciência para as perguntas que ele lhe faria.

— Você não sabe do que está falando — retrucou ela de má vontade.
— Por que não me explica?
— Um dia, talvez, eu lhe conte tudo. Mas agora não. Graziela está me esperando para me levar embora daqui.
— Você vai se mudar? — ela assentiu. — Com essa tal Graziela? — ela assentiu novamente. — Mas quem é essa mulher que apareceu do nada e conseguiu levá-la embora daqui, quando nem o seu namoradinho conseguiu?
— Ela é... uma parenta distante... É isso.
— Sem essa, Suzane. Acha que sou burro?
— Não acho nada.
— Mas você não pode me deixar assim!
— Não estou deixando você, porque nunca estivemos juntos.
— E o que aconteceu entre nós?
— Foi ótimo, mas preciso cuidar da vida.
— E para isso, tem que se mudar daqui com uma estranha?
— Ela pode ser estranha para você. Para mim, é como se fosse... minha mãe.
— Como alguém de quem eu nunca ouvi falar, de repente, vira sua mãe?

— Eu não disse que ela é minha mãe. É como se fosse. E o fato de você não a conhecer não significa que ela seja uma estranha para mim. Você não conhece os meus amigos.

— Por favor, Suzane, não vá. Eu posso fazê-la feliz. Olhe, até já voltei a estudar. Estou terminando o segundo grau, à noite, por sua causa.

— Por minha causa? Essa é boa!

— Não, é sério. No final do ano, presto vestibular e vou estudar Direito.

— Não quero ser pessimista, René, mas como é que você pretende passar no vestibular? Só um cursinho vagabundo não vai lhe dar base para passar para uma boa faculdade do governo. E você não tem dinheiro para pagar uma particular.

— Não entendo por que está me agourando.

— Não estou — contestou ela arrependida. — Torço para que você consiga o que quer. É só que eu acho muito difícil.

— Difícil não é impossível. E tudo o que é possível pode ser conseguido.

Ela se lembrou de sua própria história, que muitos chamariam de impossível e, no entanto, lá estava ela, vivendo o inimaginável.

— Tem razão, René, me perdoe.

Ele se aproximou dela e a segurou nos braços, olhando fundo em seus olhos:

— Fique, Suzane, por favor.

— Não posso.

— Estou lhe pedindo. Sei que você gosta de mim. Não estrague a sua felicidade por causa de dinheiro.

Suzane hesitou por alguns instantes. Realmente, agora que iria viver com Graziela, não precisava mais de dinheiro para empreender nenhuma vingança. Podia muito bem romper com Leandro e assumir um romance com René. Mas René era um contraventor ignorante e pobre, e ela ainda se sentia presa a velhos preconceitos que a impediam de aceitá-lo do jeito como era. E depois, não tinha muita certeza sobre seus sentimentos para com Leandro. Sempre que pensava em deixá-lo, uma pontada no coração lhe dizia que iria sofrer.

— Não dá, René — objetou ela, evitando encará-lo. — Gosto de Leandro e é com ele que vou me casar.

Terminou de fechar a mala e o encarou rapidamente, os olhos umedecidos pelas lágrimas que sustinha no olhar. René não disse mais nada. Ficou ali parado, fitando o chão sem verniz, sentindo os olhos arderem e a garganta entalar. Também tinha o seu orgulho.

— Vamos — chamou ela, a voz embargada e a mala na mão.

Ele a seguiu ainda em silêncio. Passou por Graziela na sala e endereçou-lhe um rápido olhar, saindo sem se virar. Não queria chorar na frente de uma estranha. Suzane não o chamou de volta nem lhe disse adeus. Saiu com Graziela e trancou a porta, levando no peito milhões de esperanças e nenhuma saudade daquele lugar.

— Vamos passar na imobiliária e deixar a chave — comentou Graziela, ajeitando a bagagem de Suzane no porta-malas de seu carro.

Do outro lado da rua, René as fitava com as mãos no bolso, o pé apoiado no poste e muita tristeza no olhar. Suzane não disse nada. Nem acenou. Segurou as lágrimas e entrou no carro ao lado de Graziela, que finalmente perguntou:

— Alguém que você ama?

— Meu namorado é Leandro.

— Não foi isso o que eu perguntei — Suzane não respondeu, e Graziela prosseguiu: — Sei que nos conhecemos há muito pouco tempo, mas você pode confiar em mim. Não estou aqui para julgá-la nem para recriminar suas atitudes.

— René é só um amigo.

— Pareceu-me que ele a considera bem mais do que uma amiga.

— Não se importe com isso.

— Não me importo. Mas será que você é capaz de não se importar também?

Suzane silenciou e não tocou mais no assunto. Ao chegar ao apartamento de Graziela, porém, todo o peso dos últimos anos desabou sobre ela. Apoiou a mala no chão do que, dali em diante, seria o seu quarto, de frente para o mar, e chorou. Chorou muito. Graziela a abraçou carinhosamente, sem fazer perguntas nem procurar palavras de conforto. Dar-lhe o seu amor, naquele momento, seria o melhor para aliviar sua dor.

Depois de algum tempo, ela se acalmou, mas permaneceu com a cabeça apoiada no peito de Graziela, sentindo como se estivesse nos braços da mãe que conhecera e que a criara.

— Graziela... — falou por fim, ainda emocionada.

— O que é?

— Sei que você me ofereceu uma vida nova, inclusive, com o reconhecimento judicial de que você é minha verdadeira mãe...

— Isso mesmo.

— Mas não posso aceitar uma coisa dessas. Eu andei pensando... Meus pais podem ter errado em comprar um bebê, mas será que eles sabiam o que havia acontecido? Será que eles chegaram a conhecer as circunstâncias criminosas em que eu fui tirada de você?

— Não sei.

— Quero que você veja uma foto deles. E quero que me diga se eram as mesmas pessoas que estiveram presentes para nos levar quando nascemos.

— Não posso fazer isso. Não me lembro do rosto daquelas pessoas. Eu estava fraca, e o lugar tinha pouca luz.

— Mas olhe, por favor!

— Está bem. Se isso vai acalmá-la...

Suzane apanhou uma pequena mochila e dela retirou alguns álbuns de fotografia. Escolheu um em particular e o folheou, exibindo algumas fotos de seus pais. Graziela tomou o álbum das mãos da menina e observou atentamente. Ela não vira direito as pessoas que foram buscar as crianças e, à exceção de Leocádia, não poderia reconhecer ninguém. Contudo, aquelas pessoas que a fitavam através das fotografias não pareciam circundadas pela aura de crueldade que ela percebera nos gestos do casal que lhe tomara as filhas.

— Não são eles — afirmou com uma convicção que a ela mesma surpreendeu.

— Tem certeza?

— Tenho. Embora não me lembre das fisionomias daquelas pessoas, há algo nos olhos de seus pais que não existia naquele casal.

— O quê?

Ela refletiu por mais alguns segundos e respondeu de forma incisiva:

— Bondade.

A resposta foi tão firme e convincente, que Suzane não teve mais nenhuma dúvida. Apertou o álbum de fotografias contra o peito e chorou longamente.

— Eu os amava muito — desabafou. — E eles me amavam também.

— Eu sei. E sinto-me grata por isso. Durante os anos em que procurei por vocês, eu rezava e pedia a Deus que, se não as pudesse encontrar, que ao menos vocês estivessem sendo criadas por pessoas que as amassem e as tratassem bem. E acho que as duas conseguiram isso. Carminha pode estar com medo e raiva de mim, mas eu estaria sendo injusta se não reconhecesse o carinho que ela dá àquelas crianças.

— Você nem imagina como é importante para mim saber que não foram meus pais que me tiraram dos seus braços.

— Posso imaginar. Não quero que você pense que estou tentando anular tudo o que os seus pais fizeram e sentiram por você. Como disse, sou-lhes grata pela forma como a trataram e acho muito bonito o sentimento que você tem por eles.

— Obrigada, Graziela. E é por isso, por esse sentimento e por tudo o que vivemos no passado, que não quero perder o nome deles. Quero que as coisas continuem como estão. Reconheço-a como minha verdadeira mãe, mas não posso apagar tudo o que meus pais me deixaram. E não falo só do meu nome e dos meus bens. Refiro-me ao legado de moral que construiu parte do meu caráter. Falo de sentimento, de amor, dos muitos momentos que vivemos juntos e que imprimiram em minha alma o verdadeiro sentido da vida. Isso, jamais irei perder.

— Quer dizer que você não quer ser reconhecida legalmente como minha filha.

— Não fique triste. Não quero que você pense que estou sendo ingrata ou coisa parecida. Mas não posso, simplesmente, apagar a minha identidade. Não dá para construir uma outra sobre aquela que deu base à minha personalidade. Será que você consegue compreender isso?

— Compreendo e admiro muito a sua lealdade. Não tem importância. Durante muito tempo, queria encontrá-las e ouvi-las me chamar de mãe. Mas isso agora não tem mais valor. O que vale é o amor que sempre senti por vocês e que espero poder semear em seus corações. — Suzane a abraçou, e ela prosseguiu: — Quanto à herança a que vocês têm direito, posso deixar-lhes tudo em testamento.

— Você é uma pessoa maravilhosa, Graziela. Estou muito feliz por tê-la encontrado e por ser sua filha.

Abraçaram-se novamente, e Graziela ajudou Suzane a arrumar suas coisas no novo quarto. Depois, deixou-a sozinha para que ela pudesse pensar e se ambientar na nova casa. Queria que Suzane se sentisse à vontade e que se acostumasse com a vida que teria dali para a frente. Suzane pensou nos pais mortos e sentiu saudades. Escolheu uma fotografia que fora tirada em seu último aniversário com eles, quando fizera dezoito anos, e colocou-a num porta-retratos vazio que havia sobre a mesinha de cabeceira, um dos muitos que Graziela havia espalhado por todo quarto.

Terminou de ajeitar o porta-retratos e seus pensamentos a levaram novamente até René. Um leve aperto incomodou seu coração, e lágrimas lhe vieram aos olhos, retornando intactas. Depois de tudo, não conseguia mais chorar por René.

CAPÍTULO 31

Um trem parecia ter atropelado a cabeça de Beatriz, que segurava nas mãos o resultado do exame de sangue que fora buscar naquela manhã. Achava praticamente impossível que aquilo tivesse acontecido, mas era verdade. Com todas as suas precauções e cuidados, algo em seus métodos preservativos falharam, e ela estava grávida. E uma gravidez, naquele momento, representava uma mudança brusca em seus objetivos.

A dor de cabeça era resultado da raiva contundente de Lorena, que via naquela gravidez todo o fracasso de seus planos. Lorena a rodeava furiosa, praguejando contra ela e dando socos violentos na mesa. A moça nada percebia, mas o mal-estar foi-se acentuando, até que viu Vítor se aproximar.

— Desculpe-me a demora, meu bem — falou ele, beijando-a com ternura e jogando ao seu redor folículos cor-de-rosa carregados de amor.

Percebendo que ela não ia bem, Vítor a abraçou com efusão, e uma chuva rósea se derramou sobre ambos, causando uma sensação de desconforto em Lorena. O espírito se afastou contrariado. Não podia suportar aquelas vibrações de amor puro e sincero, que não se casavam com os seus propósitos mesquinhos.

— Você pegou o resultado do exame? — perguntou ele ansioso.

— Peguei.

— Deu positivo, não foi? — ela assentiu. — Só podia ser, pela sua cara.

— E agora, Vítor, o que vamos fazer? — ele passou a mão pelos cabelos e não respondeu. — Precisamos contar aos nossos pais.

— Calma. Vamos pensar primeiro.

— Mas não tem outro jeito! Já estou grávida de seis semanas, e a barriga logo vai crescer.

Ele coçou a testa e considerou:

— Como é que isso foi acontecer? Nós sempre tomamos cuidado.

— O que vamos fazer? Meu pai vai ficar furioso.

— Existem meios mais fáceis de se resolver isso — gritou Lorena à distância. — Faça-a abortar, Vítor! Eu estou mandando!

Beatriz captou a sugestão distante de Lorena, mas Vítor com ela não sintonizou:

— E se nós tirássemos o bebê? — perguntou ela em lágrimas.

— De jeito nenhum! Você sabe que sou contra o aborto. E você também nunca foi a favor.

— Tem razão, Vítor, perdoe-me — rebateu ela aos prantos.

— Pense bem, Bia. Você não tem motivos para estar assim. Tudo bem que não estava nos nossos planos. Estou me formando, implantando a coluna esportiva no jornal do meu pai, e você ainda está na faculdade. Mas aconteceu. Sei que vai ser difícil, mas podemos lidar com isso.

Beatriz chorava, mais pela influência de Lorena do que pelo seu próprio desespero. As palavras sensatas de Vítor, contudo, jogaram uma luz sobre a sua aflição, e ela pôde raciocinar com mais clareza.

— Acho que você tem razão — concordou, enxugando as lágrimas. — Na verdade, não sei bem o que me deu.

— Você é muito jovem e ficou apavorada. É compreensível. Mas vai dar tudo certo. Quando o bebê nascer, já estarei formado e poderei pagar uma babá e uma empregada. E você vai continuar estudando.

— Será que vai ser assim tão fácil?

— Vai depender de nós. Afinal, um filho não é nenhum bicho de sete cabeças. Somos jovens, mas não somos crianças.

Percebendo que perdia terreno, e sem poder se aproximar, Lorena os ficava rodeando, buscando uma brecha por onde pudesse se infiltrar e romper aquela aura de proteção com que o amor de Vítor encobria Beatriz. De longe, esbravejou:

— Você vai ser péssima mãe, sua bruxa!

Enfraquecida, novamente Beatriz conectou sua mente à dela e repetiu quase com as mesmas palavras:

— Ah! Vítor! Tenho medo de não ser boa mãe.

— Que bobagem é essa, Beatriz? Você vai ser excelente mãe. Com certeza, muito melhor do que foi a minha.

Pela primeira vez em muitos anos, Lorena ouvia a opinião do filho a seu respeito. Nunca, em toda a sua vida, se preocupara com a ideia que Vítor fazia dela nem se questionara sobre o seu desempenho como mãe. Achava mesmo que não se importava com isso, mas ouvir dele, de forma tão fria e impessoal, que não fora boa mãe, causou-lhe surpreendente e doloroso choque.

Não quis mais se aproximar nem esbravejar contra Beatriz. Ao contrário, calou-se e ficou olhando Vítor acariciar a barriga da moça, pensando se deveria, mais tarde, sondar a mente do filho para tentar descobrir mais a seu respeito. Naquele momento, contudo, tinha que guardar distância e, mesmo que conseguisse alguma proximidade, preferiu não se acercar deles e deixou-os, acabrunhada.

Com Lorena fora de vista, Beatriz foi melhorando rapidamente da dor de cabeça, e as ideias surgiram mais nítidas em sua mente.

— Vamos contar logo aos nossos pais — sugeriu ela, agora mais segura de si.

— Quando?

— Hoje mesmo. Você vai à minha casa, e nós contamos juntos. Depois falaremos com o seu pai.

Ficou tudo acertado. Naquele mesmo dia, Beatriz e Vítor contariam tudo aos pais. Carminha chegou mais cedo do trabalho, e Beatriz a chamou logo que percebeu que ela havia entrado em casa. Gostaria muito de falar com os dois ao mesmo tempo, mas não aguentava mais esperar. E, se a mãe ficasse sabendo primeiro, talvez fosse mais compreensiva e a ajudasse a acalmar a explosão do pai.

— O que foi, minha filha? — indagou Carminha, preocupada com a seriedade no semblante da filha e do namorado. — Aconteceu alguma coisa?

— Aconteceu. Mais ou menos. — Ela podia notar a ansiedade no rosto da mãe e resolveu acabar logo com aquilo. — Na verdade, mãe, o que aconteceu é que eu estou grávida.

— Grávida?

— É, mãe, grávida.

— Quem é que está grávida? — perguntou Renato, que acabara de abrir a porta da sala e ouvira apenas o final da conversa.

As duas olharam para ele atônitas, até que Vítor tomou a dianteira e foi logo falando:

— É a Bia, Renato. Viemos aqui para lhes contar.

Aquilo era algo que Renato não poderia esperar. Só ele sabia como lhe custava fingir que consentia no namoro de sua filha com aquele rapaz, mas pretender que ele aceitasse aquela gravidez era um absurdo ousado e inimaginável.

— Vocês não têm juízo? — censurou entre os dentes, segurando a mão para não acertar um soco no queixo de Vítor.

— Aconteceu, pai.

— Mas não se preocupe, Renato — esclareceu Vítor. — Nós vamos nos casar.

— Casar! De jeito nenhum! Nem pensar! Você vai é abortar esse filho, Beatriz, custe o que custar!

— Renato! — horrorizou-se Carminha, mal crendo no que acabara de ouvir.

— É isso mesmo. Proíbo Beatriz de se casar com esse desvairado e ter um filho dele. Só passando por cima do meu cadáver!

— Ficou louco, pai? — retrucou Beatriz, coberta de indignação e revolta. — Desde quando você é dono da minha vida?

— Desde que você vive na minha casa e sob o meu sustento.

— Não seja por isso! — gritou ela. — Posso me mudar agora mesmo.

— Deixe de ser tola, menina! Você não tem para onde ir.

— Não me leve a mal, Renato — interveio Vítor, esforçando-se para manter a calma e o respeito. — Beatriz e eu não estamos pedindo a sua permissão nem precisamos dela. Somos maiores e capazes de decidir a nossa própria vida. Agora, se você prefere ameaçá-la com um aborto ou expulsá-la de casa, não se dê a esse trabalho. Levo Beatriz para morar comigo em minha casa.

Dominado pela fúria, Renato postou-se diante dele e, encarando-o com os olhos flamejantes de ódio, disparou:

— Experimente. Mato-o antes que tente.

— Meu Deus, Renato! — falou Carminha. — Não o estou reconhecendo. O que deu em você para destilar tanto ódio e usar de toda essa violência?

A intervenção de Carminha chamou-o de volta à razão. Estava indo longe demais e precisava se conter antes que acabasse delatando os reais motivos para desejar impedir aquela desgraça.

— Beatriz não compreende — desculpou-se ele, mordendo os lábios para conter o ímpeto de cólera. — Ela é jovem, vai estragar sua vida. Vai chutar a faculdade e passar o resto da juventude trocando fraldas. Isso não é futuro para ninguém.

— Isso, quem decide somos nós — objetou Beatriz. — E você não tem nada com isso.

— Não queremos lhe faltar com o respeito, Renato — acrescentou Vítor —, mas já nos decidimos. Vamos nos casar e ter esse filho, quer você nos apoie ou não.

— Seu pai vai apoiar — tornou Carminha, olhando-o com ar de súplica. — Não vai?

Ele devolveu o olhar dela com um furor nunca antes visto.

— Não — disse ele secamente e rodou nos calcanhares, ganhando a porta da rua.

Carminha foi atrás dele e alcançou-o na garagem, pronto para entrar no carro e sair.

— O que foi que deu em você? — repreendeu-o, ainda sem entender. — Depois de tudo que nos aconteceu!

— É exatamente por causa do que nos aconteceu que estou tentando impedir essa sandice.

— Não, Renato. Você se esquece por que tivemos que adotar nossos filhos?

— Isso é coisa do passado — rebateu ele indeciso. — Só porque aconteceu com você, não quer dizer que vai acontecer com Beatriz. Os tempos são outros, e as circunstâncias, também.

— Não vou apoiá-lo nisso. Você sabe que, depois do que me aconteceu, tornei-me radicalmente contra o aborto. E passei isso para Beatriz.

— Nota-se. Mas nesse caso é diferente. Gílson não pode entrar na nossa vida assim.

— O pai de Vítor? — surpreendeu-se ela. — Por quê?

— Por nada.

— Você não tem o direito de me esconder as coisas. Beatriz também é minha filha.

— Existem coisas sobre o Gílson que você não sabe.

— Que coisas?

— Segredos. Segredos terríveis do passado.

— Que tipo de segredos?

— Você não está entendendo, não é? — ela meneou a cabeça, aturdida. — Não está entendendo nada. Eu não seria contra esse casamento se não tivesse um motivo muito forte para não querer uma ligação da nossa filha com o pai de Vítor.

— Mas então me conte, pelo amor de Deus! Se você tem algo contra ele, eu preciso saber.

Renato a encarou com os lábios trêmulos, apertando a mandíbula como se desejasse conter a onda de ódio que emanava dele.

— Gílson foi a pessoa que encontrou Beatriz para nós — disparou ele, de forma implacável e chocante. — Ele era o traficante de bebês.

À surpresa seguiu-se o choque, e Carminha não ouviu mais nada. Levou a mão às têmporas e desfaleceu sem emitir um ruído. Renato correu para ela e a amparou, sentando-a no banco do carro. Foi até uma torneira próximo ao jardim e apanhou um pouco de água com as mãos em concha, espargindo-a sobre seu rosto. Ela voltou a si aos poucos e foi enquadrando o rosto de Renato com vagar.

— Como você pôde nunca me contar isso? — explodiu ela de repente.

— Não queria preocupá-la.

— Foi por isso que você tentou proibir o namoro... — divagou Carminha, subitamente compreendendo o significado de tudo. — Agora faz sentido... Mas por que mudou de ideia?

— Gílson me convenceu de que era o melhor.

— Gílson!? Mas como? Você tornou a se encontrar com aquele homem?

— Eu não tive escolha. Estava pressionado e achei que caberia a ele encontrar uma solução. Afinal, o filho é dele.

— E você ainda confia nele? Esse Gílson deve ser perigoso.

— Você tem razão, ele é perigoso. E é capaz de qualquer coisa para se ver livre da cadeia.

— Ele... ele matou o pai de Beatriz?

— Matou. E pode nos matar também.

— Jesus!

— Compreende agora por que não posso consentir nesse casamento? Nem no nascimento dessa criança?

Carminha ocultou o rosto entre as mãos e chorou. Jamais poderia supor que sua filha fosse se aliar ao filho de um homem tão perigoso. Concordava que um casamento entre

Beatriz e Vítor, naquelas circunstâncias, seria perigoso. Mas um aborto...

⁂

Tudo acontecera quando ela era ainda muito jovem. Renato fora seu primeiro e único namorado, e os dois se haviam conhecido na festa de quinze anos de uma prima. Carminha contava então quatorze anos e Renato, dezessete. Começaram a namorar e, no ano seguinte, ela engravidou. Estavam no início da década de 1970, e a gravidez de adolescentes solteiras não era bem-vista pelos pais e pela sociedade, de forma que a família de Carminha não poderia saber.

Apesar de ricos mineradores, os pais de ambos provinham de famílias mineiras tradicionais, e a gravidez da menina seria um escândalo no seio da sociedade conservadora. Os jovens sentiram medo e resolveram tomar o caminho que julgavam mais fácil: o aborto. Como dinheiro não era problema, Renato conseguiu a quantia necessária com bastante facilidade, e o aborto se realizou sem o conhecimento de ninguém.

Mas as coisas não correram da forma desejada. Uma infecção não esperada roubou de Carminha, para sempre, as esperanças de se tornar mãe. Ela chegou a ser internada no hospital, e os pais descobriram o ocorrido, mas conseguiram abafar o caso e ninguém mais ficou sabendo. Daquele dia em diante, seus encontros com Renato passaram a ser vigiados, e o esperado era que se casassem logo que o rapaz concluísse os estudos.

Assim que Renato terminou a faculdade de geologia, o casamento se realizou, e eles se mudaram para o Rio de Janeiro, onde montaram toda a parte administrativa de seu negócio. Começaram então as tentativas de Carminha engravidar. Consultaram os maiores especialistas do Brasil e do exterior, mas os danos causados a seu útero pelo aborto eram irreversíveis, e ela perdia todos os bebês. Jamais poderia se tornar mãe.

A solução era adotar uma criança. No princípio, Carminha e Renato resistiram à ideia, mas a impossibilidade real de gerar filhos, aliada ao imenso desejo dela de se tornar mãe, fizeram com que eles reformulassem seus conceitos e partissem para a adoção. Beatriz foi aceita em suas vidas e em seus corações sem maiores problemas, assim como Nícolas veio a ser posteriormente. Com o casal de filhos, a família parecia completa, e a vida, perfeita.

    E agora Beatriz se via em situação semelhante à de Carminha, só que o pai da criança era alguém que poderia pôr em risco não apenas a sua felicidade, mas a integridade física de toda a sua família. Como fazer, contudo, para impedir que o pior acontecesse? Contar a verdade a Beatriz estava fora de cogitação. A insegurança e o medo de perder os filhos fariam com que Carminha tudo tentasse para lhes ocultar a verdade. Ela podia enfrentar qualquer adversidade da vida. Menos perder os seus filhos.

CAPÍTULO 32

À mesa do café da manhã, Carminha deu pela falta de Beatriz. Nícolas devorava seu pão com manteiga como sempre fazia, alheio aos problemas da casa, e ela deu um sorriso amargo. Perder os filhos seria o pior castigo que poderia merecer. Olhou para Renato, que parecia ler os seus pensamentos, e ele afagou a sua mão, desalinhando, com a outra, os cabelos do filho.

— Onde está Beatriz? — perguntou ela à criada, que vinha trazer mais leite.

— Saiu cedo, sem tomar café.

— Disse aonde ia?

— Não, senhora.

— Deve ter ido à faculdade — comentou Nícolas, estalando a língua.

Carminha não respondeu. Tornou a olhar para Renato, que permanecia com o semblante impenetrável, causando-lhe uma espécie de tremor.

— O que foi, querida? — indagou ele, tentando modular a voz para não deixar transparecer ao filho o seu quase desespero.

— Nada... — foi a resposta evasiva.

Na verdade, nem ela sabia o que era. Uma sensação de mau agouro arrepiou os seus pelos, e ela se encolheu assustada.

— Está com frio, mãe? — era o menino, e ela balançou a cabeça. — Está ficando velha, hein?

— Trate de terminar logo esse café ou vai se atrasar para a escola — advertiu Renato, mas olhando para ela.

Quando o café terminou, Renato saiu com Nícolas para levá-lo à escola, e Carminha correu para o celular. Ligou para Beatriz, que atendeu prontamente:

— Oi, mãe.
— Onde você está?
— Na faculdade.
— Por que saiu tão cedo?
— Passei na casa do Vítor primeiro.
— Por quê?
— Essa pergunta me parece meio fora de propósito, mas tudo bem. Talvez seja porque Vítor é meu namorado, meu futuro marido e pai do filho que espero.

Fez-se um silêncio nervoso, e Carminha retrucou:
— Está se sentindo bem?
— Estou?
— Nenhum enjoo?
— Nenhum.
— Por que não vem para casa descansar?
— Não estou doente, mãe. Sinto-me ótima e não vejo motivo para faltar à aula.
— Eu acho que seria melhor...
— Depois a gente conversa. Tenho que ir para a aula — mentiu. — Um beijo.

Desligou antes que Carminha dissesse mais alguma coisa.
— Era sua mãe? — indagou Vítor.

Os dois estavam sentados em um banco do pátio, conversando enquanto as aulas não se iniciavam.
— Não estou com vontade de falar com ela agora.
— Sua mãe é legal, Bia. Seu pai é que está criando problemas.
— Eu sei. Mas quero resolver as coisas sozinha com você. Não quero mais contar com eles daqui por diante.
— Isso é muito chato. Meu pai está nos dando apoio. Não entendo o que houve com o seu.

— Seu pai é uma pessoa sensata e coerente. Meu pai deve ter enlouquecido.

— Não pense assim. Talvez ele esteja passando por algum problema.

— Isso não é desculpa. Todo mundo tem problemas, e não é certo descontar nos outros.

— Deixe isso para lá — finalizou ele, puxando-a para lhe dar um beijo. — Vamos entrar. Já está quase na hora de as aulas começarem.

Entraram, e o dia transcorreu normalmente. Pelo menos para eles. Para Renato, contudo, parecia que uma assombração pairava sobre o seu lar, devastando as energias de felicidade que ele levara anos para colocar ali. Quase não conseguiu trabalhar direito e, no fim do dia, sentia-se exausto e desanimado. Pensou em ligar para Beatriz por diversas vezes, mas mudou de ideia em todas. Não sabia o que lhe dizer além de: tire esse filho.

Quando ele chegou à noite, Beatriz estava trancada e só saiu na hora do jantar. Sentou-se à mesa como se nada tivesse acontecido e começou a comer naturalmente. Carminha não sabia como agir, com medo de dizer alguma coisa imprópria, até que Renato falou cuidadosamente:

— Pensou no que eu lhe falei?

— No quê? — tornou Beatriz.

— Você sabe.

— Não sei, não. Você só me falou absurdos, e não considero absurdos.

— Que absurdos? — quis saber Nícolas.

Renato endereçou a ela um olhar severo, como quem diz: não conte, mas ela o ignorou.

— Eu estou grávida, Nícolas. Vou ter um filho.

O menino a fitou em dúvida, mas logo compreendeu e revidou com curiosidade:

— O pai é o Vítor?

— É claro.

— Quer dizer que eu vou ser tio?
— Vai.
— Legal!

Um estrondo se ouviu, e todos se voltaram na direção de Renato. Ele se havia levantado com tanta fúria que sua cadeira foi ao chão.

— Isso é um disparate! — esbravejou ele. — Não quero mais esse tipo de conversa à mesa. Ainda mais com seu irmão, Beatriz. Uma criança!

— O que é que tem, pai? — revidou o menino. — Sei muito bem como as mulheres engravidam.

— E depois — acrescentou Beatriz —, Nícolas é meu irmão e tem o direito de saber o que está acontecendo na família.

Renato ia dizer alguma coisa estúpida, mas Carminha se levantou e interveio:

— Chega, Renato! Deixe a menina em paz.

— Você a está defendendo? — vociferou ele. — Sabe o que pode acontecer e, ainda assim, a defende?

— O que pode acontecer? — questionou Beatriz. — Além de eu ter um filho e me casar?

— Nada pode acontecer — tornou Carminha às pressas. — Seu pai só está preocupado com o seu futuro e o seu bem-estar.

— Você pode se perder na vida! — gritou Renato. — É isso o que quer? Sem nós, o que será de você?

Beatriz não respondeu. Sentiu as lágrimas subirem-lhe aos olhos e se levantou da mesa, correndo para o quarto. Não entendia que Renato se referia à perda da família que ela sempre conhecera, e achou que ele a julgava uma perdida e ameaçava retirar-lhe o seu apoio de pai.

— Não devia ter dito isso — censurou Carminha. — Ela vai achar que você a está julgando pela gravidez.

Carminha se levantou atrás dela, e Nícolas ficou parado olhando, de boca aberta, sem entender nada. A porta do quarto estava trancada, e Beatriz se recusava a abri-la.

— Por favor, minha filha, deixe-me entrar.

— Vá embora, mãe. Não quero falar com ninguém.

— Só um minuto, por favor. Sou sua mãe, quero o seu bem.

— Isso não é querer o meu bem.

— Não me confunda com seu pai. Ele está em desequilíbrio, eu não. Vamos, abra. Só um instante.

A chave rodou na fechadura pelo outro lado, e Beatriz abriu a porta. Tinha os olhos vermelhos, e soluços contidos agitavam o seu peito. Carminha entrou e fechou a porta com cuidado. Sentou-se na cama ao lado da filha, que se atirou em seus braços e disse entre lágrimas:

— O que foi que houve com papai? Ele nunca foi assim.

— Seu pai anda passando por uma pressão muito forte. Não ligue para o que ele diz.

— Ele me chamou de perdida! Que coisa mais ultrapassada. Mas doeu, mesmo assim. Logo eu, que sempre fui responsável e estudiosa. Nunca tive um monte de namorados nem uso drogas. Não fumo nem cigarro! Ele não tinha o direito de falar comigo daquele jeito. Só porque estou grávida? E daí? Hoje em dia, isso é normal, e vocês são de uma geração que já estava vivendo a liberação sexual. Qual é o problema?

— Seu pai anda nervoso. Não é nada com você.

— É, mas está descontando em mim.

— Procure relevar o que ele diz. Vou falar com ele, e tudo vai se ajeitar.

— Acho bom. Senão, vou-me embora dessa casa.

— Embora? Para onde?

— Para a casa do Vítor. O pai dele pelo menos é compreensivo, e tenho certeza de que vai me receber.

Carminha levou a mão à boca e protestou espantada:

— Não faça isso!

— Faço, sim. Já conversei até com Vítor, e ele me disse que, se papai não parar de me pressionar, eu posso ir morar na casa dele até o nosso casamento sair.

— Vocês vão mesmo se casar?

— Vamos. Na próxima semana, vamos dar entrada nos papéis.

— Não se precipite, Beatriz. Espere até eu conversar com seu pai.

— Não estou me precipitando. Fiquei muito decepcionada com a reação dele. Esperava mais compreensão.

— Sei disso e não lhe tiro a razão. Mas espere um pouco mais. Vou falar com ele e tenho certeza de que tudo vai se resolver.

O pior estava para acontecer, e Carminha precisava impedir. Não podia permitir que Beatriz fosse morar na mesma casa em que Gílson, não com tudo o que estava acontecendo.

⁂

— Você tem que parar agora mesmo com essa perseguição a nossa filha! — exasperou-se Carminha, assim que encontrou Renato, andando de um lado a outro no quarto.

— É ela que tem que criar juízo e tirar esse filho... e largar desse rapaz. Ele não serve para ela.

— Beatriz e Vítor já resolveram ter o filho e se casar. Pior: ela disse que vai sair de casa e morar com ele. Na casa do Gílson!

— O quê?! De jeito nenhum! Não vou permitir uma loucura dessas. Imagine se vou deixar a minha filha entrar espontaneamente no covil do lobo!

— Abra os olhos, Renato! Você reclamava de mim, dizia que eu poderia pôr tudo a perder, mas é você quem está sendo imprudente. Age feito louco, toma atitudes incoerentes e irracionais.

— Mas aquele homem é uma ameaça!

— Por isso mesmo. A hora é de agir com cautela. Você quer afastar Beatriz de Gílson, mas o que está fazendo é aproximá-los cada vez mais. Ela acha que Gílson é compreensivo e está lhe dando apoio. — Ele não disse nada. — Mas somos nós que temos que apoiá-la. Precisamos ficar ao lado dela e afastar a outra do nosso caminho.

— Que outra?

Ela olhou para os lados, aproximou-se dele e sussurrou:

— A gêmea. Ela é que é o perigo. Não Gílson. Nem tanto Graziela. Sem a gêmea, nenhuma suspeita recairá sobre nós.

— Gílson tem planos para ela.

— Que planos? — ele não respondeu. — Que planos? — ela tapou a boca, engolindo um grito de horror. — Ele pretende matá-la?

— Foi o que deu a entender.

— Não acredito! Isso, não podemos permitir.

— O que quer que eu faça, Carminha? Que me interponha entre ele e a moça e morra também?

— Mas, Renato, não podemos deixar que esse homem tire a vida de uma inocente.

— Pensei que quisesse se livrar dela.

— Mas não assim. Quero oferecer-lhe dinheiro, joias, propriedades, o que ela quiser. Não quero a culpa de um crime na consciência.

— Você não vai fazer nada. Quem vai é ele.

— Mesmo assim. Eu sei de tudo e, se me calar, estarei compactuando com ele.

— Não se meta com Gílson, Carminha. Ele é perigoso. E esse é um motivo bem sério para não permitirmos que Beatriz more na mesma casa que ele.

— Pois então, se você realmente quer o bem dela, pare de pressioná-la. Não a persiga nem tente forçá-la ao aborto. — Ele a olhou em dúvida. — É o único jeito. Pelo bem de Beatriz, não diga mais nada contra a sua gravidez e o seu casamento. Vamos esperar que as coisas se ajeitem naturalmente.

— E se isso não acontecer?

— Aí então teremos que encontrar um meio de proteger os dois. A ela e ao bebê. Mas sem crimes.

CAPÍTULO 33

Apenas Leandro e Amélia sabiam que Suzane havia ido morar com Graziela e, a seu pedido, não comentaram nada com ninguém. Por mais que Graziela quisesse se aproximar de Beatriz, não podia simplesmente aparecer na sua frente e lhe dizer: Oi. Sou sua verdadeira mãe.

— Por que você não convida Carminha para um chá? — sugeriu Leandro a Amélia. — Aí poderíamos conversar com ela e procurar esclarecer tudo.

— Ela já sabe de tudo — objetou Graziela. — Do contrário, por que estaria me evitando?

— Não quero parecer insensível — interveio Amélia —, mas será que vale realmente a pena você se aproximar de Beatriz? Já não tem a Suzane?

— Beatriz também é minha filha... Precisa conhecer a verdade.

— Mas está vivendo com outra família. E talvez a verdade lhe faça mais mal do que bem.

— Pode até ser, mas ela também é minha filha. É seu direito conhecer a verdade, e o meu, tentar me reaproximar. O que você acha, Suzane?

— Eu? Não sei. Prefiro não opinar.

Os pensamentos de Suzane estavam voltados para René. Fazia muito tempo que não o via e sentia saudades, imaginando por onde ele andaria.

Na verdade, René não se conformava de haver perdido Suzane. Procurava-a nos lugares que ela frequentava, em vão. Todos os dias, ia até a praia e ficava andando na calçada, olhando os carros que passavam, procurando seu rosto por detrás do insufilme dos vidros. Até então, não conseguira vê-la.

Ele caminhava pela beira da praia, no final da tarde, quando teve certeza de que a via. Ela estava diferente, com aqueles cabelos compridos e alourados, o corpo mais cheio e arredondado, mas era ela, com certeza, exibindo diferenças que o tempo era capaz de imprimir. Estava sentada em uma cadeira, olhando o mar e de mãos dadas com um rapaz, provavelmente o seu namorado. De onde estava, ficou observando-os. Suzane parecia muito mudada. Não era só o cabelo e o corpo mais cheio de curvas. Algo diferente iluminava o seu semblante.

Resolveu aproximar-se. Passou na frente dela e lhe lançou um olhar direto, surpreendendo-se com o que via. A barriga dela estava exposta ao sol do fim da tarde, e uma pequena elevação delatava a gravidez. Estacou abismado, e mil pensamentos se entornaram em sua mente. E se aquela criança fosse dele? Ela e o namorado pareciam felizes, rindo e beijando-se de vez em quando, e ele apalpava o seu ventre com carinho, falando coisas amorosas em seu ouvido, coisas que ela ouvia com prazer e para as quais tinha sempre uma gargalhada de pura satisfação.

A cena encheu René de ciúmes. Suzane deixara o cabelo crescer e fizera mechas alouradas, tal qual ele a vira da outra vez, havia muito tempo. Naquela oportunidade, ela devia estar usando uma peruca muito igual ao cabelo de hoje, talvez para impressionar o namorado com algum maneirismo carioca. E o corpo mais cheio, é claro, se devia à gestação de poucos meses. De toda sorte, ela estava linda, mais linda do que nunca. Seu coração acelerou, e uma vontade louca de tomá-la nos braços se apoderou dele.

É claro que não era Suzane que ele via. René estava diante de Beatriz, que ostentava uma barriguinha ainda tímida, mas com todo jeito de gravidez. Ficou parado diante dela, remoendo o ciúme e o despeito, ainda mais porque duvidava que ela não o tivesse visto. Ela o vira, tinha certeza, e fingia que não via, para não ter que falar com ele diante de seu namorado riquinho.

Vítor também o notou. Ele a encarava de forma insistente, e Beatriz, que até então não tinha se dado conta da presença dele, olhou-o por um instante, para logo em seguida desviar o olhar, achando que fosse um flerte descarado na frente do namorado.

— Algum problema, amigo? — indagou Vítor, incomodado com a insistência do olhar de René sobre Beatriz.

— Nenhum — respondeu ele, ainda olhando para ela. — Não fala mais com os amigos, Suzane?

— Perdão, mas você está me confundindo com outra pessoa — asseverou ela. — Não me chamo Suzane.

— Quer dizer que você agora, além de mudar de jeito, mudou também de nome?

— Como disse? Não estou entendendo.

— Não precisa fingir para mim, Suzane...

— Ouça, amigo — cortou Vítor —, é claro que houve um engano. Ela não se chama Suzane e não o conhece. Você a está confundindo com outra pessoa.

— Só se for com o seu clone, não é, Suzane? Ou você pensou que mudar o cabelo e exibir a gravidez seriam suficientes para me enganar?

— Está sendo inconveniente, meu camarada! — exasperou-se Vítor. — Já disse que ela não é essa tal de Suzane.

— Eu não ligaria tanto para o fato de ter-me deixado se você não estivesse grávida. De quem é esse filho? É dele?

— Pare com isso — advertiu Vítor, preocupado com Beatriz, que parecia estar se sentindo mal.

— Por que não me contou que estava grávida? Eu a estou procurando há tempos. Só queria vê-la passar. Mas quando vi a sua barriga, não pude me conter. De quem é esse filho, Suzane?

— Você está se tornando impertinente, rapaz! — repreendeu Vítor. — Vá embora. Ela não é Suzane e não o conhece. Vá procurar a sua namorada em outro lugar.

— Minha namorada? Ela nunca foi minha namorada. Sempre foi sua, porque é você que tem o dinheiro. De mim, ela sempre foi amante. Só me quis para a cama...

René não conseguiu terminar de falar, porque Vítor lhe acertou um soco na boca, e ele tombou na areia, surpreso com a inesperada agressão.

— Eu lhe avisei! — bradou Vítor. — Não vou permitir que você ou qualquer outra pessoa insulte Beatriz.

— Beatriz? — repetiu ele, a mão na boca para parar o filete de sangue que escorria. — Então é esse o seu nome agora? Foi assim que você o enganou todo esse tempo? Beatriz para os ricos e Suzane para os pobres?

Vítor ia esmurrá-lo de novo, mas Beatriz se levantou e dobrou a cadeira, segurando a mão do namorado.

— Vamos embora. Ele deve estar bêbado.

— Não estou bêbado! E não sou idiota! Se você quer ficar com esse mauricinho, o problema é seu. Mas eu tenho o direito de saber se o filho que você carrega na barriga é meu!

Foi preciso muito esforço para Beatriz afastar Vítor dali. Ele estava tão indignado com as palavras de René que tinha vontade de socá-lo até deixá-lo inconsciente. Beatriz, contudo, saiu arrastando-o pela areia, e eles atravessaram a rua, entrando no condomínio em que ela morava.

— Devia ter me deixado dar uma surra naquele malandro! — falou Vítor. — Onde já se viu tamanho desrespeito?

— Ele me confundiu com alguém. Alguém chamada Suzane.

— Suzane... Já ouvi esse nome em algum lugar. — Ele ficou pensativo alguns minutos, até que se lembrou: — Já sei! Não foi esse o nome que Dona Amélia disse que era da namorada do filho?

— É mesmo!

— E Dona Amélia falou que ela é igualzinha a você.

— Falou.

— É a mesma garota que eu vi na praia, no outro dia. Só pode ser! Namorada do filho de Dona Amélia, que é rico...

— E amante do pobretão. Será?

— Eu lhe falei, não falei? E você ainda ficou com ciúmes. Mas agora está vendo que eu tinha razão.

— Essa Suzane deve ser da pá virada. Não me agrada ser confundida com alguém assim.

— Como pode haver duas tão iguais?

— E eu é que sei? Deve ser mesmo minha sósia, já que não acredito em clones.

— Ou irmã gêmea.

— Que besteira, Vítor — hesitou ela.

— A essa altura, não acho nada besteira. Tudo é possível.

— Mas como... — Beatriz balançou a cabeça, em dúvida. — Não pode ser.

— Sei que essa ideia é estranha, mas agora me ocorreu. Como é possível haver duas pessoas tão idênticas, a ponto de serem constantemente confundidas, se não são gêmeas?

— Não sei... mas agora sou eu que quero descobrir. Preciso tirar essa história a limpo.

— Como?

— Indo à casa de Dona Amélia. Você vai comigo?

— Finalmente mudou de ideia e aceitou o fato, não?

— É. Essa abordagem de hoje foi demais. O rapaz estava certo de que eu era Suzane. Preciso conhecê-la. Saber se tenho uma sósia.

— Está certo. Um dia desses, quando sua mãe for visitar Dona Amélia, iremos com ela.

— Você se esqueceu de que minha mãe não frequenta mais a casa de Dona Amélia?

— Então iremos lá sem ela. É só arranjar uma desculpa para lhe fazermos uma visita.

Quando Vítor abraçou Beatriz, nem percebeu que, a seu lado, Lorena observava os seus movimentos. Desde que o ouvira dizer que ela não fora boa mãe, ficara arrasada. Por mais que tivesse consciência de suas limitações maternas, em sua cabeça, aquele era o amor de mãe que ela pudera dar e que julgara suficiente para o filho. Não era dada a carícias nem tinha paciência para aquelas brincadeirinhas tolas, mas amava o menino. Não se recusara a abrir mão dele quando Gílson pedira o divórcio?

No momento em que as lágrimas lhe subiram aos olhos, aproximou-se do filho e, pela primeira vez, o abraçou. Ele detectou sua presença, porque seus pelos se eriçaram, e sentiu uma leve tonteira. Subitamente, a imagem da mãe lhe veio aos pensamentos. Não uma imagem nítida, mas aquela que se acostumara a ver na cômoda do quarto do pai. Não guardava mais lembrança alguma de sua fisionomia.

— O que foi? — indagou Beatriz, notando que algo havia acontecido.

— Não sei. Um arrepio. Lembrei-me de minha mãe...

— Credo, Vítor, será que o espírito dela está por aqui? — tornou Beatriz, em tom meio zombeteiro, meio assustado.

O comentário de Beatriz causou uma certa raiva em Lorena, que pensou em agredi-la, mas as mãos de Vítor, pousadas em sua barriga, a detiveram. Por que será que ele vivia segurando o ventre de Beatriz, como se quisesse proteger o ser que se encontrava lá dentro?

— Estranho mesmo, Bia. De repente, a imagem da minha mãe não me sai da cabeça.

— Você e seu pai têm mandado rezar missa para ela?

— Na verdade, não somos religiosos.

— Eu também não. Mas me ocorreu que o espírito dela talvez esteja necessitando de preces.

— Você acredita mesmo nisso?

— Não sei. Mas deve haver alguma coisa além dessa vida. Sua mãe morreu e há de ter ido para algum lugar. Ganhei um livro chamado *Nunca estamos sós*, você conhece? — ele meneou a cabeça, e ela acrescentou: — É de um escritor espiritualista chamado Marcelo Cezar.

— Tá, e o que tem ele?

— Fala sobre coisas da espiritualidade e me fez refletir. Hoje em dia, esses assuntos estão muito na moda. E eu penso: onde há fumaça, há fogo. Deve haver um fundo de verdade por trás disso tudo, senão não haveria tanta gente falando a mesma coisa.

— E aí...

— Precisamos fazer alguma coisa pela alma da sua mãe. Não conheço nenhum centro espírita, mas acho que seria boa ideia mandar rezar uma missa para ela. O efeito deve ser o mesmo.

Vítor ficou em dúvida por alguns momentos, até que considerou:

— Acho melhor não, Bia. Minha mãe e eu não éramos muito ligados.

— Ela morreu quando você ainda era criança! Como pode dizer uma coisa dessas?

— Não guardo lembranças de bons momentos vividos com ela. Só com meu pai.

Lorena ouvia a tudo sem dizer nada, paralisada com a nova descoberta que fazia.

Nunca, em todos aqueles anos em que, após desencarnada, vivia ao lado de Gílson, se preocupara em auscultar os pensamentos ou o coração de Vítor. A voz de Beatriz, no entanto, se fez ouvir novamente:

— Você tem mágoa da sua mãe, e isso não é bom.

— Não sei, nunca pensei nisso. Minha mãe sempre foi uma estranha para mim. Se era quando viva, que dirá agora que morreu.

— Seja o que for que sua mãe tenha feito, você deve perdoá-la. Ela o amou à sua maneira.

— Como é que você sabe?

— Que mãe não ama seu filho?

— Não sei. Minha mãe nunca ligou para mim.

— Você não sabe, realmente. De qualquer forma, é por causa dela que você está aqui, não é?

— Como assim?

— Bom, se não fosse ela, você não tinha nascido.

— Que papo mais furado, hein, Bia?

— Não é papo furado. É a realidade. Sua mãe está morta e não pode mais se explicar. Se pudesse, garanto que teria uma boa justificativa para as coisas que fez.

— Que ela não fez, você quer dizer. Quem cuidava de mim era o meu pai.

— Quanta mágoa, Vítor! Acho que você deveria limpar o seu coração, para não transmitir mágoas familiares ao nosso filho.

— Como você espera que eu faça isso? Minha mãe morreu.

— Perdoe-a. O espírito dela, esteja onde estiver, vai compreender e agradecer-lhe por isso. — Ele não disse nada, e ela prosseguiu: — Então? Vamos mandar rezar uma missa para ela? Não custa nada.

— Você gostaria?

Ela assentiu e retrucou:

— Ela era sua mãe e merece o nosso respeito. Se estivesse viva, estaria feliz com o netinho dela.

Lorena sentiu-se envergonhada ante a atitude de Beatriz. A menina a surpreendia. Era ciumenta e geniosa, mas de coração afetuoso e amigo. Sem nem conhecê-la, preocupava-se com ela. Uma emoção diferente tocou os sentimentos de Lorena, que começava a sentir os efeitos do arrependimento. O que lucrava tentando viver num mundo que já não era mais o seu?

— Está bem — aquiesceu Vítor. — Se é para fazê-la feliz, eu concordo.

— Não é para fazer-me feliz. É pela memória de sua mãe, para que ela, onde estiver, receba o nosso afeto e o nosso carinho; para que Deus ilumine o seu coração e faça cintilar, em seus caminhos, a estrela brilhante do verdadeiro amor.

Sem saber, Beatriz elevara uma oração de profundo e sincero sentimento. À medida que suas palavras iam ganhando corpo no astral, uma espécie de janelinha se abriu acima deles, por onde chuviscos de uma luz branda e serena se derramavam do alto bem acima de suas cabeças, envolvendo seus corpos e o ambiente ao seu redor. Em poucos minutos, o resultado dessa chuva luminosa se tornou perceptível, e os três sentiram indescritível bem-estar. Para Lorena, foi como se gotas refrescantes houvessem sido espargidas sobre ela, que experimentou uma nova sensação de conforto e paz. Nunca antes havia sentido nada parecido, e chorou de emoção, voltando os olhos úmidos e sentidos para Beatriz.

A moça estava abraçada a Vítor, e os dois tinham lágrimas nos olhos. Beatriz estava prestes a se tornar mãe, e Vítor via nela tudo o que não conseguira ver em Lorena.

— Não vou perturbá-los mais — disse ela, aturdida com aqueles sentimentos novos.

— Vamos entrar — convidou Beatriz, assim que os dois pararam na porta de sua casa.

Quando os dois entraram, Lorena não os acompanhou. Havia muito a reconsiderar em sua vida, na sua concepção de felicidade e prazer. De tão abalada, saiu caminhando pelas ruas do condomínio, ao invés de simplesmente usar o pensamento e sumir. Saiu pelo portão principal e atravessou a rua, passando pelo meio dos carros, até chegar à praia do outro lado. O mar estava de um azul profundo raiado de dourado, e ondas espumantes se espalhavam na areia. Lorena contemplou o pôr do sol e foi andando, até passar por um rapaz que, sentado à mesa de um quiosque, bebericava uma cerveja e remoía seu ciúme.

Lorena o conhecia, assim como a seus pensamentos e sentimentos. Movida pela curiosidade, parou ao lado dele e perscrutou sua mente. O rapaz era René, que se roía de despeito e indignação. Tinha certeza de que aquela moça era Suzane e não admitia ter sido passado para trás, principalmente porque ela carregava um filho que bem podia ser seu. Quando Suzane terminara com ele, aceitara pacificamente, porque não era insistente e sabia respeitar a vontade dela. Agora, contudo, era diferente. Ela estava grávida, e ele não poderia deixar que ela desse a outro o filho que era seu.

Por isso, precisava descobrir de quem era, realmente, aquela criança. Lamentava ter que estragar o namoro dela e do ricaço, mas não via outro jeito. No fundo, ainda faria um favor ao rapaz. Ele amava Suzane, mas não podia negar que ela era interesseira e infiel. Revelar isso ao outro talvez fosse um bem.

— Está perdendo o seu tempo, meu jovem — sussurrou Lorena ao ouvido dele. — Ela não é Suzane. Mas eu sei quem ela é e onde está. Sua Suzane tem proteção. E sabe de uma coisa? Eu não me importo mais. Você também não devia se importar. Aquele filho não é seu, porque ela não é Suzane. Ouviu?

René não ouviu, mas uma dúvida atroz atormentou seus pensamentos. De repente, uma quase certeza insistia em dizer que a criança que estava na barriga daquela moça não era sua filha. Só isso conseguiu perceber das palavras de Lorena. O resto, não alcançou, porque seu coração queria, desesperadamente, reencontrar Suzane, e a fisionomia de Beatriz, idêntica à dela, preenchia aquele desejo de uma ilusão passageira e momentaneamente satisfatória.

CAPÍTULO 34

Não seria muito natural Beatriz simplesmente tocar a campainha da casa de Amélia e pedir para falar com a namorada de seu filho. Era preciso uma desculpa para ir até lá e outra para fazer perguntas, e Vítor conseguiu-a com o pai.

— Foi ideia de meu pai dizer que eu precisava de uma entrevista com alguém importante para um trabalho na faculdade — contou Vítor. — Disse que se lembrou dela, e ela logo concordou.

— Você contou a ele o porquê de querermos ir lá? — indagou Beatriz.

— Tive que contar. E sabe o que é mais estranho? — ela meneou a cabeça. — Ele também já viu essa moça.

— Não me diga!

— Chegou mesmo a confundi-la com você. Ficou impressionado e curioso.

— Maravilha! Quando poderemos ir até lá?

— Ela só pode nos receber na semana que vem.

— Só na semana que vem? — desapontou-se ela.

— Não fique assim, Bia. Hoje é quarta-feira. Ela combinou de nos receber na segunda.

— Bom, que jeito, não é?

— E depois, para que a pressa?

— Curiosidade, sei lá...

— Pois segure a curiosidade um pouco. No seu estado, não deve lhe fazer bem.

— Parece até minha mãe falando.

— Mãe sabe das coisas. E você também vai saber quando tivermos o nosso filho. — Ele a beijou e continuou: — O que acha de irmos ao cinema?

— Boa ideia. Dê-me um tempo para me arrumar.

— Está bem. Vou esperá-la na sala.

Na sala, Carminha ensinava geografia a Nícolas, e Vítor se sentou do outro lado, ligando a televisão bem baixinho.

— Incomoda? — perguntou ele, e Nícolas fez sinal de que não.

Logo uma chave rodou na fechadura, e Renato entrou, franzindo o cenho ao ver Vítor sentado diante da TV.

— O que faz aqui a essa hora? — indagou de mau humor, parando diante do rapaz.

— Estou esperando Beatriz. Nós vamos ao cinema.

— Não acha que está muito tarde para saírem?

— Vamos pegar a sessão das dez.

— Amanhã ela tem aula.

— E daí? Beatriz não é mais criança.

De onde estava, Renato percebia o olhar de Carminha e procurou não intimidar o rapaz.

— Como estão os planos para o casamento? — redarguiu, com uma certa contrariedade.

— Muito bem. Estamos pensando em marcar a data para o começo de janeiro.

— Tão cedo?

— Beatriz vai estar de férias, e eu já terei colado grau.

— Sei. E onde é que pretendem morar?

— Meu pai vai nos dar um apartamento.

— Seu pai é muito generoso.

Disse isso com tanta ironia, que Carminha achou melhor intervir:

— Quer que eu mande servir o seu jantar, querido?

— Não, obrigado — respondeu ele, sem desviar os olhos de Vítor. — Tive um jantar de negócios.

Beatriz veio chegando e logo percebeu o mal-estar entre o pai e Vítor. Deu um beijo no rosto de Renato e estendeu a mão para o namorado, que a apanhou e se levantou agradecido.

— Tchau, Renato — falou Vítor, passando com Beatriz.

— Você não devia ficar por aí andando na garupa de uma moto — censurou Renato, buscando um pretexto para impedi-la de sair. — Ainda mais no seu estado.

— Não estou de moto — contestou Vítor. — Desde que Bia engravidou, troquei a moto pelo carro.

— Mesmo assim. Já é tarde, e ficar acordada até altas horas pode ser prejudicial ao bebê.

— O bebê dorme na minha barriga — respondeu Beatriz, com certa agressividade.

— Eu ainda sou o seu pai.

— Mas não é meu dono. E depois, já sou maior de idade e não preciso da sua autorização para sair.

— Você é maior, mas ainda depende de mim e tem que me obedecer.

— Não estou fazendo nada de mais! — protestou ela com veemência. — E pare de implicar conosco. Está se tornando repetitivo e sem graça.

— Eu sou o seu pai, mocinha, está entendendo? O único que você tem.

— Para me tratar desse jeito, era melhor que não fosse.

Renato ficou tão indignado com a resposta que quase lhe deu uma bofetada. Vítor, contudo, havia se interposto entre eles e o fitava com olhar hostil.

— Recuso-me a acreditar que você queira bater na sua filha! — exasperou-se ele.

Renato encolheu a mão e virou as costas para o rapaz, que puxou Beatriz pela mão e saiu com ela. A moça se deixou levar com lágrimas nos olhos, e foi só quando entrou no carro que desabafou:

— Não aguento mais isso. Meu pai enlouqueceu.

Vítor a abraçou e ligou o motor do carro, fitando o seu semblante entristecido.

— Deixe isso para lá — falou, tentando animá-la. — Em breve seremos uma família. Eu, você e o bebê.

Ela sorriu e apoiou a cabeça no seu ombro. Sentia-se segura com Vítor e tinha certeza de que ele a faria feliz. O carro saiu pelo portão do condomínio, e eles nem perceberam que René os espreitava no escuro, imaginando o que fazer para se aproximar.

⁂

No mesmo instante, a campainha estridente do telefone despertou Graziela de seu sonho, e ela ainda relutou para abrir os olhos. Revirou-se na cama, tentando afastar a dor de cabeça, mas a campainha era insistente e não lhe daria trégua.

— Alô! — atendeu ela de mau humor, sentindo as têmporas latejarem em reação ao seu grito.

— Alô, Graziela? — era Amélia. — Você nem imagina o que aconteceu.

— O quê?

— Gílson Betuel acabou de me telefonar.

— Quem é Gílson Betuel?

— O pai de Vítor, namorado de Beatriz.

— Como?!

— É isso mesmo. Gílson é dono do jornal *Mundo Econômico* e me pediu para receber o filho e lhe dar uma entrevista para a faculdade. Não é muita coincidência?

— Acha que Beatriz estará com ele?

A vontade de Graziela era saltitar de alegria, mas precisava se conter. Uma visita de Vítor a Amélia podia não representar nada, e talvez ela nem tivesse a chance de falar com Beatriz.

— Não sei — respondeu Amélia eufórica —, mas é um começo. O que você acha?

— Tenho até medo de achar alguma coisa.

— Precisamos nos preparar. Você tem que estar presente a essa entrevista.

— Para quando está marcada?

— Para segunda-feira. Sei que você tem assuntos importantes a tratar e queria ter tempo para lhe contar.

— Obrigada, Amélia. Você é a única que tem sido minha amiga de verdade.

É claro que Graziela estaria presente nessa entrevista. Ela e Suzane. Se havia um momento para contar a Beatriz toda a verdade, talvez aquele fosse o mais apropriado. Tinha ainda a questão da antipatia que a moça sentia por ela, e Graziela não queria simplesmente surgir e surpreendê-la com uma revelação fantástica, mas estar presente naquele momento seria avançar um passo em seus planos.

A seu lado, Aécio a encorajava, e Graziela percebia a sua presença, embora sem saber que era ele. Estava fantasiando seu encontro com Beatriz, imaginando que ela, ao saber quem era sua verdadeira mãe, deixaria de lado a antipatia natural e se aproximaria dela. Aécio, todavia, não estimulava aquela ilusão, pois sabia que conquistar Beatriz constituiria outra etapa no processo da verdade.

Amélia, porém, tocara em um nome até então desconhecido para Graziela. Gílson Betuel era personagem novo em sua recém-inaugurada trajetória no Rio. Graziela não o conhecia, mas uma sensação de medo a invadiu terrivelmente.

— Não se preocupe, minha querida — tranquilizou Aécio. — Gílson não é mais perigoso. É um homem atormentado pelo remorso e a culpa. Não vai lhe fazer mal.

Realmente, Gílson não pensava em fazer mal a Graziela, Suzane ou quem quer que fosse. Só o que desejava era acabar com o que ele considerava uma tortura. Se a verdade toda viesse à tona, tanto melhor. Não tinha mais forças para lutar contra o destino. Lorena estava morta, e ele, pronto para receber sua punição. É claro que não desejava ir para a cadeia, mas estava disposto a assumir o risco em prol da felicidade do filho. De tudo aquilo, só o que lhe importava era Vítor. Ele era um bom rapaz e não merecia passar por tamanha vergonha e decepção.

Por isso, ao dar ideia para a entrevista, fizera-o imaginando que Beatriz teria uma grande possibilidade de encontrar-se com Suzane em casa de Amélia. Se aquilo acontecesse, talvez as meninas se entendessem e acabassem conhecendo a verdadeira mãe, que era amiga de Amélia. E, com um pouco de sorte, ninguém descobriria sobre ele nem acusaria Renato, e tudo acabaria bem. Caso contrário, ambos pagariam por seus crimes.

Lorena acompanhava seus pensamentos sem saber o que fazer. Se, por um lado, não queria perder o marido e a vida que levava, por outro, não via mais graça naquela luta desesperada para manter a ilusão da vida material. Não tinha mais um corpo de carne, prescindia de necessidades físicas e já não se satisfazia com o prazer que sugava dele.

— Sabe de uma coisa, Gílson? — disse a seu lado, mas ele não a ouviu. — A culpa de tudo é de Renato. Se ele não tivesse matado o pai das meninas, nada disso estaria acontecendo.

Na mesma hora, Lorena arrependeu-se do que dissera. Chegara a um ponto de discernimento que sua mente não aceitava mais desculpas como aquela. Acusar outro por suas próprias decisões e atitudes não serviam para justificar o que lhe acontecera. Sobretudo porque não estava sendo sincera em seus sentimentos para com Renato. O que nutria por ele era um despeito imensurável pela rejeição que sofrera muitos anos antes.

Resolveu ir até a casa dele e encontrou-o adormecido, o corpo astral flutuando alguns centímetros acima do físico, ao lado da mulher. Por pouco ela não o sacudiu, fazendo-o despertar em sobressalto. Conseguiu se conter e cutucou-o levemente, até que ele abriu os olhos. Quando Renato deu de cara com ela, saltou para o chão e já ia gritar, mas ela colocou o dedo indicador sobre os lábios e apontou para Carminha.

Preocupado em não acordar a mulher, Renato saiu com Lorena para o jardim.

— O que você está fazendo aqui? — perguntou, agressivo. — Pensei que tivesse morrido.

— E morri.

— Por que veio até aqui então? Seu lugar não é mais esse.

— Você sabe o que está acontecendo, não sabe? — ele não respondeu. — Sabe e está apavorado.

— E em que isso lhe diz respeito? Você está morta e não pode ajudar.

— Não estou morta, na verdade, como vê. E posso ajudar, sim. Tenho acompanhado sua filha e o meu filho...

— Você é uma presença maligna! — esbravejou ele. — Afaste-se de Beatriz!

— Procure manter a calma — revidou ela entre os dentes. — Estou aqui para ajudar.

— Quer ajudar? Então desapareça.

— Por que tem tanta raiva de mim? Eu é que deveria odiá-lo.

— Não tenho raiva de você. Sempre a achei uma mulher inteligente e esperta. Só não quero que Carminha a veja.

— Se ela me vir, não vai saber quem eu sou. E mesmo que saiba, o que isso vai adiantar agora? Não faço mais parte do mundo de vocês.

— Eu nunca traí a minha mulher, nunca! Só com você.

— Não estou aqui para cobrar-lhe nada. Vim apenas pelos nossos filhos.

— Carminha não pode vê-la — sussurrou ele, olhando em todas as direções para ver se a mulher não vinha.

— Se ela me vir, ao acordar, terá esquecido. Tudo não passará de um sonho confuso e estranho.

— O que quer? — rosnou ele.

— Quero avisá-lo para parar de perseguir Vítor e Beatriz. Eles vão se casar.

— Desde quando você virou defensora dos dois?

— Desde que percebi a ilusão em que estava imersa esses anos todos. A vida espiritual há de ser bem mais interessante e útil do que a que tenho vivido.

— Ouça aqui, Lorena, eu nada sei sobre a forma como você tem vivido. Para mim, você estava embaixo da terra. E não me importo. Só não lhe dou o direito de vir aqui tentar interferir na minha vida e na de minha família.

— Não estou interferindo, mas vou fazer de tudo para proteger o meu filho e o meu neto. Você vai ver.

— Não quero mal ao seu filho, se é o que quer saber. E os dois podem até ficar juntos, embora isso me contrarie, em atenção à criança que eles vão ter. Estou pensando em outros meios de me proteger. Graziela e a outra menina são a ameaça maior. É contra elas que pretendo lutar.

— Não vai fazer nada contra Vítor e o bebê?

— Não. Por amor a Beatriz, pretendo deixá-los em paz, por enquanto. Mas não vou tolerar a presença daquelas duas nas nossas vidas.

— Muito bem. Dou-me por satisfeita.

Lorena rodou nos calcanhares e atravessou o muro, deixando Renato abismado, parado no meio do jardim. Ele remoeu as palavras dela por alguns segundos e voltou para o leito, onde ficou admirando Carminha. Se ela soubesse que ele, um dia, a traíra com outra mulher... Não queria nem pensar naquilo. O caso com Lorena fora uma loucura e uma insensatez. Os dois estavam envolvidos nas malhas do crime, o que lhes valeu uma empatia e uma atração mútua. E ele a admirava. Ela era forte, destemida, arrogante, selvagem. Muito diferente de sua doce e meiga Carminha, a quem realmente amava.

Era melhor não pensar mais naquelas coisas. Esperava nunca mais rever Lorena. Ela estava morta, e ele não daria a um morto o poder de interferir na sua vida ou na de sua família.

CAPÍTULO 35

Mais do que a indiferença de Suzane, doía em René a mentira que ela inventara, fingindo-se passar por outra pessoa só para dizer que não o conhecia. Além de mudar o cabelo e até engrossar um pouco a voz, trocara de nome e insistia que se chamava Beatriz. E, o pior de tudo, estava grávida e não lhe dava o direito de saber se o filho que carregava era dele. Apesar de uma voz interior lhe afirmar que não era, precisava se certificar.

René terminou mais cedo as apostas do jogo do bicho e foi postar-se diante do condomínio de Beatriz. Uma hora ela teria que aparecer, e ele não perderia a oportunidade de falar-lhe. Esperou até o final da tarde, quando ela surgiu sozinha em seu carro. No momento em que embicou o veículo na entrada da garagem, ele se aproximou pelo lado do motorista, antes que a cancela de acesso se levantasse completamente.

Beatriz levou um tremendo susto e instintivamente olhou para o segurança que ficava na guarita de vigia, e o homem, percebendo o seu temor, começou a se aproximar rapidamente.

— Por favor, Suzane, não faça isso — pediu René com tranquilidade, deixando transparecer que viera em paz. — Eu só quero falar com você.

— Já disse que não sou essa Suzane — protestou Beatriz, de repente sentindo uma onda de simpatia por ele, como se soubesse que ele não seria capaz de lhe fazer nenhum mal.

O segurança se aproximou e indagou com voz autoritária:
— Tudo bem aí, Dona Beatriz?
Ela olhou do homem para René e respondeu com uma certa hesitação:
— Tudo bem, Reginaldo, obrigada.
O segurança se afastou, mas permaneceu olhando para René, desconfiado, mantendo uma posição de alerta.
— Não quero discutir nem brigar com você — continuou René. — Eu só peço que fale comigo um pouco.
— Onde?
— Pode ser ali, do outro lado da rua, naquele quiosque. Está cheio de gente. Por favor, vamos.
Ela se perdeu num minuto de hesitação, até que acabou por concordar. Voltou de ré com o carro e estacionou em frente ao condomínio. Iria acabar logo com aquele mal-entendido.
Sentaram-se a uma mesa mais para perto da rua, de onde ela podia enxergar o condomínio e o segurança na guarita. Pediram um refrigerante, e ela foi logo dizendo:
— Não sou quem você está pensando.
— Então quem é? — revidou René com ironia. — Um clone da Suzane?
— Se isso fosse possível, muita gente acreditaria. Ou que eu tenho uma irmã gêmea. Mas a verdade é que a sua namorada é alguém que se parece muito comigo, mas não sou eu. — René a fitou incrédulo. — Eu sinto muito.
Beatriz abriu a bolsa e retirou sua carteira de identidade, estendendo-a para René. Ele a apanhou e fitou a fotografia, onde Suzane lhe aparecia séria e linda. Leu o nome, e a frustração o dominou. Aquela moça, efetivamente, não se chamava Suzane, mas Beatriz. No entanto, algo em particular lhe chamou a atenção. A data de nascimento.
— Vocês nasceram no mesmo dia... — estranhou ele.
— Como? — tornou Beatriz perplexa.
— Você e Suzane nasceram no mesmo dia. Como me explica isso?
— Não posso explicar. E não acredito que você esteja falando sério.

— Estou, sim. Quando vi o seu nome, quase acreditei em você. Mas a data de nascimento é a mesma. É muita coincidência, não acha? O que você fez? Falsificou uma carteira de identidade?

— Já disse que não sou Suzane! — contestou ela com raiva.

— Só não percebe quem não quer. Ou quem está tão apaixonado que vê a mulher que ama no rosto de qualquer outra.

— Está bem, acalme-se — pediu ele. — Mas se você não é a Suzane, como explica o fato de ser igualzinha a ela e ter nascido no mesmo dia?

— Não explico.

Ela estava nitidamente zangada e cruzou os braços sobre o ventre recém-desenvolvido, fazendo com que a atenção de René se voltasse para ele.

— Para quando é o bebê?

— Para novembro — ela percebeu a insinuação no olhar dele e arrematou furiosa: — E ele não é seu! É de Vítor, que é o meu namorado, e o fato de você insinuar que ele possa ser seu, mesmo que eu saiba que isso é um absurdo, é uma ofensa à minha honra e dignidade.

Falava com tanta convicção que René começou a acreditar que ela não era mesmo Suzane, mas uma outra incrivelmente parecida com ela.

— Perdoe-me... — balbuciou, agora notando diferenças quase imperceptíveis entre Suzane e a moça que tinha diante de si. — Suzane não tem essa pequena cicatriz debaixo do queixo.

Beatriz colocou o dedo na cicatriz quase invisível e respondeu de mau humor:

— Ganhei isso ao cair da cadeira de balanço quando era bem pequena.

— E ela também não tem esse sinal perto da orelha. Nem os dedos tão longos...

— Pelo visto você conhece Suzane muito bem.

— Mas uma coisa vocês têm que é indubitavelmente idêntica.

— O quê?

— Os olhos. Nunca vi olhos assim, a não ser em Suzane.

— Ouça... como é mesmo o seu nome?

— René.

— Ouça, René, posso ser muito parecida com Suzane, mas não sou ela e acho que já deu para você perceber isso. Não entendo por que há uma moça igual a mim andando por aí, mas juro que vou descobrir. No entanto, quero que você pare de me perseguir. Concordei em vir aqui falar com você para esclarecermos, de uma vez por todas, esse mal-entendido. E agora que você já sabe que eu não sou ela, gostaria que me deixasse em paz.

René não sabia que Suzane havia sido adotada. Este era um detalhe importante de sua vida que ela nunca lhe contara. Aliás, ele conhecia muito pouco de sua vida em Brasília. Só sabia quando ela nascera porque certa vez a surpreendera lendo uma revista de astrologia na banca de jornal. Ela lhe dissera a data de seu nascimento, e ele registrara.

— Acho que você e Suzane podem ser irmãs gêmeas — afirmou convicto.

— Isso é impossível.

— Por quê?

— Porque meus pais são outros. Eu nasci aqui... só tenho um irmão.

— Como é que você pode ter certeza?

— Eu tenho.

— Pois, para mim, vocês são irmãs gêmeas que foram separadas ao nascer. É a única explicação.

— Essa sua explicação é absurda. Por que meus pais se desfariam de uma filha e só ficariam com a outra?

— Ou os pais dela. Ou vocês duas foram adotadas.

— Isso é um disparate! — protestou ela, levantando-se zangada. — Eu nasci da barriga da minha mãe e nunca tive uma irmã gêmea!

— Acalme-se — pediu ele, fazendo com que ela tornasse a se sentar. — Eu não falei por mal. Só estou tentando compreender as coisas.

— Não há o que compreender. É coincidência, só isso. Existe por aí uma garota chamada Suzane que é muito parecida comigo. É minha sósia. Como as pessoas que imitam celebridades.

— Essas pessoas se esmeram para mudar a aparência, copiam gestos e roupas, cortam os cabelos, fazem miséria para ficar parecidas com os outros. Mas vocês duas, não. São iguais sem artifício algum, mesmo com os cabelos e o corpo diferentes.

— Não pode ser...

— Pode não ser agradável para você, mas que é verdade, é.

— Meus pais me teriam contado.

— Será?

— E eu tenho um outro irmão.

— Isso não quer dizer nada.

Beatriz olhou para ele com os olhos cheios de água, e René se comoveu, arrependendo-se de haver procurado aquela moça tão linda e tão doce para levar-lhe uma dúvida tão cruel.

— Não fique assim — tornou ele brandamente. — Não é o fim do mundo.

— Como quer que eu me sinta? Sempre acreditei ser filha dos meus pais.

— Não estou dizendo que não é.

— Você afirmou que eu posso ter sido adotada.

— Foi apenas uma suposição. É que você e Suzane são tão parecidas!

— E nascemos no mesmo dia!

— Bom, isso é um fato.

— Como é que duas pessoas que não se conhecem, que nunca se viram, podem ser idênticas e ter nascido no mesmo dia? Hein? Como é que você responde isso? — ele já havia dado a resposta, mas não queria repetir. — A hipótese de gêmeas é a mais provável, não acha?

— Desculpe-me se coloquei essa dúvida na sua cabeça — falou René, agora totalmente arrependido de ter abordado

Beatriz. — Eu não devia tê-la procurado. Ainda mais no seu estado.

— Mas procurou, e agora não dá para fingir que nada aconteceu. Você já implantou a dúvida na minha cabeça, e eu só vou sossegar quando descobrir.

— Como? Como pretende descobrir?

— Por incrível que pareça, sei mais dessa Suzane do que você imagina.

— Você sabe de Suzane? — repetiu ele incrédulo.

— Sei. Quer dizer, não exatamente. Você não foi a única pessoa que me falou de outra moça tão parecida comigo.

— Não?

— Não. Se quer saber, a própria mãe do namorado dela me falou isso. — René abriu a boca, estupefato, e não conseguiu dizer nada. — E eu tenho um encontro marcado com essa senhora na próxima segunda-feira, quando tenciono descobrir tudo.

— Você tem que me contar o que descobrir. Pelo amor de Deus, eu lhe imploro! Não sabe como é importante para mim.

— Era isso mesmo que eu ia lhe perguntar. Qual o seu interesse em tudo isso? Quero dizer, Suzane não é sua namorada, porque namora o filho de Dona Amélia.

— Você me parece uma boa pessoa, e acho que não tem problema me abrir com você. A verdade é que Suzane só namora esse tal de Leandro porque ele é rico, e eu não sou. É só isso. Mas sei que ela me ama.

— Foi o que pensei...

— Suzane é ambiciosa, e eu não posso dar o que ela quer.

— Mas você transou com ela. Senão, quando nos confundiu, não estaria pensando que meu filho poderia ser seu.

— É claro que eu transei com ela. Muitas vezes. Até que um dia ela se mudou com uma mulher e nunca mais a vi.

— Com uma mulher? — ele assentiu. — Estranho.

— Pensei que fosse a mãe do namorado, porque sei que os pais dela morreram num acidente de carro em Brasília.

— Espero poder descobrir esse mistério.
— Vai me contar depois?
— Não sei. Quer dizer, não quero me meter na vida de vocês. Se Suzane não quer que você saiba onde ela está, acho que não tenho o direito de lhe contar.
— Você é uma boa menina — afirmou ele emocionado, passando a mão sobre a dela. — Cheia de dignidade.

Ela era tão parecida com Suzane, que ele, por um momento, deixou-se levar pela ilusão de que poderia amá-la no lugar da outra, mas Beatriz, percebendo a sua emoção, retirou a mão gentilmente e falou com brandura e, ao mesmo tempo, convicção:

— Não se deixe enganar por uma ilusão. Sou parecida com Suzane, mas não sou ela. Meu nome é Beatriz e amo o meu namorado, com quem vou me casar e ter um filho.
— Sei disso... — admitiu ele, enxugando os olhos com as costas das mãos. — E não se preocupe, não vou misturar as coisas. Eu apenas me deixei envolver pela emoção, mas isso não vai tornar a acontecer.
— Que bom.
— Não gostaria de perder contato com você.
— Acha que seria aconselhável? Tenho medo que você acabe confundindo as coisas. Não seria bom para nenhum de nós, principalmente, para você.
— Não vou, prometo. É que gostaria de lhe pedir um favor.
— O que é?
— Se você se encontrar com Suzane, diga-lhe que ainda a amo, apesar de tudo.

Beatriz sentiu-se tocada com a sinceridade das palavras e do sentimento de René, e respondeu cheia de compreensão:

— Se ela for mesmo Suzane, prometo que lhe direi. Não se esqueça, contudo, de que ela tem um namorado, e você não sabe o quanto ela o ama.
— Não o ama. Eu sei.

Ela não estava em condições de discutir ou avaliar os sentimentos de outra pessoa que nem ao menos conhecia.

— Bem — disse ela, fazendo menção de que ia se levantar —, acho que é só isso. Já está ficando tarde, e minha mãe me espera para o jantar.

— Eu sei — ele anotou o número do telefone dele num guardanapo e estendeu-o para ela. — Ligue-me quando puder.

— Pode deixar, René — concordou ela, apanhando o papel e guardando-o na bolsa. — Telefonarei para lhe contar o resultado da minha visita a Dona Amélia. E nada mais.

— Não esperarei nada além disso. Obrigado.

Ao deixá-lo, Beatriz levava uma impressão diferente daquela que fizera na primeira vez em que o vira. René era um rapaz educado e gentil, confuso com toda aquela semelhança e terrivelmente apaixonado por uma mulher que, ao que parecia, o trocara por um punhado de dinheiro. Não era uma história nova nem seria a última. Mas ela não pretendia se envolver nos problemas pessoais de René ou de Suzane. Estava mais preocupada com a afirmação que ele fizera de que Suzane poderia ser sua irmã gêmea. Por mais que procurasse não pensar naquilo, a desconfiança não saía de seu pensamento, e uma sensação de fatalidade foi tomando conta do seu coração.

As coincidências eram demais. Será que fora mesmo adotada? E se fora, por que seus pais nunca lhe falaram nada? Não. Na verdade, René estava enganado. A vida possuía estranhos mistérios que ninguém conseguia revelar. E o porquê de existir uma garota igualzinha a ela, nascida no mesmo dia, talvez fosse um desses mistérios.

CAPÍTULO 36

A preocupação era uma constante agora na vida de Gílson. Sentia que o inevitável estava para acontecer e não podia fazer nada para impedir a torrente que ameaçava se derramar sobre a sua vida e inundar a sua felicidade. No que estava pensando ao marcar aquela entrevista do filho com Amélia? Estava arriscando muito, apostando bastante além do que poderia bancar. Mas não tinha jeito. O plano estava articulado, e tudo se resolveria rapidamente.

O encontro com Suzane fora decisivo. Achava-se velho para se submeter a uma atitude vergonhosa feito aquela e jurou a si mesmo que jamais tornaria a desempenhar um papel tão desagradável e indigno. Não queria ser preso, mas tinha que assumir os riscos pelo que fizera. Se algo acontecesse, a responsabilidade era sua. Tinha em mãos o endereço da mãe verdadeira de Beatriz, mas não se atrevia a procurá-la. A experiência com Suzane já fora suficiente.

De onde estava, Gílson ouvia o filho falar ao telefone com Beatriz, fingindo não prestar atenção ao que ele dizia. Só lamentava por ele. Não queria vê-lo envolvido em tamanha sordidez, mas não tinha mais jeito. Vítor comentava algo sobre o rapaz que confundira Beatriz com Suzane no outro dia, na praia, e Gílson cerrou os olhos, derramando lágrimas silenciosas enquanto escutava tudo. Não. Decididamente, não havia outro jeito. Pelo bem de todos, tinha que fazer aquilo.

— Vai sair? — indagou ele, assim que Vítor passou pela sala.
— Vou me encontrar com Beatriz.
— Está tudo bem?
— Está.

Ele saiu, e Gílson se entregou novamente a seus pensamentos. Lembrava-se de Lorena e de tudo que fizera por ela. Fora um fraco que se deixara arruinar por amor, mas agora estava decidido. Lorena partira de vez e não poderia impedi-lo nem ser prejudicada pelos seus atos.

Ao contrário do que pensava, Lorena estava a seu lado, pronta para aceitar as consequências do que ele fizesse. Se perdesse seu lugar na casa, não fazia mal. Aquele não era mais o seu mundo, e ela começava a tomar consciência disso. Não que estivesse feliz com a perspectiva de perder sua pousada, mas pensava em como fazer para iniciar novos rumos. Será que, se pedisse, alguém viria buscá-la? Resolveu sair ao encalço do filho, para afugentar o desânimo.

※

Beatriz desligou o telefone e ficou alguns minutos fitando o vazio, procurando não pensar no encontro que tivera com René. Foi para o quarto que a mãe transformara em ateliê e onde se entretinha a desenhar um novo modelo de joia. Carminha levantou os olhos quando ela entrou e sorriu.

— Algum problema, minha filha?
— Nenhum... — Beatriz deu a volta na mesa e deu uma espiada no desenho, indo sentar-se num pequeno sofá embaixo da janela. — Você se lembra de quando estava grávida de mim? — indagou de repente.

Carminha gelou. Como podia se lembrar de algo que não vivenciara?

— Por que a pergunta?
— Gostaria de saber se a sua gravidez foi parecida com a minha. Você ficou enjoada?

— Um pouco.
— Eu não sinto enjoo algum.
— Que bom, Beatriz.
— E eu nasci de parto natural ou cesariana?
— Normal.
— Vocês ficaram felizes?
— O que você acha, minha filha? Não está feliz com o seu filho?
— Estou. Mas por que você e papai esperaram tanto para ter filhos? Do jeito que você adora crianças, não faz sentido terem esperado quase dez anos para ter o primeiro.
— Eu... — ela começou a gaguejar e acrescentou com cautela — na verdade, perdi três bebês antes de você nascer.
— Perdeu? Por que nunca me falou sobre isso?
— É doloroso demais, você não acha? — ela tentou fugir, para não se ver envolvida na mentira.
— E o que aconteceu para você conseguir engravidar de repente?
Ela deu de ombros e procurou responder com naturalidade:
— Fiz um tratamento.
— Deu certo, pelo visto.
— Deu.
— E depois você fez outro.
— Como assim?
— Para o Nícolas. Ou você já tinha se curado do seu problema na primeira vez?
— Por que tantas perguntas?
— Você me diria se eu tivesse sido adotada, não diria?
Carminha quase caiu da cadeira e, embora conseguisse manter a calma aparente, retrucou com uma certa impaciência:
— Não vejo o porquê desse interrogatório sem sentido. Eu tive problemas de fertilidade, fiz um tratamento e tive dois filhos. Qual o mistério?
— Você não me respondeu, mãe. Contaria ou não se eu tivesse sido adotada?

— Que besteira, Beatriz.
— Por que não responde a minha pergunta?
— Você não foi adotada, logo, não teria nada que contar.
— Não fui, mas se tivesse sido? Você me contaria?

Carminha a olhou com profunda mágoa, sentindo uma vontade louca de chorar.

— Você está me magoando. Isso não são coisas que se pergunte a uma mãe.
— Por quê? Só porque acho que tenho o direito de saber se fui adotada?
— Você não foi adotada! — gritou descontrolada. — E se tivesse sido, não faria a menor diferença. Eu... a amo mesmo assim...
— Mentir não é tão fácil, mãe.
— Não estou mentindo.
— Não digo que esteja. Mas existe algo muito estranho acontecendo na minha vida, e pretendo descobrir o que é.
— O quê? O que está acontecendo na sua vida além do fato de você estar grávida?
— Você sabia que tem uma moça por aí que dizem que é igualzinha a mim?
— Tem muitas pessoas parecidas no mundo — falou Carminha, entre surpresa e apavorada.
— Mas essa pessoa é praticamente um clone, segundo dizem. Ou uma irmã gêmea.
— Besteira! Você só tem um irmão e sabe disso.
— Por que está tão alterada, mãe? Não estou lhe perguntando nada de mais.
— Está, sim. E está me ofendendo.
— Desde quando adotar um filho é ofensa?
— Não distorça as minhas palavras. Não foi isso o que eu disse. O que quis dizer é que você me ofende achando que não é minha filha de verdade e que eu menti para você.
— E não mentiu?

— Não, não menti — ela se encheu de coragem para validar a sua mentira, afirmando com voz firme e segura: — Você não foi adotada e, se tivesse sido, eu lhe contaria. Está satisfeita?

Beatriz a fitou com ar cético, mas não tinha o direito de duvidar e respondeu de forma simples:

— Estou.

— Então, por favor, me deixe trabalhar. Preciso terminar o desenho dessa joia até amanhã de manhã.

Fingindo despreocupação, Carminha voltou a atenção para o caderno de desenhos que tinha aberto na mesa, e Beatriz saiu do ateliê. Ouvira a voz de Vítor vinda da sala e foi ao seu encontro. No instante seguinte, Carminha rasgou a folha com o desenho da joia e atirou-a longe, fazendo o mesmo com todas as folhas em seguida, uma a uma, e chorando descontrolada. Deixou o corpo arriar sobre a mesa, sacudido pelos soluços aflitos, e permaneceu ali, quieta, com medo de se mexer e deixar transparecer, em cada mínimo gesto, a mentira que, pela primeira vez, fora obrigada a contar à filha.

Parada defronte a ela, Lorena acompanhava a cena e não pôde deixar de sentir uma certa piedade pelo seu estado. Desde que ouvira aquela prece de Beatriz, fora tomada por um sentimento de empatia que a fazia compadecer-se do sofrimento alheio.

✦

Renato chegou mais tarde e saiu à procura da mulher pela casa. Não demorou muito e a encontrou adormecida no ateliê, com Lorena, invisível, sentada no chão a seus pés. Acendeu um pequeno abajur e, ao se aproximar, percebeu as folhas rasgadas e atiradas por todo lado. Colocou a mão em seu ombro e a chamou pelo nome:

— Carminha. Acorde, Carminha, já é tarde. O que foi que houve?

Logo que abriu os olhos e percebeu que era o marido quem a chamava, Carminha se atirou em seu pescoço e desatou a chorar novamente.

— Oh! Meu Deus, está tudo perdido! Ela já sabe, Renato. Nossa filha já sabe!

— Sabe o quê?

— Que foi adotada.

— Isso é impossível.

— Não é, não. Ela me perguntou hoje se havia sido adotada. E sabe o que eu fiz? — ele meneou a cabeça. — Menti para ela. Pela primeira vez na vida, menti para um de meus filhos.

— Minha querida, isso não é nenhuma desgraça. Você contou uma pequena mentira para assegurar a felicidade da nossa família. Ninguém vai acusá-la por isso.

— Mas eu me acuso. Acuso-me porque já devia ter-lhe contado a verdade há muito tempo. Nunca devíamos ter mentido para ela e para Nícolas.

— Tudo bem, não devíamos ter feito isso, mas fizemos. Não acha que agora é um pouco tarde para tentarmos nos redimir? Eles podem não aceitar.

— Mas as coisas estão saindo do nosso controle. Beatriz vai acabar descobrindo tudo sobre ela e o irmão.

— Procure se acalmar, Carminha, daremos um jeito.

— Não, Renato, não posso mais mentir. Se continuarmos sustentando essa mentira, corremos o risco de perder o amor e o respeito de nossos filhos. Se lhes contarmos a verdade, talvez eles não entendam a princípio, mas o amor há de falar mais alto. Precisamos ser sinceros.

— Você se esquece de que há bem mais do que a simples verdade em jogo. E muito mais do que apenas a nossa família. Se lhes contarmos a verdade, Gílson não vai me perdoar.

— Ele não precisa saber. Podemos fazer com que tudo fique entre nós.

— Você não entende, Carminha. Se a verdade for revelada, nós não poderemos mais segurá-la entre nós. Há Graziela e a outra menina.

— Beatriz não gosta de Graziela! Podemos fazer com que elas nunca se encontrem.

— E a outra menina? E se elas se cruzarem por acaso?

— Isso não vai acontecer, não vai — falava Carminha aos borbotões, andando de um lado a outro no quarto, esbarrando em móveis e deixando caírem as coisas no chão.

— Você não pode afirmar isso. O mundo é pequeno; o Rio de Janeiro, menor ainda. E, o que é mais estranho, parece que as duas frequentam a mesma praia. Você já pensou?

— Não quero pensar. Isso não está acontecendo.

— Está. E se as meninas se encontrarem, e encontrarem Graziela, ela poderá ir à polícia. Eu serei preso, Carminha.

— Você não fez nada. Nós só adotamos Beatriz.

— Não legalmente, você sabe. E depois, tem aquele homicídio.

— Você não tem nada com isso. Foi Gílson quem matou aquele homem.

— Para a polícia, todos somos cúmplices.

— O que vamos fazer? — descontrolou-se ela.

— Eu não sei.

— Acho que devemos contar a verdade, ao menos a Beatriz. Nícolas ainda é muito criança e não vai entender. Mas Beatriz já é uma mulher e está grávida...

— Grávida do filho do homem que pode até tentar matá-la.

Ela recuou horrorizada e tornou cheia de pavor:

— Você acha?

— Não tenho dúvidas. Um homem feito Gílson é capaz de qualquer coisa para fugir da cadeia. E ele já matou antes. Pode muito bem matar outra vez.

— Mas Beatriz é a mãe do neto dele...

— E daí? Gílson é um homem frio, não vai se comover com isso.

— Você acha que ele vai se arriscar a comprometer o filho dele? Vítor ama Beatriz. Não vai compactuar com os crimes do pai.

— Mesmo assim, é muito arriscado. E quem garante que Vítor não é adotado também? Sabe-se lá se ele foi mais uma criança roubada?

— Oh! Meu Deus, Renato! Precisamos proteger nossos filhos e o bebê que está por nascer.

— Sim, mas como?

— Talvez, se eu falasse com Graziela...

— E lhe dizer o quê? Que sente muito por ter comprado a filha dela?

— Poderia tentar chamá-la à razão. Por que ela não tenta se aproximar da outra filha? Sabemos quem é a moça, e eu poderia ajudá-la nessa reaproximação.

— Não sei, Carminha, é arriscado.

— Mas eu tenho que tentar!

— Pensando bem, talvez seja uma saída. Se você conseguir convencer Graziela a ir para a Europa com a menina...

— É a nossa única chance. Vou falar com ela, apelar para a sua sensibilidade. Beatriz está mais feliz comigo do que jamais seria com ela. E ainda temos o Nícolas. Ele é uma criança e poderia ser um trauma para ele. Graziela vai compreender. Tenho certeza de que vai.

— Talvez sim. Graziela gostava muito de você e ficou surpresa com o seu afastamento. Talvez, se você se reaproximar e for sincera, ela consiga compreender e nos deixar em paz. Vale a pena tentar.

— Serão dois corações de mãe, falando um ao outro. Tenho esperanças de que ela há de compreender.

Os sentimentos de Carminha eram nobres, mas Lorena captou alguma coisa torpe na energia de Renato. Podia deixar aquilo para lá e não se envolver, mas agora se preocupava com a felicidade do filho e do neto, além de estar agradecida pelo interesse e a preocupação de Beatriz.

CAPÍTULO 37

Carminha quase não conseguiu dormir naquela noite, assolada pela ansiedade, o medo e a dúvida. Renato, a seu lado, também não conciliava o sono, mas os dois evitavam falar, guardando as energias para o encontro do dia seguinte.

Logo pela manhã, telefonou a Graziela, que não pôde esconder a surpresa ao ouvir a voz de Carminha.

— Sei que não temos nos falado muito — justificou Carminha —, mas preciso mesmo me encontrar com você. É um assunto de extrema importância para nós duas.

Não foi nem preciso perguntar do que se tratava. Graziela já sabia.

— Terei o maior prazer em recebê-la em minha casa — afirmou Graziela. — Quando é que vem?

— Pode ser hoje?

— Pode.

— A que horas é melhor para você?

— Depois do almoço, está bom?

— Está ótimo.

Quando Carminha tocou a campainha da casa de Graziela, foi Suzane quem veio atender. Aquela recepção foi proposital, e Carminha sentiu imensa vertigem pelo fato de que Graziela já conhecia Suzane. Oferecer ajuda agora seria desnecessário, porque Graziela, sozinha, conseguira se aproximar da filha. Restava-lhe apenas lutar por Beatriz.

— Queira entrar, Carminha — convidou Suzane, chegando para o lado e lhe dando passagem. — Graziela já vem.

Não foi surpresa para Carminha que Suzane a conhecesse. O encontro no zoológico ainda a aterrava dia após dia, e ela dispensou a farsa do assombro. À falta do que dizer, permaneceu calada, sentindo as faces arderem com o olhar insistente de Suzane. Foi um alívio quando Graziela entrou.

— Como vai, Carminha? — cumprimentou Graziela. — Há quanto tempo, não é mesmo?

— Bastante.

— Acho que já conhece Suzane.

— De vista.

Suzane sorriu para as duas e pediu licença para se retirar.

— Quer beber alguma coisa? — indagou Graziela.

— Não, obrigada.

Graziela se sentou na poltrona em frente a ela e esticou as pernas. Acionou um pequeno controle remoto, e uma música suave se espalhou no ambiente.

— Para relaxar — anunciou, e Carminha sorriu. — Muito bem, aqui estamos. O que você queria falar comigo?

— Acho que você já sabe por que vim. Por isso, podemos dispensar os preâmbulos.

— Excelente. Gosto de ir direto ao assunto.

— Noto um tom hostil na sua voz, Graziela, mas quero que saiba que não estou aqui como sua inimiga.

— Em momento algum pensei uma coisa dessas. Caso contrário, não a teria recebido.

— Muito bem. Você está mesmo um tanto hostil, mas não lhe tiro a razão.

— Eu teria motivos para ser hostil?

Carminha abaixou a cabeça e não respondeu, mas falou com um sofrimento visível e genuíno:

— Você sabe o que é perder um filho... Pode imaginar como me senti com a perspectiva de perder os meus.

— Eu não perdi um filho. Tive duas filhas roubadas e um marido assassinado. Não é uma situação muito semelhante à sua, é?

— Não, não é. Mas posso imaginar como você se sentiu.

— Não pode. Ah! Não pode! Só eu sei o que passei quando perdi minhas filhas e meu marido. Perdi o mundo naquele dia. Se não fosse por Aécio, hoje eu estaria na sarjeta ou no túmulo.

— Lamento muito.

— Sei que lamenta.

— Eu não sabia, Graziela, eu juro. Renato me disse que comprara a menina de uma moça pobre que queria vendê-la.

— Eu disse a você que havia mudado de ideia no momento em que vi as crianças.

— Eu sei. Mas naquela época, eu não sabia. Nem Renato.

— E por que você me afastou da sua vida? Tinha medo de que eu irrompesse na sua casa para exigir a minha filha roubada?

— Você tinha o direito...

— Tinha e ainda tenho — Carminha olhou-a com um assombro mudo, mas ela ergueu a mão e considerou: — Só que não vou fazer isso. Não por sua causa ou de Renato. Mas não tenho o direito de destruir a vida de uma menina que nada sabe das sujeiras do passado. E você tem outro filho, que ainda é uma criança e não merece sofrer.

— Agradeço a sua sensibilidade, e gostaria de apelar para o seu bom senso e o seu sentimento de mãe. Queria lhe pedir para desistir da ideia de se aproximar de Beatriz.

— E por que eu faria isso?

— Porque vai fazê-la sofrer. Ela passou a vida inteira acreditando que era nossa filha de verdade, e agora, de repente, aparece você, com quem ela nem simpatiza, e lhe diz que é sua verdadeira mãe. Acha que ela a aceitaria?

— Não sei. Talvez não porque, como você mesma disse, Beatriz não simpatiza comigo. Mas ela é minha filha, quer goste ou não, e tem uma irmã gêmea. São coisas que ninguém deve ignorar.

— Você reencontrou Suzane... Isso é muito bom.

— É maravilhoso. Você nem pode imaginar como me senti ao ter a minha menina nos braços. Foi um prazer que nunca pude sentir.

— Imagino. Sou mãe e sei o que é poder estreitar um filho nos braços. Mas você já conseguiu de volta uma de suas filhas. Não está satisfeita?

— Você ficaria satisfeita em ficar com Nícolas e abrir mão de Beatriz?

— É diferente — revidou Carminha, horrorizada ante a ideia. — Eu criei os dois.

— Pois eu não criei nenhuma das minhas filhas porque não me foi permitido.

— Beatriz está grávida — Graziela não conseguiu ocultar a surpresa, e Carminha prosseguiu: — Acha que isso faria bem a ela e ao bebê?

— Gravidez não é doença, e Beatriz é uma moça saudável e segura de si. Não vejo no que essa notícia poderia prejudicá-la.

— Pense bem, Graziela, que benefício isso traria a você? Na certa, Beatriz vai odiá-la.

— Que seja. Ela tem o direito de escolher, e eu estou disposta a correr esse risco.

— Você abandonou suas filhas! Foi você quem quis vendê-las.

— Eu era jovem e desesperada. Contudo, me arrependi a tempo. Só que alguém não me deu a chance do arrependimento e me tirou as meninas com frieza e violência. Perdi meu marido na época. Casei-me com Aécio depois, mas eu amava Roberval!

— Sinto muito que tudo tenha acontecido assim. Eu não tive culpa. Nem eu, nem Renato contribuímos para essa desgraça.

— Como não contribuíram? Não foram vocês que compraram a menina?

— Nós achamos que você queria vender. Pensamos que estávamos lhe fazendo um bem...

— Grande bem.

— É verdade. Achávamos que estaríamos livrando uma miserável de um fardo.

— Lamento que você tenha essa visão deturpada da vida. Vender minhas filhas foi um ato imaturo e de desespero, e só quem sabe o que é miséria é que pode avaliá-lo. Mas o meu amor falou mais alto, ainda a tempo de me arrepender e voltar atrás. Ou será que você acha que ninguém tem o direito de se arrepender e desistir?

— Você se arrependeu tarde demais...

— Isso é um absurdo, e se você veio aqui para me acusar, creio que a nossa conversa terminou.

— Não, por favor, perdoe-me. Não tenho nada com a sua vida e não tenho o direito de acusá-la. Vim aqui apelar para a sua sensibilidade. Por favor, desista de Beatriz.

— Não posso.

— Pense no que já conseguiu. Pelo que pude perceber, Suzane a aceitou e até veio morar com você. Você já tem uma filha, que pode lhe dar netos e fazê-la feliz. Mas se contar a verdade a Beatriz, poderei perdê-la e a Nícolas também.

— Você não vai perdê-la. Ela jamais vai deixar de amar você e Renato, assim como Suzane não deixou de amar os pais adotivos por minha causa.

— Não sei nada da vida de Suzane e nem pretendo fazer comparações. Interesso-me apenas por Beatriz. Ela não gosta de você e já deixou isso bem claro. Não vai aceitá-la, e você vai sofrer uma grande decepção. Por que passar por isso se pode pegar Suzane e ir embora com ela para um lugar onde podem realmente ser felizes?

— Como assim, ir embora com ela?

— Você pode voltar para a Europa. Tenho certeza de que Suzane seria feliz lá.

— Suzane tem uma vida aqui no Brasil. Tem um namorado, emprego, sonhos...

— Sonhos que poderão se realizar em qualquer outro lugar. E namorados, há muitos por aí. Ela é jovem, bonita, não vai ter dificuldades em encontrar outro rapaz bom e de família.

— O que você me pede é impossível, Carminha. Ainda que eu volte para a Europa levando Suzane comigo, só faria isso depois de contar a verdade a Beatriz.

— Mas por quê?

— Porque ela é minha filha.

— Ela não é sua filha. É minha. Fui eu quem a criou, quem lhe deu amor.

— Essa discussão não vai levar a nada. Sei que você a criou com amor e agradeço o que fez pela minha menina. Mas não posso abrir mão dela. Não sem ouvir da sua boca que não pode me perdoar.

— É isso então, Graziela? Você busca o seu perdão?

— Também.

— Pois eu posso lhe adiantar que Beatriz não vai perdoá-la.

— Você não tem como saber.

— Conheço minha filha e sei o que ela sente em relação a você. Dizer a verdade só vai fazer com que ela a odeie ainda mais.

— Como disse, estou disposta a assumir esse risco, e é o que farei.

— É sua última palavra?

— É minha última palavra.

— Então não tenho mais o que fazer aqui.

Segurando a vontade de chorar, Carminha saiu sem se despedir, um sentimento de fracasso dominando o seu peito. Achava que conseguiria tocar a sensibilidade de Graziela, mas estava enganada.

Ao alcançar a rua, uma onda de torpor invadiu o seu coração, e ela pensou que fosse desmaiar. Sustentando-se em um poste, conseguiu se recompor, sentindo um calor úmido descer pelo rosto. Estava chorando e já não aguentava mais chorar.

CAPÍTULO 38

Aquele domingo amanheceu envolto em uma aura especial. Beatriz acordou cedo e se vestiu para ir à missa, algo que não fazia havia muito tempo. Colocou um vestido branco esvoaçante, que se amoldava perfeitamente à sua barriga de gestante, e sorriu para si mesma. Em poucos minutos, a campainha soou, e Vítor entrou ainda sonolento. A seu lado, o espírito de Lorena também se havia preparado para aquele momento. Era a primeira prece feita para ela a que compareceria com espontaneidade, feliz mesmo. Quando desencarnara, Gílson mandara rezar missa de sétimo dia e de mês, mas ela pouco aproveitara das orações. Agora era diferente. Estava ansiosa para receber, novamente, aquela enxurrada de luz que descera sobre ela no dia em que Beatriz fizera sua pequena prece.

Além deles, apenas Gílson compareceu à igreja. Beatriz convidou os pais, mas eles se recusaram a ir, para seu desapontamento. Lorena entrou na igreja ao lado do filho, entre lágrimas de arrependimento e satisfação. Observou as flores brancas no altar e comoveu-se com a Ave Maria de Bach tão bem executada ao órgão, imponente no mezanino de onde derramava seus acordes vibrantes.

Quando o padre proferiu seu discurso, Lorena se deliciou com a nova torrente de luzes e cores que inundou o ambiente. Tocada por aquele arco-íris de bênçãos, chorou, sentindo em seu coração uma paz e uma quietude que há muito não experimentava. Olhou de soslaio para o filho e Beatriz, que pareciam contritos, envolvidos na oração. Gílson, do outro lado, permanecia de cabeça baixa, e ela notou que seus pensamentos se voltavam para ela com um misto de saudade e culpa.

Quase no final da missa, ela se aproximou do marido, que tinha lágrimas nos olhos. Gentilmente, colocou a mão sobre a testa dele e soprou ao seu ouvido:

— Não se lamente. Não foi culpa sua. Hoje compreendo.

Gílson não ouviu as suas palavras, mas foi tocado por uma emoção sem igual, e as lágrimas em seus olhos se transformaram em cascatas, fazendo escorrer pelo seu rosto o peso da dor de todos aqueles anos. Pela primeira vez em muito tempo, Lorena o abraçou com carinho. Vítor se aproximou, surpreso com a reação de Gílson. Não sabia o quanto ele sofria a perda da mulher.

— Pai — sussurrou ele, envolvendo Gílson num abraço.
— Não fique assim. Já passou.

Mas Gílson, por mais que desejasse parar de chorar, sentia a presença de Lorena a seu lado e captava-lhe as sensações, misturando, às suas, as emoções sentidas da mulher. Lorena o abraçou novamente, causando-lhe ainda mais tristeza, até que ela, percebendo que lhe fazia mais mal do que bem, afastou-se decepcionada.

— Não se preocupe com isso — ela ouviu uma voz lhe dizer.
— Gílson está angustiado, e a sua presença traz à sua memória inconsciente coisas que ele jamais gostaria de ter vivido para não ter que lembrar.

Assustada, Lorena se voltou bruscamente, dando de cara com um espírito esvanecente, envolto numa espécie de halo luminoso.

— Quem é você? — indagou temerosa. — Sinto que já o conheço, embora não me lembre bem de onde.

— Isso não tem importância. Importante mesmo é que você resolveu aceitar ajuda.

— Não pedi a sua ajuda.

Havia um tom de agressividade em sua voz que ela não conseguiu conter, mas isso não intimidou o espírito, que retrucou com um sorriso bondoso:

— Essa entonação de voz não combina com o ambiente, não acha? Nem combina mais com você.

— Por que diz isso?

— Deixe de lado a rebeldia, Lorena. Se você não tivesse se sentido tocada pela luz divina, não estaria aqui.

— Você... — balbuciou ela, apontando para ele um dedo de acusação. — Você veio me cobrar, não veio? Agora me lembro. Você é aquele homem... aquele que Renato matou.

— Ninguém me matou.

Ela olhou assustada para Beatriz e tornou horrorizada:

— Você é o pai das meninas! — ele assentiu com brandura.
— O que quer aqui? Não tenho nada a ver com a sua morte.

Ela tentou se afastar correndo, mas uma estranha e invisível força a prendia ao chão qual um campo magnético que atrai partículas afins.

— Não vim aqui para falar de morte — objetou Roberval. — Muito menos para acusar quem quer que seja. Estou aqui apenas para ajudar.

— A quem? A mim? — ele assentiu novamente. — Não acredito! Um homem que perdeu a vida na minha frente... deve estar aqui para me acusar.

— Quem se acusa é você mesma. Eu, até agora, não lhe dirigi nenhuma palavra de acusação ou censura.

Era verdade, e ela se acalmou um pouco. Olhou ao redor, à procura do marido, mas ele já havia partido, bem como o filho e Beatriz. O padre também não estava mais lá. Apenas ela e o espírito permaneciam na igreja vazia, repleta ainda de uma luz suave, porém, invisível aos olhos dos encarnados. Ela se entregou àquela luz, e uma calma reconfortante invadiu seu coração.

— Se não veio me acusar, então, por que foi que veio?

— Para ajudá-la, já disse.

— Ajudar-me... Mas por que você?

— Quantos amigos você fez em vida, Lorena? — a pergunta lhe causou um choque, e ela arregalou os olhos, sem responder. — Não há ninguém.

— Minha mãe...

— Sua mãe partiu quando você nasceu e já reencarnou. E seu pai não está em condições de ajudá-la.

Ela fechou os olhos e chorou com amargura:

— Não tenho ninguém. Não cultivei amizades em vida.

— A única pessoa que se lembrou de rezar por você foi quem você mais tentou prejudicar.

Ele estava se referindo a Beatriz, e Lorena abaixou a cabeça, envergonhada:

— Eu... mudei de ideia... Percebi que Beatriz é uma boa moça...

— Foi por ela que me aproximei. Vim aqui atendendo ao chamado dela.

— Ela é sua filha — cortou Lorena num sussurro. — Você devia me odiar.

— Ninguém deve odiar ninguém, ainda que pense possuir um bom motivo.

— Estou confusa... Jamais poderia imaginar que você quisesse me ajudar. Achei que nunca iria me perdoar pelo que fiz.

— Todos recebemos da vida aquilo que um dia lhe tiramos. Comigo não foi diferente.

— Não foi a vida quem atirou em você! Foi Renato. E eu fui sua cúmplice!

— Não é bem assim. Foram as minhas culpas que encontraram alguém que pudesse me dar o que eu achava que merecia receber. Eu dei o tiro em mim mesmo. Por intermédio da mão de Renato e sem consciência alguma, mas fui eu que atraí aquele tiro. Vocês foram apenas instrumentos.

— Você está sendo generoso demais — rebateu ela, entre envergonhada e confusa. — Fala como se não soubéssemos o que fazíamos.

— Lembra-se do que Jesus disse na cruz? — ela o olhou em dúvida. — "Perdoa-os, Pai, porque eles não sabem o que fazem." Nenhum de nós sabe o que está fazendo, porque se conhecêssemos as reais consequências de nossos atos, com certeza, agiríamos diferente.

— Somos inocentes?

— Somos ignorantes. E é por isso que não há crime sem perdão.

— Engano seu. Sabíamos muito bem o que estávamos fazendo.

— Vocês estavam conscientes das leis do mundo, não das de Deus, e, por isso, eram ignorantes. Só conhece a verdade quem já foi tocado pela luz interior. Quem ainda se compraz nas trevas da ignorância espiritual deixa-se entrelaçar pelos prazeres transitórios da matéria e se perde nas ilusões do mundo.

Lorena estava surpresa. Nunca havia ouvido palavras tão reveladoras.

— Como sabe tantas coisas? — falou ela admirada.

— São coisas que a qualquer um é dado saber. Por que não vem comigo e experimenta?

— Eu?! Não posso... Falta-me coragem, depois de todo o mal que já fiz.

— A coragem é uma só. Todo aquele que tem coragem para praticar o mal tem também para desfazê-lo. É só saber para que lado da linha você pretende conduzi-la.

Ela deu um sorriso duvidoso e acrescentou cética:

— Engana-se ao pensar que posso ser diferente do que sou. Ninguém muda.

— Todo mundo muda — ele sorriu bondosamente e procurou elucidar: — Quando a alma dá seu mergulho na matéria, esquece-se de sua natureza divina e do estado de bem-aventurança que gozava quando em comunhão com o Pai. Seduzida pelos sentidos, busca a alegria nos prazeres ilusórios da carne, acreditando que a verdadeira felicidade encontra-se na satisfação de seus desejos.

— E não se encontra? — tornou ela surpresa, e ele meneou a cabeça. — Mas como, se o corpo físico é que sente?

— O corpo físico é a primeira grande ilusão da alma. Como a sedução dos sentidos é muito grande, o ser humano associa o prazer à satisfação de seus desejos. Mas o homem não é o seu corpo físico. O corpo é apenas o invólucro de sua verdadeira essência. É preciso respeitá-lo e cuidar dele, mas não se identificar com ele nem se deixar por ele escravizar.

— Como alguém pode ser escravo de seu corpo físico?

— Satisfazendo, indiscriminadamente, todos os seus desejos. Daí vem a servidão aos sentimentos inferiores.

— Você fala como se fosse errada a satisfação dos desejos.

— Eu não disse que é errada. O desejo é mesmo necessário para a continuação da vida. Quem não tem desejos não progride.

— Mas então, não estou entendendo.

— O que o homem precisa é de discernimento. Desejos não devem se transformar em vícios. Devem ser satisfeitos, na medida do possível, desde que não sejam alimentados de tal forma que se transformem em vício e dominem o homem. É preciso renunciar ao apego, o que só se consegue com a consciência de que não somos donos, realmente, de nada. Quando o homem morre, devolve tudo a quem realmente pertence, que é a vida, e ela vai se encarregar de passar para outro.

— Você se refere aos bens materiais, não é? A tudo aquilo por que lutei em vida e que agora me causa tanto sofrimento!

— Tudo que é passageiro é ilusão. Apenas o que é eterno é real. Da vida, não levamos nada material. Todos os bens, amantes, o poder, a projeção social e outras coisas a que o ser humano dá tanta importância, não nos acompanham após a morte do corpo físico. Bem se vê, portanto, que o estado de felicidade que geram é ilusório. Se o homem põe nessas coisas a sua felicidade, ao desencarnar, a felicidade há de permanecer junto a elas, e só o que ele vai atrair é o sofrimento. Verá, então, que tudo não passou de ilusão. Somente os sentimentos que enaltecem a alma, todos derivados do amor, é que nos acompanham aonde quer que vamos. Isso é que é verdadeiro, e essa felicidade não é fruto da ilusão. Daí vem a compreensão das palavras de Jesus: A felicidade não é deste mundo.

— Suas palavras são nobres e encerram uma grande verdade. Mas você não acha que é muito difícil, para não dizer impossível, que, de uma hora para outra, ganhemos esse discernimento?

— É por isso que nascemos muitas vezes. Somos todos viajantes no mesmo barco, que é esse mundo, porque nossa permanência na Terra é passageira. É no vaivém das reencarnações que aprendemos o que são os verdadeiros valores do espírito e vamos, aos poucos, nos despojando de tudo o que é ilusão, adquirindo o conhecimento que nos libertará dos desejos que nos prendem à matéria e à roda das encarnações.

Novamente, Lorena chorou. Aproximou-se de Roberval timidamente e ajoelhou-se a seus pés, tocando as suas vestes com medo e tremor, como se o seu contato pudesse manchar aquele espírito imaculado. Roberval, porém, acercou-se mais dela e pôs as mãos em seus ombros, erguendo-a gentilmente.

— Não se ajoelhe diante de mim — protestou com simplicidade e bonomia. — Não sou digno de sua reverência. Nem de ninguém. Como você, sou um espírito que, vezes sem conta, se perdeu nesse mundo de ilusões e que só agora, depois de muito sofrer, conseguiu levantar o véu que encobria seus olhos e o impedia de vislumbrar a beleza do universo de Deus.

Tocada pelas suas palavras, Lorena se atirou em seus braços e chorou longamente, sem se preocupar com mais nada. Envolvida pelo abraço caloroso de Roberval, parecia que estava protegida do resto do mundo e de si mesma.

— O que posso lhe dizer? — murmurou ela após um longo tempo. — Nunca pensei que pudesse haver tanta bondade no mundo.

— Não se deixe impressionar pelos seus desvarios. Tome as suas atitudes como insanidades passageiras. Você agora abriu os olhos e vai se curar.

— Como?

— Venha comigo. Há lugares, não muito longe daqui, destinados ao tratamento de espíritos adoecidos como você.

— Será que posso mesmo ir?

— Será que não ouviu nada do que eu disse?

Lorena deu um sorriso amargo e retrucou mais para si mesma:

— Engraçado... Tudo o que fiz até agora foi para não ter que sair do lado de Gílson. E agora, vejo-me na iminência de deixá-lo sem me lamentar por isso.

— Você também foi tocada pela luz interior, e ela se espargiu para iluminar todo o seu ser. Agora, não há mais jeito de voltar à escuridão.

— E Beatriz? Será que vai ficar bem, depois de toda a energia pesada que joguei sobre ela?

— Beatriz é ciumenta, e foi isso o que deu acesso às suas investidas, mas tem bom coração. E está grávida, o que diminuiu o seu ciúme, pois suas atenções estão mais voltadas para o bebê. Além disso, o comportamento de Vítor lhe dá mais segurança, porque é impossível não perceber o quanto ele a ama. Não se preocupe com ela. Beatriz é inteligente e usa a inteligência para dominar o seu ciúme.

Lorena ficou satisfeita. De repente, todas as suas atitudes pareciam inúteis e sem sentido. Questionava-se por ter perdido tanto tempo vivendo ao lado de Gílson, numa vida que não lhe pertencia, temendo que ele fosse preso e que ela perdesse os prazeres que só ele podia lhe proporcionar. Ficou pensando nisso e foi de repente que pareceu entender as palavras de Roberval. Só agora compreendia o que era viver a ilusão.

Pela primeira vez, sentia o que era a verdadeira felicidade. De mãos dadas com Roberval, lançou-se ao espaço infinito, deixando para trás o mundo em que se aprisionara havia tanto tempo, e partiu para sua nova e verdadeira vida.

CAPÍTULO 39

Foi com uma quase agonia que Beatriz conseguiu aguardar até segunda-feira, dia da entrevista com Amélia. Ela nada sabia da visita que a mãe fizera a Graziela no dia anterior, pois Carminha, de tão abalada, nada lhe dissera, apesar de ter chorado muito nos braços de Renato.

Às sete em ponto, Beatriz e Vítor tocaram a campainha da casa de Amélia, e uma criada veio atender. O olhar da moça para Beatriz causou-lhe um certo mal-estar, uma sensação de que se tornara objeto de observação de curiosos. Mas a criada não disse nada, e ela tampouco fez qualquer comentário. Os dois se sentaram no sofá e puseram-se à espera de que Amélia surgisse.

— Você viu o jeito como ela olhou para mim? — indagou Beatriz, assim que a empregada saiu.

— O que é que tem? — tornou Vítor.

— Foi como se já me conhecesse.

— Vá com calma, Bia. Não comece a criar fantasias.

Antes que ela respondesse, Amélia entrou na sala, e a primeira coisa que reparou foi na barriga de Beatriz. Graziela já havia lhe contado aquele detalhe, mas ela teve que fingir surpresa.

— Você está grávida! Para quando é o bebê?

— Para novembro — respondeu Beatriz.

— Já sabe se é menino ou menina?

— Vou fazer a ultrassonografia daqui a duas semanas.
— O que vocês preferem?
— Tanto faz — foi Vítor quem respondeu. — Vinda de Beatriz, qualquer criança é maravilhosa.
— Que palavras lindas! — admirou-se Amélia. — Minha filha, não largue esse rapaz por nada. Paixão assim, só em novelas ou romances água com açúcar.

Todos riram, e Amélia ficou admirando o jovem casal, examinando mais de perto a incrível semelhança entre Beatriz e Suzane, agora certa de que elas só podiam mesmo ser gêmeas. Até que Vítor pigarreou e começou a dizer meio sem jeito:
— Bom, Dona Amélia, como sabe, escolhi a senhora para uma entrevista porque a julgo uma grande personalidade da nossa sociedade carioca...

※

Enquanto a falsa entrevista se desenrolava na sala de estar, no andar de cima, Graziela andava de um lado a outro no quarto de Leandro, apertando as mãos e apurando os ouvidos para ver se ouvia alguma parte da conversa.
— Pare com isso, Graziela — censurou Suzane. — Está me deixando nervosa.
— E não vai escutar nada daqui de cima — acrescentou Leandro.
— O que será que está acontecendo lá embaixo? — perguntou Graziela ansiosa.
— Eles estão conversando — era Leandro.
— E quando é que eu vou poder aparecer?
— Tenha calma — pediu Suzane. — Nem sabemos se você deve aparecer nesse momento.
— Mas eu quero vê-la! — protestou ela.

— Não foi isso que combinamos — falou Leandro. — Se você quer se precipitar, vai estragar tudo.

— Tem razão... Vou esperar...

De repente, ouviram a sineta da sala tocar, chamando a criada. Era o sinal para que Suzane e Leandro aparecessem.

✿

— Já lhe disse que você é a cara da namorada do meu filho? — perguntou Amélia a Beatriz, logo após pedir suco à criada.

Aquele era o momento que tanto desejavam, e Beatriz não perdeu a oportunidade de ingressar no assunto.

— Pois é, Dona Amélia, muitas pessoas já me falaram isso. Tenho até curiosidade de conhecer essa moça e...

Parou de falar abruptamente, sentindo a surpresa e a dúvida dominarem seus pensamentos. Descendo a escada, vinham Leandro e Suzane, e Beatriz logo percebeu que o que via era um reflexo um pouco modificado de si mesma.

— Meu Deus... — balbuciou, assombrada.

A exclamação ficou pairando no ar, porque Beatriz, tomada pela surpresa e sensibilizada pela gravidez, afundou no sofá, desmaiando com o rosto lívido e toda gelada. Sua alma reconhecia a irmã de outra vida, mas o seu eu consciente não podia suportar a ideia do reencontro, e ela preferiu fugir momentaneamente, através do desmaio, a fim de se reestruturar para enfrentar a realidade.

Embora Sebastiana e Dalva jamais tivessem se falado em vida, seus espíritos conheciam todo o drama, fosse porque planejaram as duas encarnações como irmãs gêmeas, fosse porque, no mundo espiritual, o véu dos segredos se desvela, e a verdade se torna conhecida de todos.

— Beatriz! Beatriz! — chamava Vítor, aflito a seu lado, esfregando-lhe os punhos para lhe dar ânimo.

Assim encorajado, o espírito de Beatriz conseguiu dominar o choque e a emoção, e ela acabou voltando a si. Ao abrir os olhos, viu rostos assustados voltados para ela e procurou o de Suzane, que a fitava com espanto e medo.

Apesar de preparada por Graziela e pela própria Amélia, Suzane também não conseguiu conter a surpresa. Uma coisa era ouvir de outras pessoas que tinha uma irmã gêmea. Outra, bem diferente, era dar de cara com ela e se sentir como se estivesse se olhando num espelho. A diferença de cabelo e maquiagem, além da gravidez, não eram suficientes para deixar ninguém em dúvida de que elas eram gêmeas idênticas.

— Como... como é que pode...? — murmurou Beatriz, tomando o copo de água que Amélia lhe estendia.

Vítor a ajudou a sentar-se e, instintivamente, colocou a mão sobre o seu ventre, num gesto de proteção.

— Você está bem? Quer que eu a leve a um médico?

— Não... Vim aqui para saber a verdade, e ela agora está diante de mim.

Os outros a olhavam sem dizer nada, cada qual imaginando o que dizer para não lhe causar um choque ainda maior.

— Que verdade? — Suzane acabou por perguntar.

— Você é minha irmã gêmea? — disparou Beatriz, fitando-a nos olhos.

Tomada pela surpresa da pergunta direta, e temendo pela gestação de Beatriz, Suzane não soube o que responder. Olhou de Amélia para Leandro, que a fitavam com preocupação. Aquela, contudo, não era hora para mentiras, e fora Suzane mesma quem perguntara que verdade Beatriz buscava. Ela abaixou os olhos para a irmã e sacudiu a cabeça lentamente, em sinal de assentimento.

— Esta é Suzane, namorada de Leandro e sua irmã gêmea — sentenciou Amélia.

— O quê!? — indignou-se Vítor. — Como pode afirmar isso com tanta convicção?

— Só um cego não vê a semelhança.

— A semelhança é inquestionável. Mas gêmeas...?
— Você tem alguma outra explicação? — rebateu Leandro.
— Como foi que você veio parar aqui? — cortou Beatriz, dirigindo-se diretamente a Suzane.
— Foi tudo uma sucessão de coincidências — esclareceu Amélia.
— Que coincidências?
Amélia e o filho se entreolharam, mas foi Suzane quem respondeu:
— Em vista do que aconteceu, acho que não seria prudente falarmos sobre isso agora. Você está grávida, e pode não fazer bem ao bebê.
— Isso é um absurdo! — objetou Beatriz com veemência. — Vim aqui para descobrir a verdade e é o que pretendo fazer.
— Perdão, Beatriz, mas você veio acompanhando o seu namorado para uma entrevista — disse Amélia. — Ou será que tudo não passou de um pretexto para vir a minha casa e ver, com seus próprios olhos, o clone seu que anda por aí?
— Lamento pela desculpa da entrevista, mas eu tinha que encontrar um meio de verificar.
— Não precisa se lamentar.
— Pelo visto, vocês também sabiam que Beatriz viria e planejaram essa entrada dramática de Suzane — constatou Vítor.
— Foi um jogo? — retrucou Amélia. — Pode ter sido. Mas ambos os lados estavam dispostos a apostar. Ninguém saiu perdendo.
— Nada disso explica a existência de Suzane — cortou Beatriz, ainda fixando o rosto da irmã. — Ou a minha, já que ela deve ter ficado tão surpresa quanto eu.
— Você nem imagina o quanto — concordou Suzane. — Mas eu soube de você antes de você saber de mim.
— Como? Quem lhe contou?
— Fui confundida com você algumas vezes, Beatriz. Inclusive pelo seu próprio irmão.
— Meu próprio irmão? Nícolas? Como assim?

— Sua mãe não lhe contou? — ela meneou a cabeça. — Encontramo-nos no zoológico outro dia. Sua mãe estava com seu irmão e um outro menino. Quando me viu, sentiu-se mal e desmaiou.

Beatriz arregalou os olhos, cada vez mais certa de que Suzane era mesmo sua irmã gêmea. E isso significava que a mãe mentira para ela.

— Minha mãe não me disse nada — lamentou ela. — Nem Nícolas.

— Seu irmão ainda é criança e deve ter se esquecido — justificou Amélia. — Mas sua mãe devia ter lhe contado.

— Por quê? Por que ela não me contou?

— Beatriz — interrompeu Vítor, acercando-se dela. — Acho melhor irmos embora. Vamos deixar isso para uma outra hora, depois que você se recompuser.

— Eu estou bem.

— Você está muito exaltada. Sua pressão deve ter subido.

— Já disse que estou bem!

Vítor se afastou magoado, mas ela o puxou e apertou a sua mão, dizendo, em seu olhar, o quanto sentia ter sido grosseira com ele. O rapaz lhe deu um sorriso compreensivo e sentou-se ao seu lado.

— Não quero me meter na vida de ninguém — acrescentou Amélia —, mas acho que Vítor tem razão. Você está ficando excitada demais, e isso, com certeza, não faz bem nem a você, nem ao bebê.

— Talvez seja melhor deixarmos essa conversa para outra hora — concordou Leandro. — Suzane e eu podemos encontrá-la um outro dia.

— De jeito nenhum! — protestou Beatriz. — Agradeço muito a preocupação de vocês, mas eu estou bem.

— Você já sabe que tem uma irmã gêmea — afirmou Amélia. — O que mais deseja saber?

— Tudo. Para começar, como foi que vocês chegaram a essa conclusão? Sim, porque, pelo visto, quando cheguei aqui, todos já sabiam que Suzane era minha irmã. Como?

— Suzane não lhe disse que foi confundida com você? — perguntou Leandro, e Beatriz assentiu. — Então?

— Isso não explica como chegaram até mim.

— Não foi difícil. Eu mesmo fui vê-la na faculdade outro dia.

— Você...

Só então Beatriz se lembrou da fisionomia de Leandro, mas foi Vítor quem falou:

— Naquele dia, o esbarrão. Foi você, não foi?

— Foi. Minha mãe e eu já estávamos desconfiados, e eu tive que me certificar.

— E depois contou tudo a Suzane — atalhou Beatriz.

— É isso.

— E quando soubemos que você viria aqui — continuou Amélia — achamos que já era hora de lhe contarmos a verdade, porque tínhamos certeza de que você também estava desconfiada.

— O que lhes dava essa certeza? Eu nunca falei com nenhum de vocês a respeito.

Amélia olhou para Leandro, depois para Suzane e, finalmente, para Beatriz.

— O que acha que aconteceu? — perguntou, fitando-a com seriedade.

— Não sei o que pensar. Acho que... fui adotada.

— É a explicação mais plausível, não acha? Ou você pensa que seus pais teriam ficado com você e dado sua irmã gêmea para adoção?

— Nunca! Eles jamais fariam isso.

— Então...

Beatriz ocultou o rosto entre as mãos e desatou a chorar, abraçando Vítor em seguida. Ele a estreitou com ternura e murmurou baixinho:

— Vamos embora, Bia. Você já teve emoção demais por uma noite.

— Por que eles não me contaram? — gemeu ela. — Não confiaram em mim. E minha mãe... ela mentiu. Perguntei-lhe se eu havia sido adotada, e ela mentiu. Disse que não...

— Procure entender sua mãe, Beatriz — disse Amélia. — Não deve ser fácil para ela tampouco.

— Ela não podia ter mentido para mim. Não quando eu perguntei. Como posso confiar nela depois disso?

— Você está sendo muito severa com ela. Carminha a ama como a filha que você é. Não é justo julgá-la e condená-la. Sua mãe tem medo de perder você.

Beatriz enxugou os olhos e se virou para Suzane:

— Você também foi adotada?

— Fui.

— Onde estão seus pais?

— Morreram num acidente de carro, em Brasília. Só então descobri a verdade.

Apesar do choque e do constrangimento, Beatriz não se deteve:

— Sabe onde estão nossos verdadeiros pais?

Novamente aqueles olhares trocados, e Suzane respondeu:

— Não gostaria de falar sobre isso agora.

— Você os conhece! Onde é que eles estão?

— Nosso pai está... morto.

Novo choque, e Beatriz sentiu a garganta seca e o estômago embrulhar. Colocou as mãos sobre a boca, tentando segurar a ânsia de vômito. Seu rosto se tornou lívido, e uma zoeira invadiu o seu ouvido. A vista começou a falhar novamente, e ela abaixou a cabeça, lutando para conter a tonteira que ameaçava roubar-lhe os sentidos e a razão.

— E nossa mãe? — indagou ela aflita, fazendo um esforço desesperado para não desmaiar.

— Chega! — exaltou-se Suzane. — Recuso-me a falar qualquer outra coisa neste momento. Você não está bem, e é melhor que o seu namorado a leve a um médico. Não queremos ser responsáveis por nada de mau que lhe aconteça.

— Suzane tem razão — concordou Vítor. — Vou levá-la para casa, quer você queira, quer não.

Sob protestos, Beatriz foi embora. Não queria ir, relutou e se aborreceu, mas não teve jeito. Vítor foi incisivo e quase a arrastou dali. Só depois que o carro dele sumiu foi que Graziela apareceu. Passara a noite inteira ao pé da escada, morrendo de vontade de aparecer, mas temendo que o impacto fosse duro demais para Beatriz. Descobrir que era adotada já fora um choque muito grande. Saber que era filha de Graziela, a quem ela parecia odiar, seria ainda mais doloroso. Assim, por mais difícil que fosse, só lhes restava esperar. De toda sorte, a semente estava lançada e, uma vez ao solo, não havia como impedi-la de germinar.

CAPÍTULO 40

Os gritos de Beatriz chegaram aos ouvidos de Carminha, que acordou assustada. A seu lado, o lugar vazio indicava que Renato não havia voltado, e ela sentiu uma leve apreensão, a sensação indescritível da tragédia. Rapidamente, levantou-se da cama, vestiu o robe de seda e partiu em direção à voz.

Encontrou Beatriz na sala, lutando com Vítor, que se esforçava para acalmá-la e fazer com que ela se sentasse.

— Tenha calma, Beatriz — dizia ele. — Vai acordar todo mundo.

— Solte-me, Vítor! — protestava Beatriz. — Preciso falar com ela agora.

— Posso saber o que é que está acontecendo? — interrompeu Carminha, espantada com o que lhe parecia uma briga entre os dois.

Na mesma hora, Vítor soltou Beatriz, que se virou para a mãe com os olhos em chamas.

— Beatriz não está bem — falou ele. — Tem que descansar, mas não quer me dar ouvidos.

— Precisamos conversar — disse Beatriz secamente, ignorando as palavras e a preocupação do namorado.

— A essa hora? — retrucou ela, olhando para Vítor de esguelha, como a lhe perguntar o que estava acontecendo.

— Por que não me disse que eu era adotada quando lhe perguntei?

A pergunta saiu tão direta que Carminha se engasgou e teve um acesso de tosse, mas Beatriz permaneceu impassível, sem qualquer sinal de preocupação.

— O que está dizendo? — balbuciou Carminha, entre uma tosse e outra. — Essa história de novo?

— Por favor, Bia, agora não — implorou Vítor, mas ela não lhe deu atenção.

— Não adianta mais mentir, mãe. Já sei de tudo.

— Tudo o quê? Pelo amor de Deus, Beatriz, não vá me dizer que andou dando ouvidos a gente maluca, que inventa histórias mirabolantes.

— Minha irmã gêmea não é maluca nem saiu de uma história mirabolante. É bem real e, assim como eu, só agora descobriu que era adotada.

— Mas que irmã gêmea? — Carminha começou a andar pela sala, tentando, desesperadamente, conter o curso da revelação iminente. — Você não acredita mesmo nisso, acredita? Sei que há uma moça parecida com você por aí, mas isso não significa que ela seja sua irmã.

— Você sabia. Você a viu! Por que não me disse que a encontrou no zoológico e falou com ela?

— Não achei que fosse importante. É só uma desconhecida.

— Onde já se viu uma desconhecida que é a minha cara? — Carminha ia protestar, mas Beatriz não lhe deu chance. — Eu a vi, mãe. Falei com ela!

— Isso é impossível! Você não vê? Tem alguém tentando destruir a nossa felicidade.

— Pare com isso! — gritou Beatriz de repente. — Será que não percebe que não adianta mais mentir? Por que insiste em algo que eu sei que é mentira? Não é mais fácil falar a verdade?

— Por Deus, Carminha — suplicou Vítor —, se isso for verdade, por favor, diga logo ou Beatriz vai acabar tendo um ataque. Ela já passou mal, e sua pressão deve estar nas alturas.

Carminha se deu por vencida. O estado da filha inspirava cuidados, e ela não queria que nada de mau lhe acontecesse ou ao bebê.

— Fiz tudo por você, Beatriz — começou ela entre lágrimas. — Amei-a e a amo como se você fosse minha filha verdadeira. E você é minha filha verdadeira. Você e Nícolas...

— Nícolas também é adotado? — cortou ela com rispidez, e Carminha assentiu. — Por que não nos disse antes?

— Tive medo... Coloque-se no meu lugar. Eu estava insegura, temendo perder vocês. Já havia perdido três bebês, e foi quando seu pai surgiu com a ideia da adoção. No princípio foi difícil. Eu queria muito engravidar, mas não foi possível. Por mais tratamentos que fizesse, abortava naturalmente antes de concluído o terceiro mês de gestação. Você não pode imaginar como eu sofri.

— Posso sim. Mas vocês não tinham o direito de mentir para mim.

— Seu pai e eu fizemos o que achamos melhor.

— Sei.

— Espero que não nos odeie por isso — murmurou Carminha.

— Eu jamais os odiaria. Durante toda a minha vida, vocês foram os pais que me amaram e a quem amei. Mas eu achava que era sua filha, porque jamais me passou pela cabeça que vocês pudessem mentir para mim. Pois não foram vocês mesmos que me ensinaram a sempre dizer a verdade?

— Nós não queríamos mentir.

— Será que pensaram em me dizer a verdade alguma vez? — Carminha hesitou. — Por favor, mãe, seja sincera.

— Não... — foi o sussurro rouco.

— Por quê?

Não era mais hora de mentir. As coisas se haviam precipitado de tal maneira, que nenhuma mentira satisfaria Beatriz. Ela lhe pedira sinceridade. Pois então, seria mais sincera do que nunca em sua vida, do que jamais fora, inclusive, consigo mesma.

— Dizer que eu tinha medo de perdê-la é muito pouco. Eu não tinha apenas medo de perder você. Tinha medo de não poder continuar mentindo para mim mesma, dizendo que você nascera do meu ventre. Sei que isso não faz diferença, mas eu quis me iludir. Fazia-me bem conversar com as amigas e relembrar momentos que eu nunca havia vivido, mas que podia criar conforme o que eu gostaria que tivesse sido. Eu me utilizava das poucas semanas em que engravidara, antes de perder os bebês, para dizer como me sentia quando estava esperando você e seu irmão. Era uma ilusão, eu sei, mas me satisfazia. Contudo, se lhes dissesse a verdade, essa ilusão não poderia mais existir, porque vocês saberiam que eu estava inventando, que tudo não passava de fantasia da minha cabeça.

— Você queria convencer a si mesma de que eu não era adotada?

— Se me esquecesse disso, podia ao menos fingir que não era.

— Mas para quê? Que sentido faz isso? O importante não é o amor? Ou você não conseguiu me amar porque eu não era sua filha?

— Nunca mais diga uma coisa dessas! — objetou Carminha horrorizada. — Antes mesmo de conhecer você, eu já a amava. Durante o período de gestação da sua verdadeira mãe, que nem cheguei a conhecer, decorei o seu quarto, comprei roupinhas e brinquedos. Você era tão esperada e desejada como se eu estivesse grávida. E quando chegou perto do momento de você nascer, fiquei tão ansiosa que parecia até que era eu que ia dar à luz.

— Você conhecia minha mãe verdadeira?

— Não.

— No entanto, sabia que ela estava grávida e que o bebê dela seria seu. Como pode ser isso?

— A moça estava desesperada por dinheiro!

— Eu fui comprada? — indignou-se Beatriz, levando a mão aos lábios num assombro mudo. — Vocês me compraram de uma mulher desesperada que, de antemão, já sabia que iria me vender? Minha verdadeira mãe me vendeu a vocês?

— Eu sou a sua verdadeira mãe! Tudo o que se pode entender por mãe, fui eu que fiz.

— Você não respondeu a minha pergunta. Fui ou não comprada?

— Que diferença isso faz?

— Eu quero saber! Tenho o direito de conhecer a verdade, porque a minha irmã gêmea teve outro destino, e os seus pais adotivos morreram.

— Isso é lamentável, Beatriz, mas não tem nada a ver conosco. Minha filha é você.

— Por que não compraram as duas?

— Já chega, Bia — contemporizou Vítor. — Sua mãe já disse que você foi adotada. O que mais você quer?

— Quero saber quem são meus verdadeiros pais.

— Isso... é impossível — objetou Carminha. — Não os conheci.

— Meu pai morreu. Mas minha mãe, não.

— E o que importa isso? Ela abandonou você. Isso não conta?

— Quero saber quem é ela e por que fez isso.

— Porque não a amava. Por que outro motivo teria abandonado você e sua irmã?

Havia algo no tom de voz de Carminha que inquietou Beatriz. Algo que não soava bem, que parecia falso e artificial. De repente, foi como se a compreensão despencasse sobre a sua cabeça, e ela afirmou com surpresa e convicção:

— Você a conhece! Conhece minha mãe.

— Não! Sua mãe sou eu.

— Está mentindo novamente. Você a conhece, e eu exijo saber quem ela é.

— Pelo amor de Deus, minha filha, não faça isso! Essa mulher não tem nada a lhe oferecer. A sua mãe sou eu.

— Então você a conhece mesmo, não é? Pois se você me ama e me considera sua filha de verdade, vai me dizer quem é.

— Eu a amo... — Carminha desabou num pranto tão sentido e desesperado que até Beatriz se comoveu.

— Não estou questionando o seu amor — tornou ela com mais brandura, sentindo, em seu íntimo, que a mãe que ela realmente amava era aquela. Mas precisava descobrir a verdade. — Acho até que compreendo a sua atitude. Contudo, eu preciso saber.

— Por quê?

— Quero fazer o meu próprio julgamento das coisas. É direito meu.

— Você não vai gostar do que vai descobrir.

— Por que não para de mentir e se esquivar? Se sabe quem é minha mãe, deve me contar agora. Caso contrário, vou encontrar os meus próprios meios de descobrir.

— Já disse que você não vai gostar de saber.

— Essa avaliação quem tem que fazer sou eu.

— Pois muito bem, Beatriz, você tem mesmo o direito de saber — tornou Carminha, tomada por súbita coragem. — Só espero que a decepção não a faça se arrepender.

— Não vai fazer.

— Está certo, se é o que quer. Não tenho mais o direito de lhe ocultar isso. Lamento lhe dizer, mas sua mãe verdadeira é a Graziela.

A resposta franca e direta foi proposital, com o único intuito de chocar Beatriz e avivar, em seu coração, toda a repulsa e antipatia que a menina sentia por Graziela. Beatriz quedou mortificada e revidou incrédula:

— Que Graziela?

— A única que conhecemos.

— Graziela Martins? — ela assentiu. — A mulher do cônsul? — novo assentimento. — Não pode ser...

— Eu também gostaria que não fosse, mas é.

— Mas isso é coincidência demais. Não é possível.

O susto foi tão grande que Beatriz se acalmou, esquecendo-se até mesmo da conversa sobre adoção. Carminha sentou-se a seu lado e lhe contou toda a história, inclusive o motivo que a levara a se afastar de Graziela.

— Suzane falou que nosso pai biológico morreu — balbuciou ela. — Será que era o cônsul? Mas isso não faz sentido. Eles são ricos...

— Acho melhor encerrarmos essa conversa por aqui.

— Sua mãe tem razão, Bia — falou Vítor. — Você já se emocionou demais por hoje.

— Onde está o meu pai? — questionou ela, e Carminha a olhou em dúvida, sem saber a que pai ela se referia. — Meu pai, seu marido. Gostaria de falar com ele também.

— Não sei onde ele está. Quando acordei, ele não estava mais ao meu lado. Mas você não precisa falar com ele. Eu mesma lhe direi tudo o que sei.

Em breves linhas, Carminha relatou a viagem de Renato a Mato Grosso, onde receberia a criança das mãos do traficante. Contou tudo o que o marido lhe havia dito, inclusive sobre o assassinato de Roberval.

— Como vocês podem ter adotado uma criança à custa do assassinato do pai?

— Nós estávamos desesperados.

— Meu pai assistiu a esse homicídio?

— Não, mas ficou sabendo de tudo.

— Como?

— Ouviu comentários. Você sabe como são essas coisas.

— Não, não sei.

Carminha evitava encarar Vítor, que permanecia ao lado de Beatriz. Ela queria muito que ele fosse embora, não se sentia à vontade diante dele para prosseguir naquelas revelações. Por fim, disse:

— Acho que você deveria ir, Vítor. Beatriz está bem agora.

— De jeito nenhum! — protestou ele. — Não saio daqui até ter certeza de que ela não vai ter nada.

— Não vou ter nada — afirmou Beatriz, alisando o rosto dele. — Estou bem agora.

— Não saio até você se deitar.

— Faça isso, minha filha — insistiu Carminha. — Pelo seu bem e o do bebê, vá dormir agora. Tudo o que sabia, já lhe contei. O resto, só os traficantes poderiam lhe dizer.

— Quem eram eles, mãe? Quem foram essas pessoas?

— Não sei... — mentiu ela, olhando de soslaio para Vítor, que nada percebeu.

— Vá se deitar, Bia, pelo amor de Deus — implorou Vítor. — Podemos prosseguir amanhã.

Beatriz suspirou fundo e, ainda de mãos dadas com Vítor, acabou concordando:

— Você tem razão. Essa história toda me deixou exausta. Só não sei se vou conseguir dormir.

— Eu a ajudo. Vamos, levante-se.

Vítor lhe deu a mão e levou-a para o quarto. Ajudou-a a se trocar e esperou até que ela terminasse a toalete da noite, para então ajeitá-la na cama. Ela se deitou agarrada à mão do namorado, que permaneceu a seu lado, acariciando os seus cabelos e beijando sua barriga. No começo, ela não conseguiu conciliar o sono, porque muitas coisas se atropelavam em sua cabeça ao mesmo tempo. Mas as carícias de Vítor a foram acalmando, até que, quase uma hora depois, finalmente adormeceu.

Depois de se certificar de que ela dormia profundamente, Vítor se levantou e apagou a luz do abajur. Pé ante pé, encaminhou-se para a porta e saiu do quarto, tomando a direção da sala. Precisava ir embora. Quando passou pela sala, percebeu um vulto no sofá e se aproximou. Carminha estava sentada, bebendo um copo de uísque, coisa que raramente fazia.

— Nícolas está dormindo — comentou ela. — Por sorte, não ouviu nada.

— Beatriz também pegou no sono, e acho que você devia fazer o mesmo.

— Eu? Não posso. Não antes que você ouça o que tenho para lhe contar.

— A mim?

— Sim, a você. Diz respeito a seu pai.
— A meu pai?

Curioso, Vítor sentou-se na poltrona defronte a ela, e Carminha foi até o bar. Serviu uísque em mais um copo e ofereceu-o a Vítor, que quis recusar.

— Beba — insistiu ela. — Depois de ouvir o que tenho a dizer, sei que vai precisar.

Quando Vítor saiu da casa de Beatriz, não sabia mais o que pensar. As coisas que Carminha lhe dissera sobre o pai deixaram-no aturdido e apavorado. Como, de repente, ele, que nada tinha a ver com adoção, arranjara um papel de destaque naquela história sórdida que envolvia seu pai e o tráfico de bebês? Só podia ser mentira ou um engano.

Carminha, contudo, lhe dissera que aquele era o motivo pelo qual Renato não aprovava o seu namoro com Beatriz. Era uma história insana e cruel, impossível de se acreditar. Será que o destino, de forma maldosa e premeditada, teria reunido tantas pessoas comprometidas num passado comum no mesmo lugar e na mesma época? Não seriam coincidências demais?

Diante de tudo o que ouvira naquela noite, Vítor não sabia mais o que seria possível ou não de acontecer. Mas o pai não lhe parecia o tipo de pessoa que se envolvesse no crime. Ou será que seria?

CAPÍTULO 41

Com certa impaciência, Gílson aguardava que Graziela e Suzane chegassem. O encontro em casa de Amélia seria demorado, mas ele não podia esperar até o dia seguinte. Podia ser tarde demais.

A todo instante, consultava o relógio. Como demoravam! Queria acabar logo com aquilo. Sabia dos riscos que corria, mas era a única saída. A conversa com Renato ainda martelava em sua mente, e ele não podia permitir que o pior acontecesse. Não queria tomar aquela atitude drástica e tudo fizera para impedi-la, mas Renato não compreendia e praticamente o forçava.

Um homem, todo vestido de preto, estava à espreita em frente ao edifício de Graziela. A noite estava escura, e ele se ocultou do outro lado da rua, atrás de um quiosque pouco frequentado e fechado, àquela hora tardia de segunda-feira.

Gílson se esforçara ao máximo para pôr um fim naquela história. Até se submetera ao ridículo papel de chantagista barato, indo procurar Suzane em sua casa para lhe oferecer dinheiro. Mas ela era corajosa e não se intimidara, o que deixou Renato ainda mais furioso. Ele não tinha outra saída. Precisava correr o risco e acabar com aquilo antes que o pior acontecesse. E nem conhecia aquela Graziela! O endereço que Renato lhe dera só servira para que ele a encontrasse naquele momento. Devia tê-la procurado antes, mas o resultado com a menina o deixara sem ânimo. Era um covarde.

Finalmente, um carro embicou no portão da garagem, e o homem sentiu o coração disparar. Como era costume em todos os prédios do Recreio, não havia porteiro à noite, de forma que Graziela teria que acionar, ela mesma, o controle remoto do portão eletrônico e esperar até que se abrisse o suficiente para passar com o carro. Isso lhe daria o tempo necessário para se aproximar e agir.

De onde estava, o homem assistia a tudo com uma expectativa crescente, olhando para os lados a todo instante, à espera de que algo acontecesse. Ouviu o sinal sonoro do portão, constatando que ele começava a abrir. Mais um pouco, e Graziela estaria do lado de dentro, mas o portão ainda teria que fechar, e o tempo que ele gastava para fazer o percurso de volta sobre o trilho era mais do que suficiente para qualquer ação ofensiva. Era agora ou nunca!

O homem saiu das sombras. Com a rua deserta, atravessou correndo a avenida, sem ser notado, alcançando o automóvel de Graziela antes que ela tivesse espaço para passar com o carro para o lado de dentro. Ela levou um susto ao sentir a aproximação daquele vulto e pensou em acelerar e bater no portão, mas o revólver apontado para ela a encheu de pavor, e ela tirou o pé do acelerador e olhou para ele.

Mesmo com o vidro fechado, reconheceu o homem, e duas lágrimas de revolta e indignação escorreram de seus olhos, desmentindo o que ela pensava ser um assalto a princípio. Ela sabia por que ele estava ali. De repente, os olhos grudados no cano do revólver, sua memória retrocedeu vinte anos, e a figura daquele homem impassível, com uma de suas filhas nos braços, ressurgiu em sua mente.

A constatação a encheu de terror. Graziela estava diante do homem que friamente atirara em Roberval, na noite em que lhe tomaram os bebês. E ele estava ali para matá-la, a ela e a Suzane, porque tinha muitas coisas a perder. Naquele momento, Graziela só podia pensar em Suzane e na juventude de que ela seria tão brutalmente privada.

O olhar de Suzane era também de pavor, e Graziela apertou a sua mão, como a lhe dizer que não deveria ter medo. Lembrou-se de Aécio e dos sonhos que tinha com o marido morto, e, já acostumada à fatalidade, achou que era obra do destino que sua vida terminasse assim. Contudo, se conseguisse, com seu corpo, proteger o corpo de Suzane...

Tudo sucedeu muito rápido. De olhos fechados, Graziela orava em silêncio, segurando a mão fria e molhada de Suzane, que já ameaçava entrar em pânico. Não viu o dedo do homem pressionar o gatilho, mas sentiu a presença da bala a poucos centímetros da sua cabeça. Chorou.

De repente, o inesperado aconteceu. Um estampido seco ecoou na noite escura, seguido de um ruído de corpos se chocando, mas nenhum vidro se estilhaçou. A seu lado, Suzane soltou um grito agudo e desprendeu a mão, abrindo a porta do carro e saltando rapidamente. Foi quando Graziela abriu os olhos e olhou para fora, onde dois homens lutavam pela posse da arma.

Desceu aturdida, sem reconhecer o seu salvador. Algumas pessoas surgiram nas janelas, e alguém deve ter ligado para a polícia, porque uma sirene se fez ouvir à distância e foi se aproximando, até que parou ao lado deles. Dois policiais saltaram e, armas em punho, fizeram cessar a luta.

Gílson estava de pé, trêmulo e ofegante, fitando Graziela e Suzane com olhos úmidos. A seus pés, sentado na calçada, o rosto oculto pelas mãos cobertas de luvas e de vergonha, Renato chorava e balançava a cabeça, em desalento. A polícia havia lhe tirado a arma das mãos, e ele agora era erguido por um dos guardas.

Disposto a contar tudo a Graziela, Gílson foi à sua casa. Como sabia que ela e Suzane haviam ido à casa de Amélia encontrar-se com Beatriz, esperou dentro do carro. Não viu a chegada de Renato nem poderia imaginar que ele estivesse oculto do outro lado da rua, atrás de um quiosque fechado, também à espera de Graziela. Foi só quando o viu aproximar-se do carro com o revólver em punho que percebeu suas intenções.

Renato, por sua vez, também ignorava a presença de Gílson. Fora até ali pronto para acabar com aquela ameaça de uma vez por todas. Ficara à espreita atrás do quiosque e, quando o carro de Graziela despontou, partiu em sua direção disposto a atirar. Só não lhe passou pela cabeça que Gílson estaria ali e que o impediria de levar adiante seu plano.

Como ninguém sabia ao certo o que havia acontecido, Gílson e Renato foram presos. Na delegacia, Graziela contou o ocorrido: parara o carro no portão da garagem quando Renato surgiu com uma arma, até que Gílson apareceu de repente e o impediu de atirar, tendo o tiro sido disparado para o alto, sem ferir ninguém.

※

Mal o dia havia amanhecido quando o telefone tocou na casa de Carminha. Ela mesma atendeu, quase desmaiando com a notícia.

— Quem era? — indagou Beatriz, notando a lividez que se espalhava pelo rosto da mãe.

— A polícia. Seu pai está preso.

— Papai está preso? Por quê?

— Parece que tentou matar alguém.

— Meu Deus! — exclamou Beatriz mortificada, levando a mão à boca em sinal de horror.

— Precisamos ir à delegacia.

Naquele momento, Nícolas surgiu vindo do quarto, os olhos lacrimejantes de sono.

— O que foi que houve? — indagou ele, entre bocejos. — Vocês fizeram uma barulheira danada a noite toda.

— Nada, querido — tranquilizou Carminha. — Perdoe-nos pelo barulho. Pode voltar a dormir. Mamãe e Beatriz vão precisar sair agora, mas Rosalinda vai ficar aqui cuidando de você.

Apesar da ansiedade, Carminha conduziu-o de volta ao quarto e foi chamar a empregada, avisando-a de que precisaria sair e dando-lhe ordens para que não descuidasse do menino.

Quando chegaram à delegacia, Vítor já estava lá. Gílson telefonara para ele, e o rapaz foi ao seu encontro prontamente. Olheiras profundas circundavam seus olhos, numa clara demonstração de que não havia dormido.

— O que foi que houve? — indagou Beatriz, preocupada com o aspecto visivelmente esgotado do namorado.

— Também não sei.

Vítor olhou discretamente para Carminha, que desviou os olhos, procurando o marido. Em seguida, Gílson apareceu e foi ao encontro dos três, que o fitavam com ansiedade.

— Está tudo bem, pai? — perguntou Vítor.

Gílson balançou a cabeça e fitou as moças com ar consternado.

— Onde está Renato? — questionou Carminha. — O que foi feito do meu marido?

— Ele está preso — alertou o delegado, que vinha chegando logo atrás de Gílson. — Em flagrante.

— Em flagrante? Por quê?

— Ele tentou matar aquela moça — o delegado apontou para Graziela, e Carminha sentiu uma pontada no coração. — A senhora a conhece?

Sem responder, Carminha partiu em direção a Graziela, que se mantinha afastada em companhia de Suzane, ambas conversando com quem parecia ser um detetive.

— Por que está fazendo isso? — perguntou ela aflita. — Já não lhe basta ter destruído as nossas vidas?

Graziela e Suzane se voltaram ao mesmo tempo, e foi a primeira quem respondeu:

— Eu não fiz nada.

— Mentirosa! Por que armou essa arapuca para o meu marido? O que você quer? Vingança?

— Não é nada disso...

— Pois está se vingando da pessoa errada. Não foi ele quem roubou suas meninas. Não foi ele quem matou o seu marido...

— Do que está falando, Carminha? Eu...

— Era isso que você queria, não era? Tirar-nos de seu caminho para poder ficar com a minha filha. Pois não adianta. Está perdendo o seu tempo. Beatriz jamais vai se aproximar de você.

— Dona Carminha — interrompeu Suzane —, a senhora não está entendendo. Graziela não fez nada. Foi o seu marido quem tentou nos matar.

— Matar? Isso é um absurdo! Renato nunca mataria ninguém.

— Pois ele tentou. E, não fosse aquele moço ali...

Só então Suzane reconheceu em Gílson o homem que, meses antes, havia lhe oferecido dinheiro para desaparecer, e compreendeu tudo. Nunca houvera uma ex-namorada de Leandro, mas sim pessoas dispostas a tudo para ocultar a verdade. Carminha seguiu a direção do dedo de Suzane, dando de cara com Gílson, que as fitava paralisado de fascínio.

— Aquele moço ali? — interrompeu ela aos berros. — Pois foi aquele moço ali, mocinha, quem matou o seu pai e roubou você dos braços de sua mãe! Não foi o Renato. O seu salvador é Gílson Betuel, traficante de bebês e assassino!

Estabeleceu-se uma confusão na delegacia. Todo mundo gritava ao mesmo tempo. Carminha, dedo em riste, fazia acusações graves contra Gílson, chamando-o de sequestrador e assassino. Vítor tentava interceder, mas os gritos furiosos de Carminha impediam que ele se fizesse ouvir, e Beatriz implorava que a mãe se calasse. Graziela estava quase descontrolada, exigindo explicações a Carminha e Gílson, enquanto Suzane pedia que lhe esclarecessem o que estava acontecendo. Apenas Gílson não dizia nada, recebendo, passivamente, as acusações que Carminha lhe atirava na face.

A balbúrdia foi tanta que o delegado teve que intervir. Mandou que todo mundo se calasse e pediu água para Carminha e Graziela, que estavam passando mal, além de recomendar que Beatriz se sentasse um pouco afastada do tumulto. Depois de aquietar todo mundo, o delegado iniciou suas indagações:

— Muito bem. Que confusão foi essa aqui? — ninguém disse nada. — Agora todos se calam, é? — silêncio. — Ouvi alguém falar em tráfico de bebês e assassinato. Que história é essa?

Olhava diretamente para Carminha, autora das acusações, esperando que ela se manifestasse. Ela estava apavorada, já arrependida de ter acusado Gílson ali, na delegacia, com medo de que Renato também fosse acusado pelo crime de sequestro.

— Eu... — balbuciou ela — não foi nada. Estava confusa, assustada. Meu marido nunca foi preso.

— Ouvi muito bem a senhora acusar aquele senhor de traficante de bebês e assassino. Posso saber o que isso significa?

— Nada... — tornou ela, os olhos abaixados, recusando-se a fitar Gílson.

— A senhora me informou que dois crimes foram cometidos, e eu, como delegado, tenho obrigação de investigar. Ou a senhora me conta direitinho essa história, ou serei obrigado a intimá-la formalmente, sob as penas da lei.

— Intimar-me? Como assim?

— Se a senhora sabe que um crime foi cometido, é seu dever colaborar com a polícia. Ocultar a verdade, nesse caso, é crime, sabia? — ela não respondeu. — A senhora pode ser presa.

— Perdão, doutor delegado — interrompeu Beatriz aborrecida. — O senhor está intimidando minha mãe.

— Tem razão — concordou ele, recostando-se na cadeira. — É melhor fazer uma intimação formal, inclusive com a advertência do crime.

— Espere um momento — falou Gílson. — Não será necessário pressionar nem acusar ninguém. Dona Carmem está certa, e sou eu quem deve colaborar, uma vez que sou o autor dos crimes.

— O quê?! — espantou-se Vítor, levantando-se de um salto.

— Tenha calma, meu filho. Eu deveria saber que isso ainda iria acontecer, mais cedo ou mais tarde.

— Acontecer o quê, pai? Do que é que você está falando?

O delegado os fitava com curiosidade e expectativa, e os demais, com surpresa e medo. Gílson alisou a ponta da camisa e, quando tornou a falar, havia um brilho de lágrimas em seus olhos:

— Muito bem, doutor delegado, estou disposto a contar tudo. Mas recuso-me a fazê-lo diante de todas essas pessoas. Quero conversar com o senhor a sós e requeiro apenas a presença do meu filho.

— Muito bem — concordou o delegado. — Vamos conversar na minha sala. Os outros estão dispensados. Se precisar, mandarei intimá-los.

— Quero ficar — anunciou Beatriz, postando-se ao lado de Vítor.

— Nem pensar! — objetou o rapaz. — Você já se excedeu, Bia. Vá para casa com a sua mãe.

— Vítor tem razão — aprovou Carminha. — Esse ambiente não pode lhe fazer bem. E depois, o que esse senhor tem para conversar não lhe diz respeito. No entanto, quero antes ver meu marido. Não saio daqui sem falar com ele.

— Muito bem — o delegado fez sinal para um funcionário, que se aproximou prontamente. — Traga o doutor Renato para conversar com as senhoras. — E, virando-se para elas, acrescentou: — Podem acompanhá-lo, por favor.

A muito custo, Carminha conseguiu levar Beatriz dali. Foi com ela para outra sala, onde Renato seria levado para vê-las, enquanto Graziela e Suzane iam para casa. Vítor e Gílson acompanharam o delegado até sua sala, onde iniciou-se a narrativa.

— O que eu fiz, ninguém nunca soube — começou Gílson a dizer. — E não me orgulho nem um pouco de ter feito.

O olhar temeroso de Vítor era o que mais lhe doía, mas não tinha mais jeito. Tudo se havia revelado, e Carminha pusera-o numa situação difícil. O delegado, sabendo que dois crimes haviam sido cometidos, não o deixaria sair impune sem antes averiguar tudo o que havia ocorrido.

Para Vítor, a ansiedade era um suplício. Ouvira a história de Carminha, sem saber em que acreditar. Achava difícil que o pai estivesse envolvido em algo tão sórdido, mas a reação dele o deixava em dúvida. E agora, ele estava disposto a falar, e isso dava a Vítor a certeza de que a mãe da namorada não estava mentindo.

— O que foi que o senhor fez, doutor Gílson? — incentivou o delegado.

Gílson olhou para Vítor com olhos cada vez mais úmidos. Encheu-se de coragem e iniciou:

— Há muito tempo... Vítor ainda não era nascido. Minha mulher e eu estávamos passando por dificuldades financeiras...

Contou tudo, sem omitir nenhum detalhe. Nem sabia informar quantas crianças haviam vendido, todas com aquiescência das mães, que as trocavam por um punhado de dinheiro, geralmente uma quantia irrisória para eles, mas incalculável para as miseráveis. Algo em torno de mil reais, em valores atuais, para cada uma.

Vítor ouvia tudo em silêncio, e apenas as lágrimas davam o testemunho de sua dor. Uma onda de decepção e revolta foi invadindo o coração do rapaz, que precisou se conter para não irromper num pranto atormentado nem agredir o pai com murros de indignação.

Ao chegar à parte da transação envolvendo Graziela e as filhas, Gílson fez uma pausa. Não queria fazer parecer que estava tentando tirar o corpo fora, mas também não iria assumir um crime que não cometera. Até ali, nunca havia matado ninguém. Sequer estivera presente quando as meninas foram roubadas.

— Posso provar que não estava lá — concluiu ele. — Eu estava internado, havia tido um enfarto. Basta procurar a ficha no hospital, que ainda existe.

O delegado ficou extremamente confuso. Jamais ouvira uma história tão fascinante, contada tão espontaneamente por um de seus principais autores. E, acima de tudo, nunca vira uma coincidência tão fantástica, que reunia ali, de forma aparentemente casual, todos os personagens envolvidos naquele drama. Levantou-se, coçando o queixo, e encarou Gílson.

— Isso foi há tanto tempo — disse ele. — Por que resolveu contar-me tudo agora, quando ninguém mais sabia do ocorrido?

— O senhor ouviu Dona Carmem gritar acusações contra mim — justificou ele. — E o senhor mesmo ficou desconfiado.

— É, fiquei. Só não imaginava uma coisa dessas, e tão antiga. Se é como o senhor me contou, terei que instaurar um inquérito policial. O assassinato do cidadão, Roberval, não é? — Gílson aquiesceu. — Esse já era. Prescreveu. Seu companheiro vai sair impune desse crime. Mas agora, a venda dos bebês... na época, era sequestro.

— Estou disposto a pagar pelos meus crimes.

— Em que ano foi isso, doutor?

— Em 1987. Foi quando as meninas nasceram.

— Então foi sequestro mesmo. A pena, pelo menos, é um pouquinho menor. O Estatuto da Criança e do Adolescente é de 1990 e prevê o crime de entrega de filho mediante paga, com pena maior.

— Creio que o senhor não entendeu. A moça não quis entregar as filhas. Nós as roubamos.

— Não faz diferença para o senhor e o doutor Renato. A pena é a mesma. E ainda há a formação de quadrilha, mas essa também já prescreveu.

— Isso não me importa mais. Vou me conformar com a punição que a Justiça estabelecer para mim.

— Só temos elementos para acusá-lo desse último. Imagino que o senhor não saiba onde se encontram as mães que venderam os outros bebês.

— Não faço a mínima ideia. Eram pessoas desconhecidas, e nós nunca mantivemos nenhum registro.

— Entendo. E as outras pessoas que integravam a quadrilha? O senhor disse que havia mais duas, além da sua mulher.

— Minha mulher morreu, assim como Geraldo. Leocádia, não sei onde anda. Pode ter morrido também. Geraldo já era meio idoso, e Leocádia também não era muito jovem. Nunca mais ouvi falar neles.

— Bom, doutor Gílson, o senhor é uma pessoa importante. Esse caso vai ser notícia. Um escândalo e tanto.

— Posso imaginar.

— Contudo, o senhor deve compreender que não há nada que eu possa fazer. Gostaria muito de deixar tudo isso para lá, já faz tanto tempo... Mas tenho o meu dever de ofício.

— Compreendo.

— É, não tem jeito. Não vou prendê-lo, porque o senhor é réu primário e se apresentou espontaneamente. Não é perigoso e sei que não vai tentar fugir do país. Mas vou ter que instaurar inquérito, infelizmente.

— Faça como deve, doutor.

— O senhor vai responder por sequestro, e o doutor Renato, por sequestro também e por porte ilegal de arma e disparo de arma de fogo.

— Assumirei as consequências de meus atos, assim como Renato deve assumir dos dele.

— Bem, então, pode ir. Fique tranquilo e não faça nenhuma bobagem. No momento certo, mandarei chamá-lo.

— Está bem. Obrigado.

Gílson saiu da delegacia arrasado, porém, com a sensação de que havia feito a coisa certa. O que o deixava tão mal não era propriamente o resultado de sua confissão, mas a reação do filho. Vítor o acompanhava de cabeça baixa e olhos fundos, sem dizer uma palavra. Gílson não sabia o que dizer e temia magoá-lo ainda mais. Nada, absolutamente nada do que dissesse poderia apagar a dor, a vergonha e a desilusão do rapaz naquele momento.

Com os olhos vermelhos e afundados nas órbitas, Vítor acompanhou o pai até o lugar onde ele havia estacionado o automóvel. Depois que Gílson entrou, ele seguiu até o seu próprio carro, parado um pouco mais adiante, e entrou. Assim que fechou a porta, apoiou a testa no volante e chorou, como nunca antes havia chorado em toda a sua vida.

CAPÍTULO 42

Ao saírem da delegacia, Renato, Carminha e Beatriz permaneciam em silêncio, preocupados. O advogado de Renato conseguira, através de um *habeas corpus*, tirá-lo da cadeia no mesmo dia. A tarde já avançava, e os três seguiram para casa após um longo período de espera, onde a inquietação parecia responder a todas as perguntas.

Beatriz procurou, com os olhos, Graziela e Suzane, mas elas já haviam ido embora. Vítor e Gílson também não estavam mais lá, e ela ficou aflita, querendo saber o que aconteceria ao namorado.

— Não se preocupe com ele — tranquilizou Carminha. — Vai passar por momentos difíceis, mas vai ficar bem.

Beatriz ficou em silêncio até chegarem a casa. Ao entrarem, Nícolas correu ao seu encontro, querendo saber o que havia acontecido.

— Não houve nada — mentiu Renato. — Papai teve apenas um contratempo.

Beatriz fulminou-o com o olhar, mas não contestou. Era contra esconderem a verdade do irmão. Não era porque ele era criança que não podia participar das coisas. Tinha o direito de saber o que estava acontecendo. Contudo, deixaria aquilo para mais tarde, após falar com a mãe.

— Vá brincar, meu filho — incentivou Carminha.
— Posso ir à casa do Pedro?

— Pode, sim. Peça a Rosalinda para levar você.

O menino saiu em companhia da criada, e Beatriz tornou em tom de censura:

— Não deviam mentir para ele.

— Nícolas ainda é muito criança para se envolver nesses assuntos — objetou Renato.

— Ele é criança, mas não é bobo. Vocês pensam que ele não sabe que algo está acontecendo? E se ele ler alguma coisa nos jornais? Sem falar, o que é ainda pior, que algum amigo na escola pode fazer uma piadinha. Já pensaram nisso? — eles não responderam. — Será que não é melhor preveni-lo para que não seja tomado de surpresa?

— Mas... contar a ele a verdade significa contar que ele também foi adotado — retrucou Carminha.

O olhar de reprovação e terror de Renato foi abrasador, mas Beatriz se adiantou e esclareceu:

— Já sei de tudo, papai. Não precisa mais me esconder nada.

— Já sabe de tudo o quê?

— Sei de tudo sobre a adoção e Gílson. E conheci minha irmã gêmea em casa de Dona Amélia ontem.

Renato se jogou sobre o sofá e apoiou o rosto nas mãos, sentindo o mundo desmoronar sobre seus ombros.

— Não pude impedir, Renato — lamentou-se Carminha. — Não pude...

— Que mentira você ia inventar agora, pai?

— Beatriz! — esbravejou ele.

— Estou lhe poupando o trabalho de mentir novamente. Descobri tudo sozinha. Foi muita ingenuidade de vocês quererem me esconder a verdade com minha mãe e minha irmã rondando por aí.

— Sua mãe sou eu! — protestou Carminha com fúria. — E aquela moça não é sua irmã.

— Não adianta nada nos prendermos ao sentimentalismo. A verdade é que Graziela é minha verdadeira mãe, e

Suzane, minha irmã gêmea. Esse fato é incontestável, e não podemos dele fugir.

— Mas você nem gosta de Graziela.

— Isso não vem ao caso. No momento, o que me preocupa é a atitude de papai. O que deu em você para tentar matar Graziela?

— Ela... — ele engoliu em seco — estava ameaçando a felicidade da nossa família.

— E por causa disso você tentou matá-la? E como foi que Gílson o impediu?

— Ele... apareceu por lá... Não sei por que nem como. Acho que a estava vigiando. Acho que ele também pretendia matá-la.

— Chega de mentiras. Graziela disse que Gílson o impediu de atirar nela.

— Gílson é um assassino! — revidou Carminha entre os dentes. — Foi ele quem matou o seu pai verdadeiro.

— Isso é o que você diz.

— Você o ouviu na delegacia, Beatriz! Ele nem ao menos se defendeu.

— Ouvi-o dizer que queria conversar com o delegado e Vítor. O teor dessa conversa, todos desconhecemos.

— Vamos deixar isso para depois — pediu Renato. — No momento, só o que desejo é dormir. As horas que passei naquela cela não foram nada agradáveis.

Beatriz não protestou. Deixou que o pai se fosse e dirigiu-se para seu quarto. Queria muito falar com Vítor, mas achava que não deveria ligar. Seria melhor esperar até que ele aparecesse. Cansada da noite mal dormida, recostou-se na cama e, em poucos minutos, adormeceu.

Em seu quarto, Renato remoía o ocorrido. Carminha estava assustada, mas não queria desapontá-lo nem pretendia virar-lhe as costas num momento como aquele. Não compactuava com a sua atitude inconsequente, mas não podia retirar-lhe o apoio.

— Você está arrependido? — indagou, deitada na cama a seu lado.

— Estou — mentiu ele.

— Por que fez aquilo, Renato?

— Para salvar nossa família, já disse.

— Não pensou que poderia ser preso?

— Foi um ato impensado. Não o faria de novo.

— Não aprovo a sua atitude.

— Eu sei. Mas agi por desespero.

— Você disse que Gílson queria matar Suzane.

— Foi o que pensei.

— No entanto, foi ele quem a salvou.

— Foi, embora não saiba com que propósito.

— E agora? O que vai acontecer?

— Nada, eu acho. Meu advogado falou em porte ilegal de arma e disparo de arma de fogo. Não são crimes graves.

— Mas você pode ser preso.

— Posso.

— E se for? O que vai ser de mim e das crianças?

— Não se preocupe. Nada vai me acontecer. Temos dinheiro, e meu advogado vai arranjar um jeito de me livrar.

Carminha inspirou profundamente e se agarrou a ele, molhando seu peito com suas lágrimas. Renato a estreitou com ternura e afagou seus cabelos, até que ela dormiu. Ele, contudo, por mais cansado que estivesse, não conseguia conciliar o sono.

※

Mais cedo, naquela noite, Gílson lhe telefonara dizendo que tudo em breve estaria terminado. Já estava cansado de lutar contra o destino e pretendia pôr um fim àquela tragédia. Tinha um plano para aproximar Beatriz da irmã e da verdadeira mãe, o que precipitaria o fim da história. A ideia deixou Renato horrorizado. Gílson não revelara que, naquele mesmo momento, Beatriz estava em casa de Amélia, a pretexto de uma falsa entrevista, esperando que ela tivesse um encontro casual com Suzane.

— Acabou, Renato — dissera ele. — Não podemos mais impedir o destino de seguir o seu curso. Até amanhã, tudo terá sido desvendado.

— Você enlouqueceu! — vociferou o outro. — Quer ir para a cadeia?

— Vou assumir esse risco. O que não posso mais é conviver com esse tormento e essa culpa. Um homem foi morto, e nós somos responsáveis por isso.

— É bom mesmo que se sinta assim, porque você tem tanto a perder quanto eu. Posso ter atirado no sujeito, mas você era o chefe da quadrilha. Você é que era o bandido.

— Não fui eu quem o matou, embora me sinta responsável pela sua morte.

— Olhe, Gílson, eu não queria matar o sujeito. Fiquei desesperado. Ele ia chamar a polícia, e eu já havia prometido um filho a Carminha.

— Você não tinha nada que ir até lá portando uma arma.

— O negócio era arriscado. Você queria que eu simplesmente me expusesse ao perigo sem nenhum tipo de proteção? E sua mulher ainda estava comigo!

— Foi tudo um erro, Renato. Deus sabe o quanto me arrependo.

— Não adianta nada pensar em Deus agora. Ele não vai livrá-lo da cadeia.

— Não quero ser preso, mas assumo o risco. E você também devia começar a pensar nisso.

— De jeito nenhum! Tenho mulher e dois filhos. Um neto que está a caminho. O seu neto!

— É por meu neto e por meu filho que pretendo acabar com isso. Não quero que eles sintam vergonha de mim.

— Não diga asneiras! Você tem que fazer alguma coisa.

— Não há mais nada que eu possa fazer. Ofereci dinheiro à menina, mas ela recusou. E agora que encontrou a verdadeira mãe, não posso mais impedir que a verdade prevaleça.

— Pode sim! Se Graziela não quer se contentar em ter apenas uma das filhas, precisamos eliminá-las de nossos caminhos.

— Você ficou louco. Não vou matar ninguém.

— Se você não fizer, eu mesmo o farei.

— Não seja tolo, Renato. Você vai acabar preso.

— Fique fora disso, Gílson! — estava descontrolado, e Gílson sentiu medo. — Você é mesmo um covarde, como sua mulher falou.

— Minha mulher? — tornou ele desconfiado. — Quando foi que vocês conversaram sobre mim?

— Não venha desviar o assunto — retrucou Renato, temendo que Gílson acabasse descobrindo o caso que eles haviam tido. — Quero saber o que você pretende fazer.

— O que já devia ter feito há muito tempo. Vou providenciar para que Suzane e a mãe descubram toda a verdade.

— Vou impedi-lo, Gílson. Suzane e Graziela jamais viverão para saber a verdade.

Renato bateu o telefone na cara de Gílson, que já sabia o que o outro iria fazer. Pelo seu descontrole e desespero, era visível que Renato tencionava matar Graziela e Suzane. Para quem já matara uma vez, matar outras duas não seria nenhum problema.

Com uma fúria explosiva, Renato tomou uma decisão. Guiou o automóvel até uma loja de departamentos e comprou uma roupa toda preta, inclusive tênis e luvas. Voltou ao escritório e apanhou o revólver que mantinha guardado num cofre. O mesmo que utilizara, vinte anos atrás, para matar o pai das meninas. Estava velho, mas ainda servia. Renato colocou as balas, fechou o cofre e saiu apressado, não sem antes anotar o telefone de Graziela na agenda de seu celular.

Dali, foi postar-se defronte ao seu edifício e ligou para sua casa. Ninguém atendeu, e ele deduziu que ela havia saído. Pôs-se a esperar impacientemente, sem nem reparar que Gílson estacionara o carro mais adiante e também vigiava o prédio, escondido em outro lugar.

Mas o plano não saiu conforme o esperado, porque Gílson fora mais rápido e chegara a tempo de impedi-lo.

Tudo fora em vão. Seus esforços, inúteis, porque, no momento em que ele espreitava Graziela, Beatriz descobria a verdade pelos lábios de Carminha.

CAPÍTULO 43

Oculto na penumbra da sala mal-iluminada, Gílson bebia seu uísque, enquanto Vítor permanecia com o olhar perdido, sem saber o que dizer.

— Sou uma decepção, não sou? — falou Gílson finalmente. — Pode dizer. Eu sei que sou.

— Por que, pai? Por que traficar bebês?

Gílson deu mais outro gole na bebida e lançou uma resposta dolorida e fraca:

— Pelo dinheiro.

— Foi assim que você conquistou sua fortuna? — ele assentiu. — E mamãe? Foi por isso que ela se matou?

— Quem foi que disse que ela se matou? Sua mãe sofreu um acidente de carro.

— Pensei que o acidente fosse uma desculpa inventada para me ocultar a verdade.

— Enganou-se, Vítor. Sua mãe morreu num acidente de carro, após uma discussão que tivemos. Eu queria parar, ela, não.

— Sou adotado também?

— Não.

— Carminha me disse que você matou o pai verdadeiro de Beatriz.

Ele deu um sorriso irônico e revidou:

— Mas você sabe que não foi bem assim, não sabe?

— E se você estiver mentindo? E se tiver dito isso só para acusar Renato e se livrar?

— Com que propósito? Não ouviu o delegado dizer que o crime de homicídio está prescrito? O sequestro é que não. — Gílson deu uma volta na poltrona e parou defronte ao filho, encarando-o com um misto de tristeza e amor. — Sei que não há desculpa para o que fiz, mas eu sempre tentei ser um bom pai. E se lhe ocultei a verdade durante todos esses anos, foi por medo e vergonha. Como poderia contar ao meu filho que o pai dele era um bandido? Não é uma profissão da qual ninguém deva se orgulhar.

— Não sei o que pensar...

— Não quero forçá-lo a me perdoar. Mas tente ver o seu pai como um homem amargurado e infeliz. Tampouco pretendo arranjar justificativas para os meus crimes, mas Deus sabe o quanto me arrependi e tentei parar.

— E por que não parou?

— Não é justo falar dos mortos, mas sua mãe não quis. E eu, que sempre fui um fraco, deixei-me dominar por ela e acedi a sua vontade.

— E deu no que deu.

— Sim. É o preço que tenho que pagar. Posso suportar qualquer coisa, Vítor, qualquer coisa mesmo. Ser preso, perder os meus bens, o jornal, o prestígio. A única coisa que jamais poderei suportar é perder você.

— Você... não vai me perder.

— Sei que é pedir demais que você me perdoe, mas será que você pode, ao menos, tentar não me odiar?

— Eu não o odeio. Estou decepcionado e triste, mas jamais poderia negar o amor que você me deu.

— Pode me perdoar, então?

— Estou tentando primeiro entender. Depois, acho que conseguirei perdoá-lo.

— Não posso esperar mais.

Gílson queria muito abraçar o filho, mas não tinha coragem. Vítor permanecia impassível, enrijecido em suas atitudes, com medo de acercar-se do pai. Naquele momento, contudo, Lorena adentrou o ambiente, acompanhada por Aécio, que se aproximou dos encarnados e ministrou-lhes um passe revigorante. A energia benéfica assimilada pelos corpos físicos e astrais de ambos foi-lhes amenizando as dores, e em breve eles já se sentiam mais calmos.

Lorena, com uma nova visão da verdade, aproximou-se do filho e sussurrou com sentimento:

— Você tem muito que perdoar, meu filho. A seu pai e a mim. Perdoe-o. Perdoe-nos.

A sua presença não foi percebida por nenhum dos dois, mas ambos, ao mesmo tempo e sem compartilharem isso, pensaram em Lorena, cada qual à sua maneira. Vítor então olhou para o pai e concluiu que seria muito fácil perdoar aqueles por quem se nutria amor.

No dia seguinte, a situação entre pai e filho havia melhorado, embora Vítor ainda se mantivesse um pouco distante de Gílson. Precisava falar com Beatriz, saber como tinham ficado as coisas depois que deixaram a delegacia. Telefonou para ela, e os dois marcaram de se encontrar. Foi um momento difícil, e Vítor lhe contou tudo o que ouvira do pai diante do delegado.

— Sei que é difícil, Bia, mas é a verdade. Meu pai traficava bebês, mas foi o seu que matou aquele homem.

— Não fale assim. Não sabemos se isso é verdade.

— Você não acredita?

— Não sei em que acreditar. Meu pai nunca foi assassino.

— Como pode duvidar? Ele não tentou matar Graziela e Suzane?

Beatriz não respondeu. As evidências eram incontestáveis, mas aceitar que o pai era um assassino era muito doloroso.

— As coisas vão ficar difíceis entre nós... — divagou ela.

— Como assim, difíceis? Está tentando me dizer que vai romper comigo? É isso, Bia?

— Não... Eu o amo, vamos ter um filho. Mas como vamos conciliar nossas famílias? Elas jamais irão se aceitar ou se unir.

— Danem-se as famílias. Nós não temos nada com o que nossos pais fizeram no passado. Não é justo que sejamos responsabilizados ou punidos por suas atitudes.

— Ah! Vítor, não quero perder você.

— Só vai me perder se quiser.

— Lá em casa também não está fácil. E vai ficar ainda pior quando eu conversar com meu pai e lhe disser que sei que foi ele quem matou o meu pai verdadeiro.

— Será que vale a pena?

— Não posso fingir que não sei. E preciso ouvir dele a verdade.

— Acha que ele vai lhe contar?

— Não sei. Mas, se estiver mentindo, eu saberei.

O amor dos dois era forte demais para permitir que se separassem. Passado o primeiro momento de choque e constrangimento mútuos, Vítor e Beatriz acabaram se unindo ainda mais, dispostos a não permitir que nada nem ninguém os afastasse.

Feitas as promessas e juras de amor, foram para casa. Quando Beatriz chegou, o pai estava sentado à mesa da sala em companhia da mãe. Nícolas não se encontrava presente. Fora mandado à casa do amigo, e os empregados haviam sido dispensados.

— O que está acontecendo aqui? — perguntou Beatriz. — Cadê todo mundo?

— Estamos sozinhos — esclareceu Carminha. — Precisamos conversar a sós.

— É bom mesmo que queiram conversar, porque eu tenho algo a perguntar a você, pai — ele a olhou com curiosidade, e ela disparou de forma implacável: — Você matou meu verdadeiro pai?

A pergunta atravessou o coração de Renato como uma faca afiada, e ele fechou os olhos, sentindo toda a dor da tragédia inevitável.

— O que está dizendo, Beatriz? — horrorizou-se Carminha.
— Que mentiras andaram lhe contando? Você sabe muito bem que quem matou aquele homem foi o Gílson.

— É mesmo? Pois não foi isso que Vítor me disse.

— Vítor é filho dele. Na certa está mentindo para protegê-lo.

— Gostaria de ouvir isso de meu pai. Então, pai, não me diz nada?

— O que você quer que eu diga? — retrucou Renato.

— A verdade, para variar.

— Que diferença isso faz? Ninguém mais poderá ser punido por isso.

— Ah! Quer dizer então que o criminoso só será culpado se for punido? E a consciência, onde fica? E a moral, a noção de certo e errado, a decência? Nada disso conta?

Renato não respondeu, mas Carminha interveio com indignação:

— Muito me admira você dar crédito àquele criminoso.

— Aquele criminoso teve coragem suficiente para chegar diante do delegado e assumir todos os seus crimes. E você, pai, o que foi que fez? Será que você tem hombridade suficiente para reconhecer os seus erros?

— Não fale assim com seu pai, Beatriz, não é direito.

— E o que é direito, mãe? Roubar crianças ou matar?

— Fiz o que fiz por amor a vocês — rebateu ele, sem encará-la.

— Então você admite que matou meu verdadeiro pai.

— Eu sempre a amei, Beatriz. Será que isso não basta? É difícil para você aceitar as coisas como são?

— As coisas são do jeito que você as fez. Sei que você me amou durante toda a minha vida. Posso entender o seu desespero em ter um filho, as frustrações que você e mamãe passaram por causa dos três abortos. Entendo perfeitamente que isso os tenha levado ao caminho da adoção clandestina. A única coisa que não compreendo, e que me é difícil aceitar, é você, pai, ter sido capaz de matar um homem para conseguir o que queria.

Carminha desatou a chorar, e Renato afundou o rosto entre as mãos, tentando conter a enxurrada de lágrimas que forçava passagem por seus olhos.

— Você não sabe o quanto eu sofri... — desabafou ele, a voz estrangulada.

— Sofreu tanto que quis matar outra vez.

— Você não entende, Beatriz! Aquela mulher tentou destruir nossas vidas. Você mesma jamais gostou dela. Por que está tentando defendê-la?

— Não gostar de uma pessoa é uma coisa. Querer que ela seja assassinada é outra bem diferente. E agora, já não sei mais o que sinto com relação a ela e a tudo isso. Se antes eu a detestava, agora tenho por ela uma certa compaixão.

— Compaixão? Pela mulher que a abandonou em troca de dinheiro?

— Não posso julgá-la antes de conhecer os seus motivos. E se ela é tão ruim, por que Suzane está com ela? Vocês devem tê-las visto na delegacia. Não tive a oportunidade de falar-lhes, mas elas pareciam se dar muito bem.

— Essa Suzane é uma pobre coitada sem eira nem beira. E uma mãe milionária caída do céu não é nada mau, você não acha?

— Não é nada disso. Você está falando sobre o que não conhece. Suzane sempre teve boa situação financeira, mas foi vítima de um golpe e perdeu tudo. Não é uma aproveitadora, como você pensa.

— Isso é o que ela diz. Essa moça é uma bandida...

— Não importa. Seja como for, o fato é que Graziela é minha mãe verdadeira, e você matou o marido dela e tentou matá-la e a minha irmã. Quem você acha que é o bandido nessa história?

Renato não conseguiu mais segurar o pranto e desatou num choro contido, balbuciando entre um soluço e outro:

— Não sou um bandido... Posso ter errado, mas foi porque estava desesperado.

— Nenhum desespero justifica tirar a vida de outra pessoa. E não foi só isso. Você mentiu e tentou acusar Gílson do crime que cometeu. E ainda hostilizou Vítor sem motivo aparente, só para afastá-lo de mim e, com isso, evitar que eu viesse a descobrir a verdade. Isso é mais do que desespero: não me parece coisa de gente decente.

— Não fale assim comigo, Beatriz. O que fiz foi tentar manter a nossa família unida e feliz.

— Esse não é o preço da felicidade de ninguém. É o preço da desgraça e da vergonha.

— Você está sendo dura demais. Não sou o monstro que você faz parecer.

— Você não é um monstro? É um homem frio e egoísta, capaz de qualquer coisa para conseguir o que quer. Como se chama isso?

— Carminha, por favor, ponha juízo na cabeça da nossa filha — apelou ele. — Ela se deixou envolver por aquela gente...

Carminha, contudo, estava chorando. Saber que o marido, realmente, matara outro homem deixara-a transtornada e aflita com a decepção. Como poderia desculpá-lo se ele era um assassino?

— Nunca poderia imaginar que você fosse capaz de fazer o que fez — desabafou ela, a voz mais sofrida que jamais se ouvira. — Você mentiu para mim, acusou outro homem pelo crime que você cometeu. E me enganou durante todos esses anos. A vida inteira, eu me deitei ao lado de um assassino sem saber quem ele era.

Ele a olhou com desgosto e retrucou com voz abafada:

— Por favor, Carminha, não fique contra mim. Você, não.

— Já não posso mais apoiá-lo. Não posso compactuar com essa conduta criminosa. Agora vejo o que você realmente ia fazer. Ia tirar a vida de duas inocentes para encobrir o seu crime, para que ninguém jamais soubesse o que você fez.

— Não. Eu queria proteger a nossa família.

— É mentira, Renato, e agora percebo isso. Você queria proteger a si mesmo. Foi por egoísmo e medo de ser preso que você tentou matar novamente. Não foi por nós.

— Muito bem! — esbravejou ele de repente. — Fiquem todas contra mim! O que fiz foi ter coragem para remover os obstáculos do meu caminho? Sim, e daí? Não me parece que alguém tenha sido infeliz nesta casa durante todos esses anos nem que você, Carminha, tenha ao menos uma vez questionado as minhas atitudes.

— Nunca imaginei que você tivesse matado alguém. Para mim, você tinha pagado pela criança e a tinha trazido. Não sabia nem que você a tinha roubado.

— Agora é muito cômodo dizer que não sabia.

— Mas eu não sabia!

— Contudo, jamais se queixou de ter um bebê em seus braços, não foi? Até esse momento, você nunca quis saber o que eu tive que fazer para satisfazer a sua vontade.

— Eu confiei em você. Sabia que as adoções não haviam sido legais, mas jamais teria compactuado com um assassinato ou mesmo com o sequestro do bebê.

— Será que não teria mesmo? Será que não foi mais cômodo para você permanecer na ignorância para poder aliviar a consciência com a desculpa de que de nada sabia?

— Parem com isso — objetou Beatriz. — Não suporto mais ver vocês discutindo.

Ela se levantou apressada.

— Aonde é que você vai? — indagou Carminha.

— Não posso mais viver nesta casa. Não com vocês dois.

— Não faça isso! — implorou Carminha. — Para onde é que você vai?

— Vai viver com sua mãe? — tornou Renato, com um certo tom de ironia.

Beatriz rodou nos calcanhares e foi correndo para o quarto. Trancou a porta e começou a arrumar as malas. Queria sair dali o mais rápido possível. Era-lhe penoso encarar o pai e ver no rosto de quem tanto amara as marcas indeléveis do crime. Não. Não era capaz de suportar aquela mancha. Não no seu pai.

Em poucos minutos, alguém batia à porta, e ela resolveu não abrir. Mas a voz do lado de fora era insistente, e ela percebeu que a mãe estava sozinha. Abriu o suficiente para que Carminha entrasse e fechou a porta rapidamente.

— Você não precisa fazer isso — falou Carminha.

— Não preciso é que você me diga o que fazer.

— Você não tem para onde ir.

— Vítor vai dar um jeito.

— Você vai para a casa dele?

— Não. O pai dele também está comprometido com toda essa sujeira, e eu quero distância de tudo isso.

— Cometi muitos erros na vida, Beatriz, e o pior deles talvez tenha sido a minha omissão em procurar saber dos detalhes da sua adoção e da de Nícolas. Mas eu estava desesperada, e você apareceu para salvar a minha vida. Fiquei tão feliz quando a vi que resolvi desconsiderar qualquer coisa que pudesse nublar a felicidade que você me trouxe. Eu só queria ser mãe. Será que isso é um pecado assim tão horrível? — Beatriz não respondeu, e ela prosseguiu: — Sei que escolhi o caminho mais fácil que o dinheiro pôde comprar. Mas eu jamais pensei que estivesse prejudicando alguém. Para mim, eu tinha os filhos que outra mãe não quis e resolveu abandonar e vender.

— Não se torture mais com isso, mãe. Não vale a pena.

— O que me tortura é saber que perdi o seu amor.

— Você não perdeu. Eu estou apenas confusa.

— Será que um dia você poderá me perdoar? Em nome do amor que eu sempre lhe tive, serei digna do seu perdão?

Beatriz se aproximou e segurou as mãos de Carminha entre as suas. Quando falou, havia doçura e sinceridade em sua voz:

— Eu já a perdoei.

— Ah! Minha filha...!

As duas se abraçaram. Subitamente, ouviram um barulho de motor, e Beatriz foi até a janela espiar.

— Papai saiu — anunciou ela.

— Melhor assim.

— Venha comigo, mãe. Podemos ir viver em algum lugar longe daqui.

— E deixar o seu pai?

— Não posso crer que, depois de tudo isso, você ainda queira viver com ele.

— E o Nícolas?

— Arrume as coisas dele. Iremos buscá-lo.

— O que lhe diremos?

— A verdade. Nada melhor do que a verdade.

— Ele não vai compreender. Ainda é muito criança.

— Ele não é idiota. É inteligente e amoroso. Talvez possa compreender muito melhor do que nós.

Foi assim que fizeram. Depois de arrumar suas malas, Beatriz foi ajudar a mãe com as suas coisas e as de Nícolas. Colocaram tudo em dois carros e partiram. Dali, foram apanhar Nícolas e se hospedaram em um hotel. O menino fez algumas perguntas, mas não insistiu. Pela movimentação dos últimos dias, percebia que algo muito grave estava acontecendo em sua casa. Só não sabia o que era. No dia seguinte, quando Carminha e Beatriz lhe contaram toda a verdade, ele chorou por alguns momentos, mas depois, sentindo-se amado e querido pela mãe e pela irmã, conseguiu reunir forças para enfrentar a situação.

É um erro supor que as crianças nada entendem nem são capazes de discernir. A sua sensibilidade as torna muito mais suscetíveis à compreensão do que os adultos, porque elas estão isentas do obstáculo do orgulho, movidas apenas pelas vibrações do sentimento puro. Mentir causa desconfiança e medo, fazendo com que as crianças se sintam inseguras e desrespeitadas. Todavia, como Carminha e Beatriz falaram com amor e sinceridade, o coração do menino rapidamente percebeu-lhes a intenção de respeito e amorosidade, e ele conseguiu superar o impacto daquele primeiro momento. Chorou, sim, ficou triste e decepcionado. Mas aos poucos compreendeu e, auxiliado principalmente pelo amor da mãe, foi conseguindo superar a decepção e encarar com tranquilidade a situação.

CAPÍTULO 44

Foi com imensa surpresa que Graziela recebeu em sua casa a visita de Carminha e Beatriz. Eram as duas pessoas mais improváveis de encontrar ali, e o seu espanto só não foi maior do que a sua alegria. A decisão de procurar Graziela partiu de Beatriz, e Carminha a acolheu com uma certa relutância. Por mais que compreendesse e desse razão a Graziela, tinha medo de perder o amor da moça que amara como filha durante a vida inteira.

— Isso não vai acontecer — garantiu Beatriz. — Já não sou mais criança e sei muito bem o que quero e o que pensar. No começo, fiquei decepcionada, triste e revoltada... muito mais com a mentira do que com o fato de ter sido adotada. E ser filha de Graziela, para mim, também não foi fácil. Afinal, eu nunca simpatizei com ela. Mas não adianta querer torcer a vida para que ela seja do jeito que desejamos. Tenho que aceitar as coisas como são e venho procurando compreender Graziela.

Carminha abraçou-a com efusão e acariciou o seu ventre volumoso:

— Meu neto vai sentir orgulho da mãe.

No dia em que tiveram aquela conversa, Beatriz estava muito segura do que pretendia fazer, e a segurança se transformou em certeza quando viu Graziela sentada no sofá, diante dela, com toda a emoção estampada no olhar, e o rosto de

Suzane virado para ela como uma réplica de si mesma. Perto delas, invisíveis, os espíritos de Roberval e Aécio compartilhavam daquele momento de reconciliação.

— Sei que vocês não esperavam a nossa visita — disse Beatriz —, mas tínhamos que vir mesmo assim.

— Não esperávamos, mas ficamos muito felizes — rebateu Graziela. — Vocês não sabem o quanto desejamos a sua vinda.

— Acho que tenho que me desculpar com você, Graziela — afirmou Carminha. — Fui egoísta e mesquinha, mas nunca lhe quis mal.

— Você não precisa se desculpar. Sou mãe e entendo perfeitamente o seu desespero. Também eu tudo faria para proteger os meus filhos.

Carminha olhava de Graziela para Suzane, sentindo pela gêmea de sua filha uma simpatia que até então não percebera.

— A semelhança entre vocês duas é incrível — observou ela.

— Somos gêmeas univitelinas, mamãe — falou Beatriz. — Não podíamos ser diferentes.

— Mas tão iguais assim...

— Se você observar bem, verá que há umas pequenas diferenças entre mim e Beatriz — avaliou Suzane. — E acho que ela é uns dois centímetros mais alta.

— Será?

Enquanto ficavam comparando as semelhanças e diferenças, Graziela as fitava com intensa emoção, imaginando que aquela era a realização de seu sonho: ver suas duas filhas juntas em harmonia. Depois de algum tempo, Beatriz tornou a falar:

— Sei que o passado é doloroso, Graziela, mas eu gostaria de saber o que realmente aconteceu.

Ante o olhar de ansiedade de Beatriz, Graziela lhe contou tudo, sem ocultar nem falsear a verdade. A narrativa era muito mais dolorosa para Beatriz do que fora para Suzane, porque não fora o pai adotivo de Suzane quem matara seu verdadeiro pai. Contudo, Beatriz ouviu com coragem, tentando não emitir qualquer julgamento a respeito da conduta de Renato. Ao final, todas estavam chorando, inclusive Carminha.

— Eu jamais desisti de procurá-las. Aécio, meu segundo marido, me ajudou de todas as formas, mas não foi possível localizá-las. Vocês haviam desaparecido sem deixar rastro, porque a operação de Gílson era muito bem montada, e não havia documentos nem testemunhas.

— E agora, por uma ironia do destino, você nos encontrou, a ambas, pertinho, no Rio de Janeiro — ponderou Beatriz.

— Foi muita coincidência — concordou Suzane. — Com tantos lugares no mundo para ir, eu tinha que escolher justo o Rio de Janeiro. E olhem que ainda considerei outras possibilidades, mas o Rio me pareceu o lugar ideal.

— E eu então? — retrucou Graziela. — Ia para São Paulo. Mas vocês sabem que, na hora de comprar a passagem, tudo deu errado e minha amiga, sem querer, comprou para o Rio?

— Não me diga! — espantou-se Beatriz.

— Isso me fez pensar em muitas coisas, nas coincidências da vida que mais parecem um arranjo do destino.

— Deve ser mesmo — concordou Suzane. — Tenho sonhado com um homem que não conheço e que me diz coisas estranhas.

— Que tipo de coisas? — interessou-se Graziela, que, até então, não sabia dos sonhos de Suzane com Roberval.

— Não sei bem. Muita coisa fica perdida quando acordo. Mas tenho a sensação de que ele é um anjo bom que vem me ajudar.

Aécio se acercou de Graziela e tocou levemente a sua fronte, transmitindo-lhe pensamentos que ela tomava como seus.

— Estranho — refletiu Graziela. — Também ando tendo sonhos reveladores, só que com Aécio. E ele me diz coisas que me fazem pensar. Por isso foi que comecei a perceber que nada acontece por acaso e que as coincidências obedecem a uma programação preestabelecida, à qual não temos acesso.

— Acredita mesmo nisso? — indagou Carminha.

— Acredito sim. Só pela intervenção divina se podem explicar esses reencontros.

— Acho que Graziela tem razão — concordou Suzane. — Foram coincidências demais, coisas que jamais poderíamos supor que acontecessem um dia. E aconteceram. O que parecia impossível tornou-se real pelas mãos do destino... ou de Deus.

— Depois de tudo por que passamos — ponderou Carminha —, acho mesmo que não duvido de mais nada.

Ficaram em silêncio por alguns instantes, cada qual refletindo em seus próprios sentimentos, até que Graziela retomou a palavra:

— Sei que você não nutre muita simpatia por mim, Beatriz. Mas considero a sua vinda aqui um indício de boa vontade e espero que você possa diluir a péssima impressão que tinha a meu respeito.

— Não vou mentir — falou Beatriz. — Realmente, não conseguia gostar de você. Achava-a fingida e jurava que você estava de olho no meu pai.

— Seu pai é um homem muito atraente e me causava uma espécie de fascínio, mas não atração física ou sexual. Hoje compreendo que essa sensação era proveniente da lembrança adormecida do homem que atirou em meu marido. Mesmo inconscientemente, minha alma o reconheceu.

Havia também o fato de que Renato fora filho de Graziela em outra vida. Fato que ela desconhecia, mas que permanecia impresso em sua mente.

— Mas você nunca esteve interessada nele.

— Não. Eu amava meu segundo marido, Aécio, assim como amei o primeiro. E embora, como Suzane, não consiga reter muito desses sonhos, alguma coisa sempre fica. E umas das coisas de que me lembro bem é que ele me diz que devemos sempre perdoar.

— Perdoar o meu pai, você diz? — espantou-se Beatriz. — E Gílson? Não sei. Acho difícil.

— Difícil, porém, não impossível — objetou Graziela. — Não vou dizer que é fácil, mas estou tentando. E, se vocês querem mesmo saber, quando descobri que Renato e Gílson foram os responsáveis pela perda das minhas meninas, não senti nenhum ódio ou desejo de vingança. Só o que passava pela minha cabeça era que eu havia, finalmente, reencontrado minhas filhas.

— Não sente ódio deles? — indignou-se Carminha. — Dos homens que destruíram, literalmente, a sua vida?

— Não. Na verdade, senti muita pena de Renato, porque ele é um homem perdido em suas próprias ilusões. Quanto a Gílson, achei-o atormentado e, de fato, admirei mesmo a sua coragem de revelar a verdade e se entregar.

— Ambos estão respondendo a processo na Justiça — anunciou Beatriz.

— Sim, mas não fui eu quem os denunciou. Foram eles mesmos, com as suas próprias atitudes impensadas.

— Quer dizer então que você não está interessada em se vingar?

— Não.

— Não se trata de vingança — opôs Carminha. — É uma questão de justiça.

— A justiça, muitas vezes, vem camuflando o desejo de vingança. É como uma vingança permitida. E é contra essa que devemos lutar.

— Graziela não está buscando se vingar de ninguém — afirmou Suzane. — Tampouco está feliz com esses processos. Mas não podia ser diferente. Gílson confessou, Renato foi preso em flagrante. Não está mais nas nossas mãos, mas da Justiça. O delegado foi quem quis instaurar o inquérito, ainda que Graziela fosse contra.

— Você foi contra? — surpreendeu-se Beatriz.

— Não é que tenha sido contra — esclareceu Graziela. — Eu apenas disse ao delegado que uma punição agora de nada servia. Já se passaram muitos anos, e creio que Gílson e Renato já respondem pelos seus crimes nos recônditos de suas consciências. Só que o delegado não me deu atenção. Explicou-me que, ao tomar conhecimento de um crime, era seu dever fazer as devidas acusações. Seu papel era investigar e enviar o resultado para o promotor. O resto era com a Justiça e não dependia da minha vontade nem da de ninguém. Não pude fazer nada, embora não me regozije com isso nem me felicite com a punição dos dois. Só o que quero é viver em paz com as minhas filhas.

Ela olhou diretamente para Beatriz, que sustentou o seu olhar e falou com suavidade:

— Estou tentando entender o que você fez, Graziela, e não quero julgá-la. Mas deixar minha mãe — e apertou a mão de Carminha — para viver com qualquer outra é algo que considero impossível.

— Quando digo que quero viver em paz com minhas filhas, não significa que tenha que ter as duas ao meu lado. Durante muito tempo, foi isso o que quis. Mas agora, contento-me em saber que vocês não me odeiam.

— Não a odeio — falou Beatriz com convicção. — Acho que todos somos capazes de cometer erros, mas temos a mesma capacidade para nos arrependermos e tentar consertá-los. Num primeiro momento, pensei em abortar... Mas rapidamente reconsiderei e estou disposta a enfrentar todas as dificuldades pelo meu filho.

Fez-se silêncio na sala, até que Carminha o rompeu com voz solene:

— Será que você é realmente capaz de perdoar Gílson e Renato? Não está tentando se convencer do que acha que é moralmente correto ou espiritualmente mais elevado? Afinal, eles são seus inimigos, principalmente Renato.

— Amar os inimigos é uma conquista da alma sobre si mesma — falou Graziela sem pensar, influenciada por Aécio. — E depois, não considero Renato um inimigo, embora ele até possa me considerar assim.

— Você está exagerando — rebateu Beatriz. — Não acredito que possa chegar a ponto de amar meu pai ou Gílson.

— Amar os inimigos não significa ter-lhes afeição — prosseguiu Graziela, ainda com Aécio junto a ela. — Significa não odiar, não alimentar desejos de vingança, não tripudiar, não ser oportunista nem aproveitar as situações para humilhar ou zombar. Notamos que estamos começando a amar os nossos inimigos quando o mal que os atinge não nos dá prazer.

Todas escutavam em silêncio, profundamente admiradas com a súbita transformação no jeito de Graziela.

— Ouvindo você falar — disse Carminha —, começo a reavaliar minha atitude para com Renato. Saí de casa quando descobri que foi ele quem matou o pai das meninas.

— Talvez você deva voltar para ele — aconselhou Graziela, repetindo, praticamente, as palavras de Aécio. — É nesse momento que ele mais vai precisar do seu amor.

— Não sei. Descobrir que Renato é um assassino foi muito doloroso. Por mais que eu quisesse um filho, jamais teria permitido que alguém fosse morto por causa disso.

— Pense como deve estar sendo para ele. Sozinho, arrependido de seus crimes, longe de tudo o que ele sempre considerou mais importante, que foi a família. Renato pode não ser perfeito, mas fez o que achou certo.

— Você acha certo matar para conseguir o que quer? — indignou-se Beatriz.

— Eu, não. Mas seu pai, sim. O que é certo para um pode não ser para outro, porque muitos têm ainda uma visão distorcida do que sejam as verdades do espírito. Você não pode avaliar o desenvolvimento de cada ser pelos seus próprios padrões. Acredito que todos fazemos o que é certo na vida, embora o certo e o errado variem de acordo com a maturidade e o conhecimento de cada um. Quem aprende mais sabe mais. Consequentemente, está em condições de tomar atitudes mais amadurecidas e equilibradas. Quem pouco ou nada aprendeu não pode ir além dos limites do que sabe.

Todas refletiam nas palavras de Graziela, inclusive ela mesma, que não imaginava de onde havia tirado aquelas ideias. A seu lado, Aécio a inspirava, enquanto Roberval se encarregava de espalhar no ambiente partículas de uma energia luminosa e benfazeja, que iam agindo nas moças de forma a causar-lhes indescritível bem-estar e confiança mútua.

— Se fosse você, teria voltado para o seu marido? — questionou Suzane.

— Se o amasse, sim.

— Você tem medo dele, mamãe? — perguntou Beatriz.

— Não. Sei que seu pai jamais nos feriria, a mim, a você ou a seu irmão. O que sinto em relação a ele é uma enorme decepção.

— Talvez, se permanecer ao lado dele — prosseguiu Graziela —, seja mais fácil para ele compreender a impropriedade de suas atitudes e tentar se modificar. Não há nada que o amor não transforme.

Carminha olhou para Beatriz com um toque de compreensão em seu olhar que a filha antes não havia percebido. Ou seria amor?

— Acho que você tem razão — falou ela calmamente. — Se você, Graziela, que sofreu muito mais do que eu nessa história, foi capaz de perdoar, como é que eu, que tenho certeza de amar meu marido, não posso também perdoá-lo?

— Você vai dar apoio a ele? — espantou-se Beatriz.

— Vou dar apoio à sua transformação, aos momentos difíceis que ele terá que atravessar. Não vou apoiar os seus crimes.

Intimamente, Beatriz concordou com a mãe. Também ela amava o pai, apesar de tudo o que ele fizera. Depois daquela conversa, passara a vê-lo de um jeito diferente, com um entendimento mais profundo sobre as fraquezas da alma.

CAPÍTULO 45

Em pouco tempo, uma forte amizade surgiu entre Beatriz e Suzane. Havia realmente muitas semelhanças entre elas, e as diferenças de temperamento não eram tantas que não permitissem que pudessem ser amigas. Ambas tinham em comum o principal: um bom coração.

Beatriz adquiriu o costume de ir à casa de Graziela, principalmente para conversar com Suzane, na tentativa de se conhecerem melhor.

— Sabe quem eu conheci outro dia? — indagou Beatriz, logo que conseguiu entrar no assunto.

— Quem? — tornou Suzane, com uma certa curiosidade.

— O René. Lembra-se dele?

Suzane teve um sobressalto e olhou para Beatriz admirada.

— Onde você o conheceu?

— Ele me confundiu com você. Acredita?

— Acredito. Acho até que ele já havia visto você em algum lugar, porque me falou algo a respeito. Aquelas confusões que todo mundo fazia, achando que eu era você e vice-versa.

— Ele é muito apaixonado por você, sabia? Pediu-me para dizer-lhe isso.

— Pediu? Como? Sobre o que vocês conversaram?

— Bom, foi difícil para ele acreditar que eu não era você. Quando enfim se convenceu, já havia percebido que, possivelmente, nós éramos gêmeas. Tornou-se meu amigo e me pediu para lhe dizer que a amava, caso você fosse mesmo minha irmã.

Suzane ficou pensativa por uns instantes, recordando os momentos felizes que passara ao lado de René.

— Não posso mais tornar a vê-lo. Estou comprometida com Leandro, e não seria justo com ele.

— Não seria justo com quem? Com Leandro ou René?

— Vou lhe contar algo em segredo, Beatriz. Quando vim para o Rio de Janeiro, vim disposta a encontrar um marido rico para poder me vingar de meu tio Cosme, lá em Brasília. Conheci René e acabei me apaixonando, mas ele não podia me dar o que eu pretendia.

— Vingança.

— Exatamente. René é pobre, e só um homem rico poderia me auxiliar nesse intento. Foi quando conheci Leandro e gostei dele.

— Quer dizer então que você começou a namorar Leandro só porque ele é rico?

— No princípio, era só isso. Mas não sou esse tipo de mulher — interesseira. Entrei em conflito comigo mesma. Queria seguir o meu coração, mas estava presa ao ódio que sentia pelo que meu tio Cosme me fizera, e achava que só Leandro, com o seu dinheiro e influência, poderia me ajudar.

— Mas você hoje não precisa de dinheiro. Graziela é rica e vai deixar você muito bem.

— Sei disso.

— Então, por que não termina com ele e fica com René?

— Não é tão fácil assim. René não é apenas pobre... é meio malandro, sabe?

— Como assim?

— Ele trabalha fazendo apostas do jogo do bicho.

— E isso é um problema.

— Não é?

— Acho que sim. Namorar um contraventor é complicado. Mas se você o ama, não pode estimulá-lo a largar essa vida?

— Talvez. Ele está estudando e vai fazer faculdade de Direito.

— Sério? Então, ele não é tão malandro assim. Tem algo de bom nele.

— Acho que o que faltou a René foram oportunidades na vida. No entanto, depois que me conheceu, se dispôs a mudar e diz que vai ser juiz. E aposto como vai mesmo. Ele tem muita garra.

— Então, não vejo onde está a dificuldade.

— Leandro não merece essa decepção. Ele tem sido tão bom para mim!

— Você não pode ficar com Leandro por pena ou gratidão. Não seria justo nem com você, nem com ele, nem com René.

— Não sei o que fazer.

— Bom, não vejo por que você não termina com Leandro e assume seu namoro com René, se é dele que gosta.

— Aí é que está: não sei realmente o que sinto por René. Ele é o tipo de homem que eu aprecio: rude, meio malandro, mas ao mesmo tempo gentil e carinhoso. Leandro, por outro lado, também é gentil e carinhoso, só que é educado e muito distinto, qualidades que também admiro. Fica difícil escolher entre os dois.

Ouviram a campainha tocar, e Leandro entrou no quarto em seguida. Deu um beijo nos lábios de Suzane e cumprimentou Beatriz:

— Como vai a minha futura cunhadinha?

— Bem.

— E o nosso sobrinho?

— Melhor a cada dia.

A chegada de Leandro interrompeu a conversa, e Suzane ficou pensativa, tentando definir o que sentia por Leandro e por René. A presença do namorado encheu-a de alegria, e aquilo era sinal de que gostava dele. No entanto, a lembrança de René também mexia com ela, o que a deixava confusa. Seu coração precisava se decidir.

Poucos instantes depois, Vítor também apareceu. Combinara de pegar Beatriz em casa de Graziela para irem juntos terminar de fazer as compras dos móveis para o novo apartamento. Depois da conversa que tiveram em casa de Graziela, Carminha resolveu voltar para casa, e Beatriz achou que já era hora de ir morar com Vítor. Embora não odiasse o pai ou Gílson, queria ficar longe de tudo.

— Tenho medo de deixar meu pai — desabafou Vítor. — Ele está tão abatido que pode fazer uma besteira.

— Você pode ir vê-lo sempre. Mas, por favor, Vítor, ao menos nesse momento, não me deixe sozinha. Tente compreender.

— Eu compreendo. Deve ser difícil para você aceitar o meu pai depois do que ele lhes fez.

— Estou tentando. Mas não tenho o desprendimento de Graziela.

— Tudo bem, Bia, não se preocupe. Adoro o meu pai, mas tenho que pensar na minha família, que agora são você e o bebê. Papai vai entender.

O celular de Vítor tocou nesse momento, e ele atendeu, olhando para Beatriz com cara de horror. Falou em monossílabos e desligou.

— Aconteceu alguma coisa? — perguntou ela alarmada, notando a lividez que se espalhava pelo rosto do namorado.

— Meu pai... — balbuciou ele. — Acabaram de ligar do hospital. Ele teve outro enfarte.

Saíram correndo para a casa de saúde. Vítor ainda tentou impedir que Beatriz fosse com ele, mas ela insistiu, e não havia tempo para discutir. Quando chegaram, ele estava na UTI[1], e o médico não quis deixar ninguém entrar, dada a gravidade do seu estado.

— Pelo amor de Deus — pediu Vítor chorando. — Sou o filho dele. Preciso vê-lo.

O médico acabou concordando. Quando Vítor entrou, precisou lutar contra as lágrimas ao ver o pai ligado a vários

---

1 UTI - Unidade de Terapia Intensiva.

aparelhos, respirando com muita dificuldade. Aproximou-se vagarosamente e ficou contemplando o corpo magro de Gílson, seu peito subindo e descendo lentamente. Ele não se movia, e Vítor apertou a sua mão, os lábios trêmulos pelo pranto. Mesmo em seu estado de quase inconsciência, Gílson percebeu a proximidade do filho e abriu os olhos dolorosamente.

— Meu filho... — balbuciou. — Temi partir sem antes vê-lo.

— Por favor, pai, não vá embora — soluçou Vítor. — Eu preciso de você.

— Não precisa, não. Você agora tem a sua mulher e, em breve, terá o seu filho. Cuide bem deles dois.

— Não, pai...

— Não adianta tentar enganar a morte, porque ela jamais comete enganos. Sinto que chegou a minha hora. — Vítor apertou sua mão, e as lágrimas dobraram de intensidade, dificultando-lhe a fala. — Não chore por mim, Vítor, eu não mereço.

— Não diga isso. Você sempre foi um bom pai.

— Fui um criminoso...

— Não fale nisso agora.

— Fui um criminoso e me envergonho disso. Principalmente por você. Não queria enxovalhar o seu nome.

— Não estou preocupado com isso. Só não quero que você vá.

— Eu... preciso ir. Sua mãe me chama...

— Minha mãe?

— Ela está ali. Você não a vê?

Vítor seguiu a direção do olhar de Gílson, mas nada viu e ficou imaginando se a mãe estaria mesmo ali para buscar seu pai. Ele já ouvira muitas pessoas falarem sobre parentes ou amigos que apareciam na hora da morte para levar seus entes queridos.

Efetivamente, Lorena estava parada ao pé da cama, em companhia de Roberval, ambos esperando por Gílson.

— Não tem ninguém ali — objetou Vítor, não por dúvida, mas por medo de que fosse verdade.

— Você não a vê... Não faz mal.

Gílson tossiu levemente, e a enfermeira entrou.

— Você tem que sair agora — ordenou ela. — Ele precisa descansar.

— Ainda não — protestou Gílson, agarrando a mão do filho. — Só depois que você me perdoar.

— Não fale mais nada — pediu Vítor, pressionado pela enfermeira, que o olhava de mau humor.

— Diga que me perdoa — suplicou Gílson. — Por favor, diga que me perdoa para que eu possa partir em paz.

— Eu... perdoo você. Perdoo você, pai, que sempre foi o meu único e melhor amigo...

— Peça a Beatriz que me perdoe também. Eu não queria fazer-lhe mal...

— Ela vai perdoá-lo, pai, sei que vai.

Era o que faltava Gílson ouvir para poder partir em paz. De repente, Vítor sentiu o aperto em sua mão se afrouxar, e os olhos de Gílson se fecharam lentamente. O rapaz se debruçou sobre seu corpo e soluçou tristemente.

A enfermeira havia largado Vítor, e rapidamente uma equipe médica chegou, afastando o rapaz e se preparando para tentar reanimar Gílson. Usaram choque, aplicaram-lhe massagem cardíaca, mas nada. Não havia mais o que fazer. Ao lado dele, Lorena e Roberval, ajudados por dois auxiliares, retiravam Gílson do corpo e o levavam, inconsciente, para um lugar de tratamento.

— Venha comigo, meu filho — disse a enfermeira para Vítor, agora com mais simpatia.

Ele estava parado a um canto, acompanhando os procedimentos com pavor e esperança.

Nada deu resultado, e Vítor foi tomado por um desânimo sem igual. Saiu para o corredor, onde Beatriz o aguardava alarmada, ante a correria que ocorrera havia pouco.

— O que foi que houve? — perguntou ela, já esperando pelo pior.

— Meu pai... ele se foi...

Vítor se abraçou a ela e chorou.

Ao enterro, compareceram muitas pessoas. Gílson era um homem importante na sociedade, e a notícia de que estava respondendo a um inquérito por tráfico de bebês levou muitos curiosos e jornalistas ao local. Vítor os descartou a todos, sem fazer nenhum comentário.

Em casa, Beatriz o esperava. Queria ter estado presente ao sepultamento, mas o médico foi radicalmente contra. Sabia que haveria muitas pessoas fazendo perguntas e insinuações, o que acabaria por estressar a mãe e o bebê.

— Como é que foi? — indagou ela, assim que Vítor entrou no novo apartamento que compraram.

— Uma loucura. Não faltaram os mexeriqueiros doidos por um furo de reportagem. Mas não me deixei abalar com nada disso. Só eu conheci meu pai e sou o único que pode avaliar tudo por que ele passou.

— A melhor coisa é ignorar as fofocas dos jornais. Em breve arrumam outra notícia e se esquecem do seu pai.

— Mas eu não me esqueço, Bia. Sobretudo do pedido que ele me fez. Eu já o perdoei. E você?

— Sabe, Vítor, eu também. De que adianta ficar guardando rancor ou ressentimento? A verdade é que eu mal conheci o seu pai e nem imagino como teria sido minha vida com Graziela. Ele fez errado? Fez. Mas agora está morto. Acho que é melhor o deixarmos a cargo de Deus.

— Que bom que você o perdoou. Não sabe o quanto era importante para ele. Pena que ele não tenha podido ouvi-la.

— Onde ele estiver, tenho certeza de que estará me ouvindo.

Ainda adormecido, Gílson, no plano astral, não ouviu as palavras de Beatriz. Contudo, sobre seu corpo fluídico, gotas de uma luz muito branca se derramaram, e ele, mesmo inconsciente, sentiu a vibração salutar do perdão verdadeiro, dando descanso a sua alma e a seu coração.

CAPÍTULO 46

O casamento de Vítor e Beatriz realizou-se sem nenhuma pompa. Diante das circunstâncias, os dois preferiram se casar apenas no cartório e não convidaram ninguém. Vítor ainda estava triste com a morte do pai, e Beatriz não queria se ver na difícil situação de ter que escolher a quem convidar, pois o pai não se sentiria à vontade na presença de Graziela e Suzane, e ela não pretendia desgostar Carminha.

Após a conversa com Graziela, Carminha esperou até que Vítor e Beatriz comprassem um apartamento para voltar para casa com Nícolas. Renato estava sozinho, respondendo a processo criminal, e tornara-se um homem amargo e recluso, arrependido por ter-se permitido envolver em tantos crimes que lhe roubaram a família.

Quando a viu entrar com o carro em companhia de Nícolas, pensou que estivesse sonhando. Abraçou a mulher e o filho, pedindo repetidamente que o perdoassem. Para o menino não foi difícil. Preparado pela mãe, conseguiu lidar bem com o fato de ter sido adotado e com os erros do pai. Para Carminha, contudo, a reaproximação foi lenta e pontilhada de ressentimentos. Aos pouquinhos, porém, ela foi ficando mais senhora de si. Renato, ao contrário, tornara-se inseguro, temendo pela liberdade e pela família. Podia perder tudo, mas o que não poderia suportar era a ausência da mulher e dos filhos.

— E Beatriz? — ele chegou a perguntar.

— Dê-lhe tempo — respondeu Carminha com compreensão. — Para ela é mais difícil, mas tenho certeza de que também vai perdoá-lo.

✶

O bebê de Beatriz nasceu poucos meses depois. Era um menino lindo e muito parecido com Vítor. A princípio, ela recusou-se a receber a visita do pai. Contudo, por insistência de Nícolas, acabou cedendo. Renato foi ver o neto, mas permaneceu quieto, falando pouco e evitando ficar a sós com a filha e o genro.

Graziela também foi visitá-la, e Suzane aparecia várias vezes com Leandro para ver o sobrinho e afilhado. As duas estabeleceram uma forte amizade, estimando-se como verdadeiras irmãs.

— Como estão as coisas entre vocês? — indagou Beatriz a Suzane, enquanto trocava a fralda do neném.

— Muito bem.

— Já se decidiu?

— Estou pensando. Sabe, Beatriz, desde a última vez que conversamos, venho sentindo necessidade de conversar com René.

— O que vai lhe dizer?

— Está tudo aqui — ela bateu com o dedo no coração e prosseguiu: — Já me defini.

— Sério? E quem vai ser o felizardo?

Os rapazes entraram no quarto, e Suzane não conseguiu responder.

— Vamos, meu bem? — chamou Leandro. — Fiquei de passar em casa de meu pai hoje.

As duas se despediram, e Suzane saiu acompanhando Leandro. Aquele seria um dia decisivo em sua vida.

— Não quer ir comigo? — sugeriu Leandro, que não queria se afastar de Suzane.

— Hoje, não. Estou cansada e quero ir para a cama cedo.

— Meu pai tem reclamado que você não foi mais vê-lo. Acha que está zangada com ele.

— Besteira, Leandro. Diga a ele que irei na próxima semana.

— Está bem. Vou deixá-la em casa, então.

Depois que ele se foi, Suzane foi ter com Graziela, que já a esperava, sabendo o dilema que a acometia. Além de Beatriz, Graziela era a única que conhecia aquela parte de sua vida.

— E então, minha filha? Já decidiu o que vai fazer?

— Vou dar um basta nessa situação. Nem René, nem Leandro merecem ser enganados.

— Você sabe que alguém vai sair ferido, não sabe?

— É o preço do envolvimento. Todos temos que saber perder.

— Muito bem. Faça o que for melhor para você.

Suzane apanhou a chave do carro novo que Graziela lhe dera e desceu para a garagem, pensando se estaria fazendo a coisa certa. Havia telefonado e combinado um encontro com René, que mal conseguia conter a ansiedade.

Quando chegou ao lugar marcado, René já a esperava com impaciência, consultando o relógio a todo instante. Vê-la saltar daquele carro elegante lhe causou uma certa insegurança, mas ele se aproximou e a puxou para si, beijando-a com ardor.

— Senti a sua falta — sussurrou ele, beijando os seus cabelos. — Você nem sabe a felicidade que me causou quando recebi a sua ligação.

— Entre no carro — pediu ela, e ele assentiu, sentando-se no banco do carona.

— Carro bacana — comentou ele, alisando o estofado e passando a mão pela perna de Suzane.

— Minha mãe me deu.

René olhou para ela espantado.

— Sua mãe não morreu?

— Minha mãe adotiva morreu. Este carro, quem me deu, foi minha mãe verdadeira.

— Eu sabia! — exclamou ele. — Quando encontrei aquela menina, sabia que só podia ser isso.

— Refere-se a Beatriz? — ele assentiu.

— Garota legal. Por onde é que anda?

— Está em casa, com o bebê.

— Ele nasceu? — ela aquiesceu com a cabeça. — É menino ou menina?

— Menino.

Enquanto guiava, Suzane foi contando a René sobre a sua adoção, omitindo apenas que conhecera os envolvidos no sequestro e no crime.

— Essa é uma história fantástica — comentou ele. — Digna até de um filme.

Ela chegou ao seu destino e parou o carro, puxando o freio de mão e olhando para ele. Estavam em frente à praia, e ela convidou:

— Quer descer um pouco?

Saltaram e puseram-se a caminhar. René tentou segurar a sua mão, mas ela se esquivou.

— Você está distante — observou ele com cautela. — Pensei que tivesse me procurado porque gostasse de mim.

— Eu gosto... Mas não posso deixar Leandro.

— Por quê? Pelo que me contou, você agora é rica. Não precisa mais do dinheiro dele.

— Não se trata de dinheiro.

— Trata-se de quê?

— Leandro me ajudou quando eu mais precisei. É um amigo e tanto...

— Amizade não sustenta casamento de ninguém. Vai se casar com um homem só porque ele é seu amigo? — ela não respondeu. — Pois então, case-se comigo. Sou seu amigo também.

— Você não está entendendo. Leandro é muito mais do que um amigo. Devo a ele tudo o que consegui.

— É gratidão, então? Está presa a ele por gratidão? Se você pensa que vai ser feliz se casando com um homem só porque lhe é grata, então está perdida. É pior do que casar por amizade. A amizade pode evoluir para algo mais. Mas a gratidão vai prender você pelo senso de dever. E o amor, onde é que fica?

— Leandro é uma pessoa muito especial. Meus sentimentos por ele são sinceros, e ele me ama de verdade.

— E eu? Por acaso também não amo você?

— É diferente.

— Não sei onde está a diferença. Você não sabe o que eu estou sofrendo, a falta que você me faz.

— Lamento, René, não queria que você sofresse por mim.

— Eu a amo. Por que não me dá uma chance?

— Não posso...

— Não pode porque cismou com o riquinho. Ele tem mais trato do que eu, é mais fino, mais elegante, mais educado, mais instruído, mais tudo. Mas eu amo você! E você não pode negar que me ama também. Do contrário, não estaria aqui.

— Vim esclarecer as coisas.

— Esclarecer o quê?

— Não posso me casar com você, René. Minha vida é ao lado de Leandro. Ele é o homem certo para mim.

— Porque ele é rico e tem berço, já sei. E você se sente envergonhada de ser vista com um cara grosseirão feito eu.
— Ela permaneceu calada. — Tudo bem, Suzane, eu não me importo. Amo tanto você que não me importo de ficar em segundo plano. Pode se casar com o riquinho, que eu não ligo de ser seu amante.

— René! — indignou-se ela, levando a mão ao coração. — Você não sabe o que está dizendo.

— Estou desesperado! — soluçou ele, parando em frente a ela e segurando-a pelos ombros. — Não há dia em que não pense em você. Sei que não é certo aceitar essa situação, mas se é a única maneira de ter você, tudo bem, eu concordo. Eu só não posso viver sem você.

Ela se desvencilhou dele com rispidez e revidou com os olhos rasos de água:

— Não sei por quem você me toma, mas não é nada disso que está pensando. Nós já tivemos um caso enquanto eu namorava Leandro. Só que agora vou me casar com ele e não pretendo ser-lhe infiel.

— Mas por quê? Não é o casamento que você quer? Um nome de respeito, uma vida em sociedade? Vai se casar com ele por interesse. Por que não posso ser seu amante?

— Você não está entendendo. Não queria lhe dizer para não magoá-lo, mas você me força a isso.

— Eu a forço a quê?

— Eu não amo você, René. É a Leandro que amo...

René estacou mortificado. Não podia acreditar no que ouvia.

— Você o quê? — falou atônito.

— Amo Leandro. E amo com o coração, o sexo e tudo mais que você possa imaginar. No princípio, fiquei com ele pelo dinheiro. Mas eu não sou uma mulher venal e fui-me afeiçoando a ele de verdade. Hoje, quando estou com ele, não penso em estar com mais ninguém. É com ele que quero viver, é com ele que sonho quando durmo, é nele que penso quando acordo. Quero ser a mulher dele, ter filhos com ele, estar sempre ao seu lado. Porque é a ele que amo, René. Amo Leandro com toda força de meu coração.

— Mas... — balbuciou ele confuso — mas... e o que houve entre nós? Vai negar o que houve entre nós dois?

— O que houve entre nós foi uma loucura, uma inconsequência. Apaixonei-me por você, pelo seu jeito malandro e arrogante, pelo seu charme de homem viril e cativante. Mas não foi amor, não de verdade.

— Não pode ser... — ele começou a chorar. — Pensei que você me amasse. Pensei que estivesse com aquele cara só pelo dinheiro, mas que fosse a mim que amasse. E você me ama! Não precisa fingir, Suzane, eu sei que me ama. Mas você está certa. O que é que eu tenho para lhe oferecer agora? Nada. Quer se casar com o riquinho? Ser uma dama respeitável e imaculada, sem amantes? Tudo bem, eu aceito. Case-se e viva com ele até eu me formar e passar num concurso para juiz. Aí, você vai ver. Estarei em condições de tirá-la de casa e lhe dar uma vida de princesa.

— Não se iluda, René. Não preciso de Leandro para ter uma vida de princesa. Minha mãe é uma mulher muito rica.

— Está explicado então. Você voltou ao seu mundinho de gente rica e não quer se misturar com a miséria. Tudo bem, Suzane, eu já entendi.

— Você está tentando se fazer de coitadinho só para que eu me sinta culpada.

— Não é nada disso!

— Então pare de inventar pretextos. Tudo o que você diz são desculpas que dá a si mesmo para não ter que aceitar o fato de que eu não o amo, mas sim a Leandro. Sei que é difícil a perda, mas é assim que vai ser.

— Por que você veio me procurar? Por que não me deixou com a minha ilusão?

— Para quê? Para você viver a sua vida pensando numa mulher que não o quer? Para que não seja feliz e me impeça de ser feliz também?

— Não vejo como poderia impedir a sua felicidade.

— Não quero você importunando Beatriz ou Vítor. Eles não têm nada a ver com a minha vida.

— Eu não a importunei. Queria apenas ter notícias suas.

— Sei disso e não me agrada saber que você vive por aí cercando a minha irmã para ter notícias minhas. Além disso, gosto de você e não quero que sofra por minha causa. Você é um rapaz inteligente e muito decidido. Pode ir longe com os seus projetos de vida. Pode conhecer uma moça de quem goste e que goste de você também. Não se prenda por mim.

— Mas eu a amo...

— Sei que o estou fazendo sofrer, mas depois você vai me agradecer. Tirar-lhe a ilusão é meio caminho para a liberdade. O resto só depende de você.

Ele ficou parado, olhando para ela com um misto de mágoa e respeito. Estava sofrendo porque ela não correspondera a sua expectativa, mas admirava-a pela honestidade e a sabedoria.

— Você é uma grande mulher. E feliz é o homem que conquistou o seu coração. Mas se um dia, quem sabe, o seu casamento com o riquinho não der certo, não hesite em me procurar. Eu ainda estarei esperando por você.

— Não diga isso...

— Estou falando sério. Posso estar com alguém, mas jamais amarei outra mulher como amei você.

— Não quero que espere por mim. Vou me casar com Leandro por amor e não tenho a intenção de me separar.

— O mundo dá muitas voltas, não é mesmo? Se numa dessas, você se desencontrar do playboy e esbarrar comigo, quero que se lembre do que estou lhe dizendo hoje. Jamais vou esquecer você. — Ele se aproximou de Suzane e a beijou nos lábios, mas ela não se moveu. — Adeus, minha querida. Você ainda vai ouvir falar de mim.

Suzane precisou fazer muito esforço para não chorar e perguntou com voz trêmula:

— Não quer que eu o leve de volta?

— Não. Prefiro ficar sozinho para me acostumar à sua ausência.

Rodou nos calcanhares e foi caminhando pela praia, sem se voltar para trás, os olhos turvos de tantas lágrimas que se insinuavam ao mesmo tempo. Depois daquela noite, não lhe restava alternativa senão esquecer.

⁂

Dali a três meses, Suzane e Leandro se casaram numa cerimônia de fazer inveja a príncipes e princesas. Toda a sociedade carioca estava presente, inclusive Carminha, Beatriz e Vítor. Apenas Renato não compareceu, o que era de se esperar.

O escândalo também alcançara seu nome, e ele aguardava, em liberdade, o resultado do processo criminal que fora instaurado contra ele.

— Está feliz? — indagou Amélia ao filho, na recepção em um clube famoso da elite.

— Muito.

— Também estou. Graças a Deus que tudo acabou bem.

— Graças a vocês também — completou Graziela, aproximando-se dos dois. — Não podia deixar de lhes dizer o quanto sou grata pelo que fizeram por mim e pela minha filha.

— Suzane é uma pessoa muito querida — disse Amélia. — E vai fazer meu filho muito feliz.

— Ela não é linda? — perguntou ele, fitando Suzane embevecido.

Após cortarem o bolo e brindarem com champanhe, Leandro e Suzane seguiriam para a lua de mel. Passariam a noite em um hotel, de onde partiriam, no dia seguinte, para Roma e depois, Veneza. Ao saírem de carro do clube, porém, uma surpresa os aguardava. Do lado de fora, René os esperava, trôpego de tanta bebida. Postou-se diante do automóvel assim que saíram.

— O que você está fazendo aqui? — questionou Suzane, abrindo a porta e colocando metade do corpo para fora.

— Não posso permitir que você se case com esse mauricinho. Você não o ama, não acredito...

— Saia daqui! — rosnou ela.

— Vá andando, amigo — falou Leandro, descendo do automóvel e empurrando-o para longe.

— Pensa que a conhece? — tornou ele, os olhos vidrados de embriaguez e ciúmes. — Acha que ela é um anjo só porque está vestida de branco?

Leandro olhou para Suzane, que abaixou os olhos, envergonhada.

— Conheço-a melhor do que ninguém — disse ele, mantendo René à distância de Suzane.

— Ah! Isso é o que você pensa. Mas ela não é essa candura em que fez você acreditar. Ela não presta. Enganou você. Torrou o seu dinheiro, mas era na minha cama que ela gozava...

René nem percebeu de onde viera o murro que o atingiu. Apenas uma dor aguda irrompeu de seus lábios, que jorraram sangue na mesma hora. Tonto pela bebida, cambaleou e se enroscou nas próprias pernas, desmoronando no chão com um baque seco.

— O que você fez? — gritou Suzane, aproximando-se dele e fitando-o do alto.

René pensava que ela chamava a atenção de Leandro por ter batido nele, e qual não foi o seu espanto ao perceber que ela estava em pé ao seu lado, olhando-o com um olhar, ao mesmo tempo, contrariado e acusador.

— Vamos embora, Suzane — chamou Leandro, dando as costas a René. — Não vale a pena estragarmos o nosso casamento com esse sujeito.

— Ela enganou você, cara! — René gritou, tentando se levantar. — Pode não acreditar, mas você já era corno antes mesmo de se casar!

— Escute aqui, cara! — vociferou ele, agarrando René pelo colarinho e erguendo-o do chão. — Se pensa que está me contando alguma novidade para envenenar o meu casamento, está muito enganado. Suzane e eu não temos segredos. Você é que é o idiota. Ela pode ter dormido com você antes de nos casarmos, mas eu é que sou o marido dela, e é a mim que ela ama. Você foi o passatempo. Eu sou seu verdadeiro amor.

Indignado, René virou-se para Suzane que, chorando, rebateu de forma impiedosa:

— Não devia ter feito isso, René. Como disse, é a Leandro que amo, e a sinceridade faz parte do amor. Contei-lhe tudo sobre você, sobre nós dois.

René irrompeu num pranto mais sentido do que nunca, e Leandro revidou com mais calma, compadecido com o estado de degradação a que chegara o outro:

— Ouça aqui, meu camarada. Não tenho nada contra você nem me importo com o que Suzane fez antes de nos casarmos. O que me importa é que ela foi leal comigo e me contou tudo sobre vocês. E eu a perdoei. Não se humilhe dessa forma nem se esqueça de que é um homem. Levante-se daí e saiba perder com dignidade. — René olhou-o com cara de espanto, e ele prosseguiu: — Você perdeu, cara. A mulher não o quer. É a mim que ela ama. Conforme-se com isso e continue com a vida.

— Eu lhe disse — confirmou Suzane —, mas você preferiu não acreditar. Lamento que tenha escolhido a forma mais difícil de se convencer.

— Venha, Suzane — chamou Leandro novamente. — Vamos deixar o seu ex-namorado sozinho com a sua derrota e os seus pensamentos.

Os dois tornaram a entrar no carro, e Leandro acenou para os seguranças do clube, em sinal de que estava tudo bem. Deu partida no motor e ganharam a rua. A seu lado, Suzane chorava envergonhada.

— Não sei o que dizer, Leandro. Só que lamento...

— Não fique assim. Hoje é o dia do nosso casamento, e não vamos deixar que um idiota estrague a nossa noite e o primeiro dia de nossas vidas juntos.

— Jamais imaginei que ele pudesse fazer uma coisa dessas.

— As pessoas são imprevisíveis. Ainda mais quando estão apaixonadas.

— Você é maravilhoso. Depois do que lhe fiz, ainda me aceitou de volta. Se fosse outro, nunca mais olharia para mim.

— Outro não a amaria tanto quanto eu. E você foi sincera. Contou-me tudo sem eu nem perguntar. E olhe que eu nunca desconfiei.

— Como me arrependo de tê-lo enganado. Mas eu estava confusa.

— Isso passou. O importante agora é que nós nos amamos, estamos casados e nada vai atrapalhar a nossa felicidade.

Enquanto se dirigiam para o hotel, René foi embora desconsolado. Nunca poderia supor que Suzane seria tão franca a ponto de arriscar tudo contando a verdade ao namorado. Ela devia mesmo gostar dele. Do contrário, estaria enganando-o até hoje. Colou-se na parede do outro lado da rua e ficou olhando para o portão do clube por onde Suzane passara. Viu, um a um, os convidados irem embora. Quando Beatriz passou com Vítor, ele a olhou com olhos úmidos, mas ela estava conversando com o marido e não se apercebeu da sua presença.

Não havia mais o que fazer, a não ser provar a si mesmo que era capaz de muitas coisas. Perdera a mulher que amava, disso tinha certeza, mas, como dissera Leandro, não perderia sua dignidade. Sairia dali de cabeça erguida e continuaria com seus planos. Terminaria o cursinho e faria vestibular para Direito. Depois de formado, se dedicaria aos estudos e passaria num concurso para a magistratura. Era isso o que queria. Era isso que conseguiria. Não fosse para provar a Suzane do que era capaz, provaria a si mesmo que a vida não estava terminada porque perdera a mulher dos seus sonhos. Havia ainda outros sonhos para conquistar, e ele estava certo que os conquistaria.

EPÍLOGO

Quando Renato saiu da prisão, era outro homem. Deixara, na cela que fora a sua moradia nos últimos meses, toda a arrogância e o orgulho de uma vida inteira. Saía modificado e com nova perspectiva da vida e do mundo, pensando apenas em dedicar-se ao trabalho e à família. Queria passar mais tempo com a mulher e o filho.

Carminha foi buscá-lo na saída do presídio e levou-o para sua nova casa, onde ninguém os conhecia nem os olhava com olhar de pena ou de acusação. Renato gostava de montanha, e foram para Friburgo. Era perto do Rio e um bom lugar para recomeçar.

Quando chegaram, Renato se sentiu renovado. A casa era maravilhosa, num condomínio cheio de árvores e flores, e ele inspirou o ar puro como quem respira pela primeira vez. Ao ouvir o barulho do carro, o filho veio correndo e se atirou em seus braços. Estava um rapazinho, e ele o beijou com amor.

— Você está um homem, rapaz! Não havia percebido que crescera tanto.

A pedido do próprio Renato, Nícolas nunca fora visitá-lo na cadeia. Queria poupar ao filho a lembrança de um pai criminoso, preso num lugar fétido e cercado de maus elementos. Beatriz e Vítor também estavam presentes, e Renato se surpreendeu ao ver o neto correndo pelo gramado ao seu encontro, gritando "vovô, vovô", com sua vozinha fina e alegre.

Ergueu o menino no colo e o estreitou, surpreendendo-se com o fato de a criança o conhecer.

— Nós dissemos a ele quem você é — esclareceu Beatriz meio sem jeito, beijando o rosto do pai.

Renato se sentiu reconfortado com os filhos e o neto, e buscou Carminha com o olhar. Ela se aproximou e se aninhou em seu braço, dividindo com o menino o abraço do marido. Ele estava feliz. A companhia da família era tudo o que podia desejar. Durante o tempo em que passara na cadeia, o que mais lhe doía era a ausência de seus entes queridos. Agora, no entanto, iria começar tudo outra vez.

Um trovão soou ao longe, e gotas de uma chuva grossa e fria começaram a se derramar sobre eles.

— Vamos entrar! — chamou Carminha, correndo para dentro, com os outros logo atrás.

Apenas Renato permaneceu parado no jardim, recebendo na face aquela chuva que, havia anos, não sentia.

— Você não vem, pai? — era Beatriz.

— Vamos, vovô — falou o neto, puxando-o pela mão.

Renato se deixou conduzir, caminhando devagar para poder sentir o frescor dos pingos da chuva, naquele momento reconhecendo o verdadeiro valor que tinham a liberdade e a vida. Não apenas a sua, mas todas as outras que destruíra. Estava chorando, mas os pingos de chuva espalhados no seu rosto não permitiam que ninguém percebesse. Entrou em casa pela mão do neto e abraçou a esposa novamente, fitando Beatriz e Vítor com uma emoção nunca antes sentida.

Afinal, para ele, não era isso o que importava?

⁂

Como de costume aos domingos, Suzane ia com Leandro e Graziela almoçar em casa de Amélia. Após um delicioso churrasco à beira da piscina, Suzane esticou-se na espreguiçadeira para ler o jornal. Apanhou-o e começou a folheá-lo distraidamente. Foi correndo os olhos pelo periódico, até que uma foto lhe chamou a atenção. Nela, um homem muito parecido com seu tio Cosme, ao lado de outro, igualzinho ao doutor Armando, entravam, algemados, numa delegacia de polícia. Acima, a manchete, em letras garrafais:

Presos em Brasília o famoso advogado Cosme Brito Damon e seu sócio, Armando Ribeiro, acusados de estelionato, tráfico de influência e lavagem de dinheiro.

— Graziela! — gritou Suzane, correndo ao encontro da mãe.
— O que foi?
— Veja isto.

E estendeu o jornal para Graziela. Amélia e Leandro se juntaram atrás dela para ler a notícia.

— É o seu tio? — indagou Leandro.
— O próprio.
— Vejam só — falou Graziela. — Preso.
— E o outro era o sócio de minha mãe. O que me enganou com a procuração.
— Eu não lhe disse que não valia a pena se vingar? A vida se encarrega de dar a devida punição aos criminosos.
— Você vai tentar reaver sua herança? — quis saber Amélia.
— Não — respondeu Suzane com sinceridade. — Não vale a pena.
— Também acho — concordou Graziela. — Suzane não precisa do dinheiro daquele ladrão. Vai até fazer mal.
— É verdade. Contento-me com o que tenho e sei que meus pais, onde estiverem, também estão satisfeitos. Não preciso de nada que venha de tio Cosme.
— Isso mesmo. Deixe que a Justiça e Deus se encarreguem dele.

Estavam felizes. Para Suzane, a vingança perdera a razão. Não apenas porque encontrara a verdadeira mãe, mas porque seu coração já não guardava mais sintonia com aquele sentimento.

Naquela noite, Graziela voltou a sonhar com Aécio. Ele a retirou do corpo físico e voou com ela para o passado, para o momento em que Ismália e o capataz da fazenda do barão de Valverde discutiam a meia-voz.

— Fez como lhe mandei? — indagou ela com ódio.

— Fiz, sim, senhora. A menina já está morta.

— Como é que você pode ter tanta certeza? Você viu a onça comê-la?

— Não, sinhá. Acontece que eu mesmo a matei.

Um brilho de satisfação coloriu o olhar de Ismália que, todavia, nada deixou transparecer ao capataz.

— Eu não mandei matá-la! — censurou falsamente. — A responsabilidade por isso é toda sua, entendeu? — ele assentiu. — Não tive nada a ver com isso.

— Entendi, sinhá. Não se preocupe, que ninguém vai acusá-la de nada.

Quando o capataz se virou para ir embora, Graziela soltou um grito de susto, reconhecendo, no rosto dele, o semblante sofrido de Roberval. Imediatamente, a cena se desvaneceu, e apenas ela, Roberval e Aécio permaneceram no local, que agora se transformara numa próspera fazenda de gado leiteiro, sem nenhum resquício do antigo engenho de escravos.

— Roberval! — gritou ela dolorosamente. — É você!

— Sim, Severina, sou eu.

Ao ouvir o seu nome de batismo, que ela não escutava havia tantos anos, Graziela sentiu um estremecimento e retrucou com voz humilde:

— Por favor, não me chame mais por esse nome. Faz-me lembrar todos os erros que cometi.

— Como pode ver, você não foi a única a errar no mundo.

— Errei com você. Foi por causa da minha ambição que você perdeu a vida.

— Não diga isso. Você não era ambiciosa, nunca foi. Estava desesperada na época, era inexperiente e infantil. Jovem demais para assumir tantas responsabilidades.

— Você é muito bom, Roberval, tentando justificar a minha atitude.

— Não se trata de justificar a atitude, mas de compreendê-la.

— Eu não devia ter feito o que fiz. Jamais deveria ter vendido as minhas meninas.

— Todos nós temos algo de que nos arrepender. Mas o arrependimento não deve vir com o peso da culpa, e sim com a leveza da compreensão e da reforma interior.

— Você sabe que me arrependi, não sabe? Se pudesse, teria trazido você de volta à vida, mas não foi possível. No entanto, tudo fiz para encontrar nossas filhas.

— E conseguiu.

— Durante todos esses anos, fiquei imaginando se você teria partido dessa vida com o coração carregado de ódio pelo que lhe fiz.

— Se tivesse que sentir ódio de alguém, sentiria de mim mesmo, porque vivi muitas vidas em que me perdi na ilusão do crime.

— Oh! Roberval! Será que você pode me perdoar?

— Você pode perdoar a si mesma? — ela não respondeu. — Porque você nada me deve para me pedir perdão. O que me aconteceu foi consequência do desequilíbrio que eu mesmo causei na minha vida.

— Mesmo assim, perdoe-me. Eu não queria que as coisas tivessem acontecido daquele jeito.

— Roberval tem acompanhado você desde que desencarnou e adquiriu condições de compreender tudo por que passou — esclareceu Aécio, que, até então, permanecera calado.

— Ele tem me acompanhado? — surpreendeu-se Graziela.

— Muitas vezes, foi vê-la em minha companhia.

Graziela lembrou-se da sombra que, de vez em quando, via nos sonhos que tinha com Aécio, e só agora percebia que se tratava de Roberval.

— Eu não queria impor-lhe a minha presença — disse ele. — Não queria que você pensasse que eu estava ali para lhe fazer acusações.

— Roberval jamais a acusou, Graziela. Sempre quis que você seguisse a sua vida e fosse feliz.

— Quando você conheceu Aécio — continuou Roberval —, fiquei bastante gratificado por ter tido o merecimento de encontrar uma pessoa boa e capaz de ajudá-la. Ele foi um anjo na sua vida.

— Não, meu caro amigo — contrapôs Aécio. — Graziela é que foi um anjo para mim. Sempre boa e dedicada, gastou a juventude cuidando de um velho.

— Eu o amava, Aécio. Assim como amei Roberval...

— Pois aproveite esse amor em benefício de si mesma. A vida ainda lhe reserva coisas boas. Vá e se dê a oportunidade de encontrá-las.

— Estaremos sempre olhando por você, Graziela — afirmou Roberval.

Ao acordar, parecia que Graziela sentia a mão de Aécio sobre o seu peito, tornando-o leve e límpido. Levantou-se de bom humor, tomou café e foi à praia. Estava uma linda manhã de sol, e o mar parecia convidativo. Havia crianças brincando na areia, e muitas pessoas caminhavam na calçada.

Na areia, armou a cadeira e a barraca e sentou-se de frente para o mar. Passou protetor solar e colocou o chapéu de sol. Uma brisa suave começou a soprar, e foi ficando mais forte, até se tornar um vento rápido e perturbador. Uma rajada mais forte arrancou seu chapéu, que foi rolando pela areia, com Graziela logo atrás. O chapéu bateu no ombro de um homem que estava deitado numa toalha, e Graziela, na pressa, tropeçou e caiu próximo a ele, enchendo as costas do homem de areia.

— Minha Nossa Senhora, me perdoe! — disse ela, morrendo de vergonha.

O homem ergueu as sobrancelhas e levantou-se, e Graziela pensou que ele fosse reclamar de alguma coisa. Ao invés disso, ele apanhou o chapéu meio enterrado a seus pés, sacudiu-o gentilmente e estendeu-o para ela. Com um gesto amistoso, ela o recolheu e olhou para ele, sem saber o que dizer.

Ele estava sorrindo, e pareceu-lhe, subitamente, ver a imagem de Aécio esvanecendo por detrás do homem. Foi ali, naquele momento, que ela compreendeu quais eram as oportunidades que a vida queria lhe dar.

— Isso é seu? — perguntou ele, e Graziela assentiu. — Você vem sempre aqui?

Ela olhou para ele e fez que sim com a cabeça, deixando-se envolver pela aura de simpatia daquele desconhecido e entregando-se à nova oportunidade de experiência que estava por surgir.

Naquele momento, era como se um ciclo em sua vida houvesse sido concluído, e ela estava pronta e madura para iniciar algo inovador. Confiou em si mesma e sorriu, entabulando com o estranho uma conversa alegre e descontraída, sem preocupações, arrependimentos, culpas ou medo. Só a vontade de viver.

Levamos o livro espírita cada vez mais longe!

Av. Porto Ferreira, 1031 | Parque Iracema
CEP 15809-020 | Catanduva-SP

www.**lumeneditorial**.com.br
www.**boanova**.net

atendimento@lumeneditorial.com.br
boanova@boanova.net

17 3531.4444

17 99777.7413

Siga-nos em nossas redes sociais.

@boanovaed   boanovaeditora

CURTA, COMENTE, COMPARTILHE E SALVE.
utilize #boanovaeditora

Acesse nossa loja

Fale pelo whatsapp